2017年第1卷　总第13期

文化发展论丛
CULTURE DEVELOPMENT REVIEW (2017 No.1) Vol.13

湖北大学高等人文研究院
中华文化发展湖北省协同创新中心／编
湖北文化建设研究院

主　　编／江　畅
执行主编／聂运伟
副 主 编／强以华　吴成国　周海春

社会科学文献出版社
SOCIAL SCIENCES ACADEMIC PRESS (CHINA)

《文化发展论丛》编辑委员会

顾　问

　　陶德麟　冯天瑜　李景源　万俊人　谢寿光
　　唐凯麟　郭齐勇　邓晓芒　熊召政　刘玉堂

主　任

　　熊健民　江　畅

副主任

　　杨鲜兰　戴茂堂　吴成国

编　委（以姓氏笔画为序）

　　万明明　王忠欣　王泽应　邓晓红　冯　军
　　刘川鄂　刘文祥　刘　刚　刘　勇　江国志
　　江　畅　阮　航　孙伟平　杨鲜兰　李义天
　　李荣娟　李家莲　吴成国　吴向东　余卫东
　　沈壮海　张庆宗　张建军　陈少峰　陈　俊
　　陈道德　陈焱光　周海春　胡文臻　姚才刚
　　秦　宣　聂运伟　徐方平　高乐田　郭康松
　　郭熙煌　舒红跃　强以华　靖国平　廖声武
　　戴木才　戴茂堂

卷首语

本辑在"高端访谈"栏目,约请冯天瑜先生就"文化转型与价值重建"等问题发表了真知灼见。冯天瑜先生是国内知名且在国际上有重要影响的文化史研究专家,是国内最早关注、投入中国文化史研究领域,并取得卓越成就的学者之一。如何从世界历史的宏观层面思考社会转型引发的文化危机,并从中国百余年曲折的现代化进程中考辨有关价值重建的种种文化思潮,从而寻求中国文化现代化的有效途径,是冯天瑜先生40余年来孜孜以求的学术之道。在此,《文化发展论丛》编辑部向因病住院已久的冯天瑜先生表示最诚挚的谢意和衷心的祝福!

本辑开设的"人文思潮"栏目,意在直面全球文化危机、反思文化发展历程、重建人文价值。所刊载的四篇文章均来自学有专攻、成果颇丰的学者,他们视野开阔、学术思路清晰、价值判断明确,虽有着各自的学术理念和述说路径,但直面文化危机的理性精神和重振人文关怀的价值向度是一致的。葛金芳的《中华礼制:挑战与应对》、周启荣的《当代世界文化危机、回归传统与中国的儒学复兴运动》和何卓恩的《自由主义的中国语境、性格和命运》,三篇文章对中国传统文化如何进行有效的现代转化、以何种气质参与全球性的价值重建,均有深刻的反思和精彩的论述。刘方喜的《文化的生产性与财富的流转:马克思主义文化战略学初探》一文,从文化战略的角度分析了在全球化的态势下,如何在文化价值观上重视人的生产性和财富可分享性的统一,颇具实践意义。

"经典阐释"栏目中周春健的文章《孟子"父子之间不责善"的古典学阐释》,融传统考据与思想史的面向为一体,对传统伦理的一个具体命题进行了细致的考辨。若言世界视域中的社会重建，伦理重建当是重中之重，而伦理重建肯定要从传统文化中寻求基因，但这个基因是否健康，需要治古典学的学者们为之把脉，因为"经典文本之字面义与原义之间，存在相当大的张力。我们需要认真研读经典文本本身以及历代注疏，并通过严密的逻辑论证，同时考之史实，在经典文义理解上，才可能更接近于逻辑与历史的统一"。为凸显此命题的学术史意义，我们特地配发了罗彩撰写的《近百年来五伦思想研究述评》一文。

"症候分析"栏目各位作者以独到的眼光，通过文本细读的方式，努力发现和阐发文化中隐含的多种悖逆、含混、反常和疑难现象，对文化的"症候"进行价值诊断。陈占彪的《"炒作经济"与当代低俗文化生产》、臧策的《关于"文化研究"的文化研究》显然是通过理论的反思，穿透文化现象，对某些文化乱象背后的"文化逻辑"发出了批判的拷问。陈健毛的《文化创意产业核心在于审美文化——以景德镇浅绛彩文人瓷画的兴衰为例》，则从历史案例出发，为文化创意产业的发展提出了建设性的构想。"热点聚焦"里的三篇文章——《对流行影视中文化价值观的审视》、《当下影视剧创作与文化症候》和《"黄金时代"的影视生产——当下中国影视文化的症候式分析》，有着共同的话题，三位作者对当下流行影视剧里价值趋向的追问，亦有症候分析的特色。

"七纵八横"栏目里的四篇文章，话题各异，包括围棋、乐学、剪纸还有动漫。在几位作者的笔下，古老或新潮的话题分明透射出文化发展中与时俱进的新趣味、新体验和新认知。

在新年的节庆氛围里编完本辑文稿，编者对各位撰稿者心存万分的感念。好些作者，如身居美国的周启荣先生、上海的陈占彪先生和杨赛先生、天津的臧策先生、北京的张慧瑜先生、宁夏的牛学智先生、海南的汪荣先生、广州的罗彩先生，编者素未谋面，感谢如今发达的资讯，使编者得以通过各种学术平台了解各位先生学术研究的经历和成果，再就是约稿、赐稿、交流、切磋，频繁地往来邮件，记下了这一段美好的文字之缘。还有几位作者，如葛金芳先生、周春健先生、刘方喜先生、何卓恩先生、高乐田先生、何红一先生、陈健毛先生、牛旻先生，虽和编者或是老友，或是新知，但大都天各一方，见面甚少。谢谢大家为《文化发展论丛》写下精彩纷呈的文字。还要感谢远在美国的老朋友罗务恒先生和程靖博士为本辑英文部分的翻译和审定、石若凡博士为技术统稿所做出的辛苦工作。

编　者
2017 年 2 月

高端访谈

文化转型与价值重建
——冯天瑜先生访谈录 ………………………… 冯天瑜 聂运伟 / 3

人文思潮

中华礼制：挑战与应对 …………………………………… 葛金芳 / 23
当代世界文化危机、回归传统与中国的儒学复兴运动 …… 周启荣 / 44
自由主义的中国语境、性格和命运 ……………………… 何卓恩 / 71
文化的生产性与财富的流转：马克思主义文化战略学初探 … 刘方喜 / 83

经典阐释

孟子"父子之间不责善"的古典学阐释 ………………… 周春健 / 105
近百年来五伦思想研究述评 ……………………………… 罗　彩 / 144

症候分析

"炒作经济"与当代低俗文化生产 ……………………… 陈占彪 / 163
关于"文化研究"的文化研究 …………………………… 臧　策 / 180

文化创意产业核心在于审美文化
　　——以景德镇浅绛彩文人瓷画的兴衰为例 …………… 陈健毛 / 194

热点聚焦

对流行影视中文化价值观的审视 ………………………… 牛学智 / 207
当下影视剧创作与文化症候 …………………………… 张慧瑜 / 219
"黄金时代"的影视生产
　　——当下中国影视文化的症候式分析 ……………… 汪　荣 / 230

七纵八横

棋道、棋趣与棋争
　　——围棋的文化逻辑及其历史嬗变 ………… 高乐田　黄天乐 / 245
乐学与国学 ……………………………………………… 杨　赛 / 256
中华优秀传统文化
　　——剪纸艺术引入对外汉语教学的尝试 …………… 何红一 / 269
自媒体时代动漫的文化认同功能 ………………………… 牛　旻 / 282

CONTENTS

Spotlight Interview

Cultural Transformation and Value Reconstruction:

   An Interview with Prof. Feng Tianyu   *Feng Tianyu, Nie Yunwei* / 3

Thoughts on Humanity

Chinese Ritual System: Challenges and Countermeasures   *Ge Jinfang* / 23

Cultural Crisis in the Contemporary World: Returning to Traditions and

   the Confucian Revival Movement in China   *Kai - wing Chow* / 44

Liberalism in China: Its Context, Characteristics and Destiny *He Zhuoen* / 71

Productivity of Culture and Circulation of Wealth: An Exploration on

   Marxist Cultural Strategy   *Liu Fangxi* / 83

The Interpretation of Classics

Mencius on "No Harsh Demand for Good from Father to Son"

Zhou Chunjian / 105

The Doctrine of the Five Cardinal Relationships in the Last Century

Luo Cai / 144

Cultural Phenomena and Symptoms

The Hype Economy and Contemporary Production of Low Culture
　　　　　　　　　　　　　　　　　　　　　　　Chen Zhanbiao / 163

A Cultural Study on "Cultural Studies"　　　　　　*Zang Ce* / 180

Aesthetics and Ceramic Art: A Case Study of the Literati Paintings of
　Pottery with Shallow Purple Color of Jingdezhen　　*Chen Jianmao* / 194

Hot Cultural Topics

A Survey of Culture Values in Popular Film and TV Production Today
　　　　　　　　　　　　　　　　　　　　　　　Niu Xuezhi / 207

Cultural Symptoms and the Creation of Today's Films and TV Dramas
　　　　　　　　　　　　　　　　　　　　　　　Zhang Huiyu / 219

Film and TV Production in the "Golden Age": A Capital Driven
　Popular Culture　　　　　　　　　　　　　　　*Wang Rong* / 230

Other Cultural Issues

Spirit, Joy and Competition of Go:
　The Cultural Logic and Historical Evolution of Go
　　　　　　　　　　　　　　　　Gao Letian, Huang Tianle / 245

Musicology and Studies of Chinese Ancient Civilization　　*Yang Sai* / 256

Chinese Paper – Cutting and Chinese as A Foreign Language:
　An Integrated Teaching Approach　　　　　　　　*He Hongyi* / 269

Cultural Identification Function of Animation and Comics in the Era of
　"We – Media"　　　　　　　　　　　　　　　　*Niu Min* / 282

高端访谈

文化转型与价值重建

——冯天瑜先生访谈录

冯天瑜 聂运伟[*]

【摘　要】　在全球现代化进程不断推进的过程中，关于文化转型的论说层出不穷。如何界定文化转型的性质、理性评判各种有关理论、寻求社会重建的历史之路，无疑是当下人类共同面对的世界性难题。历经改革开放近40年，中国社会与文化的发展步入一个错综复杂的关节点，面对社会转型中出现的诸多问题及文化乱象，如何通过有深度的学术探讨和争鸣，实现切实的理论创新，是摆在从事人文社会科学研究者面前的一项迫切任务。冯天瑜先生是国内知名且在国际上有重要影响的文化史研究专家，是国内最早关注、投入中国文化史研究领域，并取得卓越成就的学者之一。冯天瑜先生对中国文化史的研究长达半个世纪，领域宽广，著述颇多，对中国社会、文化的转型以及价值重建等问题有很多真知灼见，《文化发展论丛》

---

[*] 冯天瑜（1942~），武汉大学人文社会科学资深教授，武汉大学中国传统文化研究中心主任。著有《明清文化史散论》《辛亥武昌首义史》《张之洞评传》《晚清经世实学》《解构专制——明末清初"新民本"思想研究》《"千岁丸"上海行——日本人1862年的中国观察》《新语探源——中西日文化互动与近代术语生成》《中华元典精神》《"封建"考论》《中国文化生成史》等。论著曾获中国图书奖、教育部人文社会科学优秀成果奖、湖北省哲学社会科学优秀成果奖，多本论著被译为英文、日文、西班牙文、韩文。电子邮箱：tyfeng@whu.edu.cn。聂运伟（1955~），湖北大学文学院教授。研究方向为美学、文学理论、思想史。著有《爱因斯坦传》《思想的力量》等。电子邮箱：nieyw_55@126.com。

编辑部特委托湖北大学文学院教授聂运伟先生，就上述问题多次求教于冯天瑜先生，并整理出这篇访谈录，以飨读者。

【关键词】 全球化　文化转型　价值重建

聂运伟：冯老师，在构思《文化发展论丛》2017年第1卷的编辑思路时，编辑部拟定的主题是"文化转型与价值重建"。当下媒介中的诸多言论舆情，从世界到中国，从官方到民间，从知识界到普通民众，所关注的热点、焦点问题，虽有大小、虚实之别，但若一一深究个中原因，莫不与此相关。作为文化史学的研究者，早在20年前，当人们都还沉浸在发展的喜悦之中时，您就清醒地发出了盛世危言，在《中国文化研究》1997年夏之卷《世纪之交的文化断想》一文里，您说道：

> 面对新的百年和新的千年，人们异样兴奋而又惴惴不安，呈现一种"世纪之际的焦虑"。这是因为，今日人类面对的机遇与危机都是前所未见的，其生存状态处于尖锐的矛盾之中：一方面，以20世纪初叶电气化、20世纪下半叶电子化为标志的新科技革命，使人类的工具理性空前张大，拥有了征服自然的巨大能力，积累了超过以往世纪总和的物质财富；另一方面，人与自然、人与社会、人与人相互关系领域出现复杂的病理反应，人类赖以生存与发展的文化生态——包括自然环境、社会环境、人文环境都显示出程度不同、形态各异的病兆。

我个人以为，您当年对文化危机的辨识远远超出了时下许多唯道德论的狭隘解释，诸如"道德滑坡""诚信缺失"等现象不过是"人类赖以生存与发展的文化生态"出现全面危机的"病兆"。更重要的是，这是一场人类共同面对的"前所未见"的文化危机，而文化危机的根源来自亘古未有的社会转型。我这样理解不知对否？

冯天瑜：对当下问题的关注与回应永远是历史学家研究的出发点。多年前，我在《中国学术流变·前言》里谈到我对文化史的理解，即

"文化史是以人类文化进程作为对象的一门历史学科，它致力于对历史过程中所发生的一系列文化现象加以整合，以形成一种显示规律的记述"。历史学家不是预言家，他的工作和使命只能是以古鉴今。冯友兰先生说："往者不可变，来者不可测，不可测即神也。往者已成定局，故不可变；来者方在创造之中，故不可测。"此乃智者之言。既往不可变的事实，往往是最好的老师，它指着未来依稀可辨的走向。就我自己对中国文化史的研究而言，我确实非常关注社会与文化的转型问题，从最初的明清文化史到元典研究，再到《中国文化生成史》，社会转型问题一直是我思考著述的枢纽。为什么会如此？2016年上海人民出版社从我历年研究明清文化史的30余篇文章中选出22篇，集成《近古变局：五百年明清文化蠡测》一书出版，我在该书序言里阐明了特别关注社会转型问题的原因：

> 史学的功能，要者在展开历史发展过程，明其变易，方能识破兴废成败之底里。孟子曰："观水有术，必观其澜。"观史亦然，须从历史流程（尤其是转折处）着眼。讨论明清文化史，需要将其置于中国乃至世界历史波澜壮阔的进程中加以考究。

所以，我赞同你的说法，文化危机和价值重建，不可能是一个抽象的伦理学命题。

聂运伟：2016年底的一个晚上，我去省人民医院探视您的时候，正好碰到何晓明老师，他所撰写的《冯天瑜先生学术小传》，引起我很大的兴趣。仔细拜读全文后，我看到何老师对于您发掘社会转型问题的"历史意义"和"研究价值"进行了专节阐述。他说：

> 在明清文化转型研究领域，冯天瑜先生建构起独特的学术理论体系，包括文化转型的概念、动力和模式。归结起来，就是重视明清时期中国传统社会内部的转型因素，不赞成西方中心论的"冲击—反应"模式以及由此演延而来的"全盘西化论"，同时，也不赞成"华夏中心论"，强调明清文化转型的根本动力是中华元典精神，

转型的实现是中国内部近代因素与西方近代文明相互激荡和融合的结果，转型过程是文化的民族性与时代性统一的体现。

何老师在这段高度概括性的评述里，从您具体的明清文化转型研究中总结出三个重要的理论向度：文化转型的概念、动力和模式。您1984年出版《明清文化史散论》后，就立即开始了对中国文化史的整体性研究，先后撰写了《中国古文化的奥秘》（1986年）、《中国文化史断想》（1989年）、《中华文化史》（1990年）、《中华元典精神》（1994年）、《中国文化史纲》（1994年）、《中国文化生成史》（2013年）等著作。我个人以为，从断代史到通史的变易，固然标志着您的研究从局部迈向整体，但以文化转型统摄明清文化史研究的运思依然是您研究中国文化史的问题意识，如此，本属个案性质（当然是一个非常复杂的个案群）的明清文化史研究，因为您开阔的世界史的视野和思想史的高度，自然使一个具体的历史案例的分析升华为理解、阐释中国及世界文化现代转型的理论范式。这应该是您不同于百年来许多中国文化史的书写的独具特点。

冯天瑜：我曾引用蒙文通先生所著《中国史学史》中的一段话："史者，非徒识废兴、观成败之往迹也，又将以明古今之变易、稽发展之程序。"梁启超先生开创的史学革命从根本上为中国新的史学，包括文化史学奠定了基础，也就是说，新的史学、文化史学不是为统治者提供"识废兴、观成败"的帝王之学或官学，而是"明古今之变易、稽发展之程序"的科学，是有益于天下万民的"公器"。我想，这是今日中国修史者必备的"问题意识"，有此，才有今日史家必备的反思意识，才有理论创新的可能性。

聂运伟：杨念群在《昨日之我与今日之我》中也有这样的说法："对历史解释能力的大小，往往主要取决于研究者自身的反思能力而不仅仅是爬梳史料的能力，因而研究者是否具有和在何种程度上具有'问题意识'是至关重要的，这恰恰是中国传统史学训练比较欠缺的地方。"

冯天瑜：杨念群的话不无道理，反思能力与问题意识相辅相成。比如，晚清以来，中国传统文化面临的危机大家有目共睹，故有李鸿章所谓"数千年未有之变局"的名言。问题在于，我们曾经和正在经历的文化危机仅仅是中国人特有的处境和感知吗？李鸿章说此话时是1872年，他确切感受到中国传统文化所遭逢的灭顶之灾，但他把中国传统文化危机的根由归为西方文化的强势，而缺乏对中国传统文化的深层反思，由此推导出中西文化水火不容的误识，影响至今。殊不知，对文化危机的感知应是一个全球性的问题，是人类正在经历亘古未有的社会、文化转型所面临的普遍问题。如1884年1月，尼采出版了他的主要著作《查拉图斯特拉如是说》，发出"上帝死了"的骇世之语；1918年，斯宾格勒出版了不无悲观色彩的名著《西方的没落》。尼采、斯宾格勒基于对西方传统文化的反思而发出的危机之论，是19世纪中叶后西方知识界、思想界面对工业文明、商业文化所带来的"传统社会的断裂"，即"现代性社会"出现全面危机进行反思的产物，这样的问题意识催生出以社会学为轴心的新型社会学科群，目的在于寻求社会重建、价值重建的理论依据和实践样式，社会重建、价值重建随之成为西方诸多人文社会学科的核心命题。相比较，百余年来中国知识界、思想界往往在中西对峙的观念形态上做文章，鲜有在对世界史进程作整体性把握之上的文化反思，因而无法形成有效的问题意识，进而导致中国现代化进程的多重曲折。从学术史上看，文化学、社会学、政治学、人类学、宗教学等新型社会学科长期被打入"冷宫"，也使我们关于文化危机的问题意识和言说的话题过于虚幻，社会重建、价值重建难以务实推进。

聂运伟：您说："各民族的文化不是孤悬于世界文化总体之外的。"世界范围内文化危机感的同质性，反映出危机产生根源的一致性。我们应该看到，既然人文精神的失落是今天人类面对的共同问题，中国知识界就该摒弃中西对峙、水火不容的观念，以世界主义的学术视野和人文情怀参与全球性的社会重建与价值重建。

冯天瑜：人类历史的发展告诉我们，各民族的文化不是孤悬于世界文化总体之外的，它要不断摄取并消化周边各族文化，并将自己的影响施加于周边诸民族。以中国为例，中原地区的华夏文化就囊括了东夷、西羌、北狄、荆蛮的文化，共同汇成所谓"诸夏"文化。这个文化系统在两汉时期又吸收了西域文化；东汉、魏晋以降，还输入了印度的佛教文化；明末之后，更有欧洲文化注入。因此，今天的中华民族文化，包容了多种外来文化而绝非一个封闭的系统。数千年养成的"天朝上国"和"唯我独尊"的心态，妨碍了中国人去正确认识西方人及其风物、政教等。因此，长期未能调整好中外国家与人民间的关系，尤其是未能很好地解决中西文化的关系问题。诚如鲁迅所说，中国人或者把西洋人看成妖魔鬼怪，或者看成神仙、老爷，而没有以常人、朋友视之。在某种意义上，中国文化近代转型，就是将中西观从盲目愚妄转向平实理性的过程。

聂运伟：所以，您对文化转型的理解首先是"将其置于中国乃至世界历史波澜壮阔的进程中加以考究"。您说：

> 所谓文化转型，是指社会生活的各个领域、各个层面的整体性变革。如果说，历史的多数时期都发生着文化的局部性量变，那么，文化转型期，则指文化发生全局性质变的阶段。今天我们所讨论的现代转型，是指从自然经济为主导的农业社会向商品经济占主导的工业社会演化的过程。①

冯天瑜：肇始于欧洲的现代工业生产方式引发了全球性的社会、文化转型，其显著标志是，生命动力系统（人力、畜力）为无生命动力系统（矿物燃料、水力、核能）所接替，机器生产取代手工劳作。在制度文化层面，彼此隔绝的静态乡村式社会转化为开放的动态城市社会，礼俗社会变为法理社会，人际关系由身份变为契约，宗法－专制政体为民主－法制政体所取代。在观念文化层面，神本转向人本，信仰转向理性，宗教转向科学，教育大众化。社会重建和文化重建的任务，分别由中产阶级的形成与壮大、知识分子的形成与壮大而逐步得以实现。中国20世

---

① 冯天瑜：《略论中西人文精神》，《中国社会科学》1997年第1期。

纪70年代末开始的改革开放，使古老的中华大地经历着一场与世界同步的、深度与广度均属空前的社会转型，其内容包括三个层次：其一，从农业文明向工业文明转化（这一过程自19世纪中叶已经开始，时下又再次加速度），这种社会结构的变化是当代中国社会转型的基本内容；其二，从国家统制式的计划经济向市场经济转化，这种经济体制的转轨与上述社会结构变化的同时并进，正是现代转型的"中国特色"所在；其三，从工业文明向后工业文明转化，已经实现工业化的发达国家正在进行的这一转变所诱发出的问题，有全球化趋势，当下中国也不可回避地面临此类问题，诸如环境问题、人的意义危机问题、诸文明间的冲突问题等，这又增添了转型的内容。

聂运伟：可否这样说，正因为人类社会文化近代以来的转型具有普遍性的内涵，所以您不赞成广为流行的几种文化理论：西方中心论的"冲击－反应"模式，以及由此演延而来的"全盘西化论""华夏中心论"。

冯天瑜：可以这么说。"冲击－反应"模式描述的情境是：中国社会、中国文化是一个充满惰性的、停滞不前的体系，缺乏内部动力以突破传统框架，只有当19世纪以来西方经济、政治、军事、文化的巨大力量对这个体系发起冲击时，中国社会和中国文化才被迫做出反应，一步步向近代演进。"中国文化本位"模式则强调中国文化与西方文化走着迥然不同的路，中国文化既无可能也无必要向西方文化靠拢，中国文化固有传统的主体即伦常－政治－思维系统的弘扬，不仅将为中国开创美妙前景，而且将造福全人类，因为，"世界未来文化就是中国文化的复兴，有似希腊文化在近世的复兴那样"（梁漱溟语）。显然，这是按照两种不同的价值体系构制出来的文化模式。前者由西方中心论出发，后者由华夏中心论出发，两者各自从一个极端导向某种程度的独断论。

聂运伟：我非常赞同您的这个观点，任何文明的发展都不是"封闭自足体系观念的延伸"，"冲突"往往是表象，"融会"才是文明发展的实质。

诸文明间互动关系的加深加宽，是诸文明"冲突"与"融会"的双向进程，而并非"冲突"的一味突进。而且，"冲突"往往是"融会"的一种形态和过程；"融会"也不是由丰富走向单调，而是多元整合，走向更高层次的丰富。未来世界必将是多元文明既相冲突又融会的矛盾统一体。①

冯天瑜：一部人类文明史，是各区域文明形成、发展，彼此冲突激荡，又相互吸纳融会的过程。今之西方文明，便是若干种文明交汇融合的产物，希腊、罗马传统，来自中东的基督教，包括"四大发明"在内的东方文明的影响，都是其构成原件。而且，作为西方文明核心内容之一的基督教，是亚、非、欧三大洲几种文明融合的产物。基督教在形成、传播、变迁的过程中，并不是与其他宗教、其他思想学说"鸡犬之声相闻，老死不相往来"的。总之，西方文明决非什么封闭自足的体系，今日之所谓"西方文明"更是多元复合物，以至有些论者不承认现在还有一个首尾一贯的西方文明存在。作为东亚文明重要组成部分的儒家学说也是一个开放的系统。儒家固然始终保持着"仁学""王道"等基本属性，但自先秦原始儒家以降，不断吸收、消化道家、法家、阴阳家和佛教的成果，到了被称为"新儒学"的宋明理学那里，已经综汇儒、释、道诸家，呈现富于思辨性的全新形态；至于21世纪兴起的"现代新儒家"，又在融合儒、释、道的基础上，吸纳西学的若干成分，试图走以中华文明为基本，中、印、西几种文明交融的路线。如果说，诸文明间的融会在古代进展甚慢，往往需几个世纪方见端倪，如儒学与佛学由冲突走向融会，便历经两汉、魏晋、隋唐，至两宋方大体完成；那么，时至近代，世界统一市场建立，资讯日渐发达，世界"缩小"成一个"地球村"，诸文明间在"现代化"这一大目标下，联系性愈益增强，彼此间相互融会的力度，不可同日而语。

聂运伟："次生型""后发型"的民族和国家，普遍希冀获得现代性

---

① 冯天瑜：《"文明冲突决定论"的偏误》，《教学与研究》1994年第4期。

并完成民族文化的现代转型,从理性和实践上看,这已然是世界潮流。问题是"次生型""后发型"的民族和国家的现代化行程都走得曲折坎坷,您认为其间最大的问题是什么?

冯天瑜: 我认为,文化现代转型的关键是赢得"现代性",而围绕"现代性"的把握,流行过两种极端之论。其一为"经济单一论",即把现代性仅仅归结为生产方式的变革,只强调器用层面现代转换的基础功能,忽视制度层面和观念层面现代转换的能动作用,尤其忽视文化的主体——人的现代化在转型中的枢纽地位,因此难以实现现代转型的健全发展。19世纪下半叶曾经颇有声势的洋务运动,其器用文化的进步由于得不到制度层面和观念层面进步的支撑,遭到严重顿挫便是一个例证。亚非拉一些国家19世纪至20世纪的现代化一再走弯路,也往往与此相关。与中国的洋务运动大体同步的日本明治维新能取得成功,重要原因是相对完整地实现诸文化层面的协同进步。亟欲求得现代化的当下的中国人,应当从历史的昭示中获得教益。其二为"观念决定论",即把现代性归结为某种精神的勃兴。如前有德国人马克斯·韦伯,后有美国人列文森将资本主义在欧洲诞生的动力归为新教伦理和复兴了的希腊理性,进而又将中国停滞于中古,无法实现现代转型的因由归为儒道两家的阻碍作用;而今天活动于海外的现代新儒家则反其意而论之,认为儒家学说包含推动现代化的潜能,并举出日本和东亚四小龙现代化成功的实例。这一论战的双方,都有许多精辟的、足以开启神智的见解,他们各自从一个侧面揭示了欧洲及中国古典精神均有可供现代转型借鉴的宝贵资源,但是,论战双方的一个共同点是:仅仅在精神层面探求现代性的动力源,这就难以获得真解,如无法说明洋溢着理性精神的古希腊为何未能孕育出资本主义,中国先秦以降的儒家学说为何不能原发性地在中国启迪现代性文化,反倒一再成为宗法-专制政体的御用工具。总之,无论是"经济单一论"还是"观念决定论"都不能全面揭示"现代性"的内蕴,也无法对欧洲及东方的现代转型的种种路径做出深刻阐发。只有从广义文化所涉及的诸层面——器物文化、制度文化、行为文化、观念文化——进行考察,并辩证地探讨诸层面间的互动关系,方有可能寻觅出对"现代性"及"现代化动力"解释的正途。

聂运伟：以中国百余年的现代化进程的经验观之，如何"寻觅出对'现代性'及'现代化动力'解释的正途"，实属不易。早在1919年，鲁迅先生就说："中国社会上的状态，简直是将几十世纪缩在一时：自油松片以至电灯，自独轮车以至飞机，自镖枪以至机关炮，自不许'妄谈法理'以至护法，自'食肉寝皮'的吃人思想以至人道主义，自迎尸拜蛇以至美育代宗教，都摩肩挨背的存在。"鲁迅文学化的表述不无透彻地显示出中国社会、文化转型的复杂性和艰难性。

冯天瑜：中华文化现代转型的激变性和复杂性，首先表现在这种转型是在西方文化强行侵入，打断中华文化自身进程的情形下发生的。正如人体器官移植必将引起排异反应一样，西方现代文化的侵入，给中国传统文化造成的激荡之深切是空前的。中国的现代转型，不仅要完成文化的时代性跃进，还要处理文化的民族性保持与变异这一对矛盾。中国学界、政坛自19世纪末开始，直至20世纪八九十年代仍然众说纷纭的"体用之辩"，正是中华民族现代转型过程中时代性转换与民族性维系之间复杂关系的形而上反映。中华文化现代转型的激变性和复杂性，还表现在任务的交叉与多重上。其原因是中国人经历的这一转型过程较之西方人存在一个"时间差"，以至西方人用数百年时间解决的问题一起积压到一个世纪，要求中国人一并解决：一方面，今之中国人要完成西方人在19世纪完成的以工业化为核心内容的现代化过程，实现从农业国向工业国的转换，这种经济－社会结构的变化是当代中国社会转型的基本内容；另一方面，第二次世界大战以后，特别是21世纪以降，随着电气化和电子技术引发的新科技革命的纵深发展，西方诸国已步入后工业时代（或称"后现代"），随之出现的以信息化为标志的新现代化浪潮对整个"地球村"的冲击，工业化任务尚未完成的中国人当然不能置身事外，值此之际中国人可谓利弊双收——既可以从后工业文明借鉴最新成就，不必亦步亦趋地走西方人曾经走过的工业化老路，从而获得"超前效应"；同时，还不"发达"的中国也难以避免发达国家的种种"现代病"，诸如环境污染、能源危机、科技文化与人文文化的分离导致的道德危机、信念失落等，使其不得不寻觅救治之策，这又增添了现代转型的普遍性内容。此外，由于新中国前几十年的经济、政治、社会体制是按照第三国际和苏俄体制建立起来的，今日为适应现代化建设的需要，还面临一个从中央指令型计划经济向社会主义市场经济转型的课题，这又为中国现代转型增加了复杂性，是现代转型的"中国特色"所在。总之，今之中国现代转型所面临的问题是一种"中西古今"的层累式积淀，呈现"多重"状态，使中国人不易从容应对，同时也为中国社会现代转型提供了广阔的机遇。

聂运伟： 从世界文化近代转型的整体格局看，生产方式的变革引发了全球性的近代转型，迫使不同民族、国家先后卷入全球化的进程。从技术层面看，新的生产方式催生出来的生产力为人类带来巨大财富的同时，必将解构旧的生活秩序。绵延数千年的价值世界在文化转型中所遭逢的天崩地裂似的震撼，绝非中国之独有。这一点，我和您在一开始就已谈及。从思想层面看，如何看待文化的近代转型，同样是世界各民族文化都不得不共同面对的问题，西方从文艺复兴、启蒙运动直至现在的后现代主义，讨论的中心无不是转型的合法性以及对转型带来的诸多问题的思考，中国近代新学虽然在时间上晚于西方，但是在所回应的时代问题上性质是同一的。我记得您说过：中国近代新学和西方文艺复兴以来的新学既有差异性，也有同一性。中国思想界似乎特别钟情于张之洞"体用之辩"的思路，非要在中学和西学中间划出一条鸿沟。

冯天瑜： 对中国近代新学性质的把握，事关价值重建的大问题。我的看法是，中国近代新文化既非单纯的西学之东渐，也非中国传统文化全方位的直接延续，而是西学与中国传统文化相交融相化合的产物。举个例子，梁启超于第一次世界大战结束后访问欧洲，1920年作《欧游心影录》，该文被研究者认作梁氏从文化激进主义转向文化保守主义的界标。其实，细读该文便会发现，梁氏并未走向"反现代化"，而只是看到了西方现代化过程中出现的问题。其上篇的一节为"科学万能之梦"，内称"欧洲人做了一场科学万能的大梦，到如今却叫起科学破产来"。梁氏特加一"自注"曰："读者勿误会，因此菲薄科学，我绝不承认科学破产，不过也不承认科学万能罢了。"我们应当记住王国维的论断，他把"西洋之思想"比为"第二之佛教"，并预期对中国学术文化做出创造性贡献的，必是中西之学的"会通""化合"者。①王国维断言："异日发明光大我国之学术者，必在兼通世界学术之人，而不在一孔之陋儒，固可决也。"② 此可谓高瞻远瞩，亦可谓振聋发聩。

聂运伟：全球化已成为一种不可逆转的趋向，您的文化史研究告诉我们：中国文化若自己终止"走出去"，必然被外人"打进来"，这是明清史昭示的教训，也是从分散趋向整体的近代世界史中得出的结论。由此而论，"中国文化本位论"不论打出什么样的旗号，都是有害无益的。

冯天瑜："中国文化本位论"的片面性在于：一味地强调各民族文化发展的特殊性，否认人类文化进步的共同规律，因而把东西方文化视作两个互不相干、不能比较的系统；它不承认作为自然经济和宗法制度产物的中国传统文化与西方近代工业文明之间存在相当大的时代差距。而事实上，以生产力和生产关系的发展水平这一超越民族狭隘性的客观尺度来衡量，这种差距是铁一般的事实。正因为这种差距的存在，近代中国才一再被动挨打。中国文化本位论者却未能充分正视这样一个活生生的事实，他们虽然也提到对中国传统文化"采取批判态度"，但着力点仍在于从整体上"弘扬"中国传统文化，而不能站在现代生活的高度，对传统进行历史主义的分析和科学的扬弃。因此，尽管中国文化本位论者在探究中国传统文化的物质方面下了功夫，并为整理国故做出了有益的贡献，但就总体而言，他们不能为中国文化的健康发展提供一个合理的方案。

聂运伟：值得注意的是，当前一些海外华裔学者提出了"儒学复兴"的观点。这种观点并非"中国文化本位论"的简单重复，但二者又存在某种内在联系。这些海外华裔学者大都对中华传统文化怀着深厚感

---

① 王国维：《论近年之学术界》，谢维扬、房鑫亮主编《王国维全集》第1卷，浙江教育出版社、广东教育出版社，2009，第124页。
② 王国维：《奏定经学科大学文学科大学章程书后》，《王国维全集》第14卷，浙江教育出版社、广东教育出版社，2009，第36页。

情，并有相当深入的研究。同时，对于西方文化也有身历其境的观察和体验，因此他们的视野是开阔的，见解是有深度的。他们目睹西方工业文明的巨大成就，又洞悉其间包藏着的危机，并力图从文化上寻找救治的良方。近年来，他们又根据东亚一些国家和地区比如日本、新加坡、中国台湾、中国香港、韩国20世纪60年代以来经济高速发展的事实，推断其"成功"的秘诀在于儒家学说功能的发挥。他们进而认为，继先秦两汉和宋明以后，现在儒学进入它发展的第三期，其使命就是引领世界文化走出危机。对此，您的看法是什么？

冯天瑜：海外华裔学者力倡"儒学复兴"，在发掘中国传统文化的积极因素方面做出了可贵的努力，他们看到当前西方工业文明面临一系列新问题，人际关系和人与自然的关系都有重新调整的必要，如资本主义社会利己主义、拜金主义的极度发展，造成一系列严重的社会问题，工业革命以来强调人类征服自然，固然焕发出巨大生产力，却又造成生态平衡的破坏，以及环境污染、能源危机等。这些华裔学者敏锐地洞察到，以宏观把握、讲究总体协调为特征的农业文明（中国传统文化便是其辉煌代表）中的若干遗产，可以用以救治工业文明造成的弊端。华裔学者们的上述构想包含着合理成分，值得我们借鉴、思考，然而，他们所倡导的"儒学复兴"论又有重大缺陷。第一，它忽视了作为自然经济和宗法制度产物的儒学与现代化之间存在尖锐矛盾。中华民族如果不从小生产和宗法的观念中冲决出来，现代化是不可能实现的。第二，它夸大了儒学在日本等国现代化过程中所起的作用。日本接受中国的儒学有一千多年历史（其实，这种儒学在日本已发生重大变异），然而，并未经由儒学的启迪走向现代化，只是在西学进入日本，与包括儒学在内的日本传统文化相结合以后，才推动了日本现代化的进程。而大力发展商品经济、逐步实现政治民主化、极度重视科学技术和教育，才是日本由一个资源贫乏的落后国家变成工业强国的基本原因。如果没有明治维新和第二次世界大战后的民主改革，日本的经济是不可能腾飞的。当然，日本人发现西方工业文明的若干弊端以后，及时将经过改造的东方文明的某些因素作为调节剂注入社会机体中，起到良好的作用。但是，如果把儒学当作日本等东亚国家和地区现代化成功的基本原因，则是本末倒置。如果进一步以为，中国只要复兴儒学便可以走上通往现代化的康庄大道，则更是开错了药方。

聂运伟：如何解决社会转型中呈现出来的文化危机，在什么样的基础上进行价值重建，一直是您思考的中心。您对中国元典精神的研究，不是保守的复古之论，而是强调在某些历史的转折关头，元典精神或者说元典精神的某些侧面，因新的时代条件的激励会放射出更灿烂的光辉。在这点上，各个民族的元典精神是互通的吗？

冯天瑜：文化元典是特定时代、特定地域的产物，当以历史文献视之，"六经皆史"即此之谓也。同时，元典的某些基本精神又能观照久远的岁月，反复地被后人刻勒，对该民族的价值取向、行为方式、审美情趣、思维定式造成深远而又常新的影响。元典的这种超越性并非某种神秘因子所造成，乃是由元典的基本特性所致：它们的思考指向宇宙、社会和人生的普遍性问题，而这些问题是各个时代的人所始终关心的，也就是说，元典讨论的是不朽的主题；同时，元典回答这些始终困扰着人类的普遍性问题时，提供的是一种哲理式的框架，而非实证性的结论，是一种开放式的原型，而非封闭的教条，这使元典不致因内容和形式的时代局限沦为明日黄花，而以一种灵感的源泉，赢得不朽性，一再发挥巨大的启迪功能。例如，不仅柏拉图、亚里士多德等希腊先哲的典籍被古代和中世纪的欧洲人奉为圭臬，而且，文艺复兴以降，古希腊的科学精神和民主精神经过人们的创造性转换，成为引发近代文化的契机。又如，《圣经》在千余年间一直是基督教文化圈的"圣典"，其勤业精神还成为欧洲人创造资本主义文明的精神动力之一。

聂运伟：就中国文化而言，可否说：所谓价值重建，其核心的任务就是中国文化的现代化，而非其他？

冯天瑜：应该这样说。当然，中国文化的现代化既不是全盘西化，也不是对中国传统文化的整体沿袭，而是传统文化的改造和飞跃，是西学与中国传统文化既相冲突又相融会的复杂历程。这一历程伴随着自然经济解体，大生产兴起，封闭状态逐渐打破，社会革命和变革此起彼伏，社会风俗和观念形态的巨大变化这样一种时代际会风云的渐次展开。在这一过程中，中国传统文化表现出它的双重性格，既有阻挠近代化进程的消极面，又有顺应近代化进程的积极面；既有对外来文化顽固拒绝的一面，又有博采异域精华的一面。而明清之际以黄宗羲、王夫之、顾炎武、傅山、方以智等人的思想为代表的早期启蒙文化以及清中叶以龚自珍、魏源、包世臣等人的思想为代表的经世实学便是这后一侧面的突出表现。因而它们虽然尚未正式成为近代新文化，却已经构成中国传统文化通往近代新学的桥梁，并提供了后人将西学嫁接到中国传统文化母体上的结合点。19 世纪末以降，由冯桂芬、王韬、郑观应、康有为、梁启超、孙中山、章太炎等人的思想所代表的近代新学，愈趋自觉地致力于融会中西文化，创建中国现代文化，五四新文化运动将这一过程推向新的发展阶段。今日中华民族更应在新的广度和深度上从事现代化的伟大实践，一个植根于愈益发达的生产力和生产方式的地基上，承袭并改造了数千年的文化传统、广采博纳异域文化精华的现代文化的良株美树，必将在世界的东方茁壮生长。

聂运伟：谢谢冯老师！

Cultural Transformation and Value Reconstruction：
An Interview with Prof. Feng Tianyu
Feng Tianyu   Nie Yunwei

Abstract：There is endless discussion about cultural transformation with the process of global modernization, during which undoubtedly comes the following global challenges such as how to define the nature of cultural transformation, how to make a rational judgment towards different theories, and how to find a historic path for social reconstruction. Through more than 40 years of reform and open policy, the development of Chinese society and culture steps into a complicated juncture. Regarding the problems and chaotic cultural status during social transformation, it is a priority for researchers of humanity and social sciences to make a deep academic discussion so as to promote theory innovation. Professor Feng Tianyu is not only a domestic well – known but also an international influential expert on cultural history study, who is the earliest domestic scholar and one of the most successful scholars doing research on Chinese cultural history. For almost 50 years' research on Chinese cultural history, Professor Feng Tianyu has shaped a broad vision on this academic area and has published many relevant books from which valuable thoughts can be seen towards the issues of Chinese social and cultural transformation and value reconstruction. The Editorial Department of "Culture Development Review" has entrusted Professor Nie Yunwei from School of Chinese Language and Literature in Hubei University to ask for Professor Feng Tianyu's opinion towards the issues mentioned above, and published this interview for the readers.

Keywords: Globalization, Cultural Transformation, Value Reconstruction

About the Author: Feng Tianyu (1942 –), Senior Professor of Humanity and Social Sciences in Wuhan University, Head of Research Center of Traditional Chinese Cultural Studies in Wuhan University. Magnum opuses: *The Cultural History of Ming and Qing Dynasty*, *The History of Wuchang Revolt in the 1911 Revolution*, *Critical Biography of Zhang Zhidong*, *Practical Ideology in Late Qing Dynasty*, *Deconstructing Autarchy*: *A Study of the "New People – first" Idea in Late Ming and Early Qing Dynasty*, *Qian Suiwan's Tour in Shanghai*: *Observing China in 1962 from Japanese's Eyes*, *The Origins of the New Expressions*: *the Cultural Interaction among China, Japan and Western Countries and the Terminology in Modern Times*, *The Spirits of Chinese Ancient Classics*, *A Study on Feudalism*, *Outline of Chinese Cultural History*, etc. The published works have been awarded China's National Book Award, Outstanding Achievement Award of Humanity and Social Sciences by the Ministry of Education, Outstanding Achievement Award of Philosophy and Social Sciences by Hubei Provincial Department of Education. Besides, many his published works have been translated into English, Japanese, Spanish and Korean. E – mail: tyfeng@ whu. edu. cn.

    Nie Yunwei (1955 –), Professor of Chinese Language and Literature, Hubei University. Research interests and specialties: aesthetics, literature theory, and ideological history. Magnum opuses: *Biography of Einstein*, *The Power of Ideas*, etc. E – mail: nieyw_ 55@ 126. com.

人文思潮

中华礼制：挑战与应对[*]

葛金芳[**]

【摘　要】 以调节、规范各种社会关系为目的的中华传统礼制，以及在此基础上形成的儒家礼乐文明，因先天性地被赋予天理化、法条化的等级色彩，而成为历朝历代统治者政治思维的核心内容。其间内蕴的仁者爱人、内圣外王等思想精义，的确曾经在维护国家统一、促进民族融合、稳定社会秩序、和谐人际关系方面长期发挥过重要作用；但"君臣父子""三纲五常"之类的意识形态说教，又是思想的枷锁和牢笼，阻碍和迟滞了中国社会的近现代转型。唐宋以降儒学自身的变异出新，中西文明百年以来的相激相融，中华民族伟大复兴的宏图愿景，则反复对中华礼制的学理演进、新旧转化与现实应对提出挑战与考验。为与人类迈向市场经济、民主政体、法治社会的共同发展目标相一致，经过现代性转换是传统礼制重现活力以服务现实的必要途径。这种转换理应崇尚实践理性的观念，秉持

---

[*] 本文为国家社科基金重大招标项目"中国礼制变迁及其现代价值研究"（12&ZD134）。

[**] 葛金芳（1946～），湖北大学历史文化学院教授，北京师范大学"985"特聘教授，杭州社会科学院南宋史研究中心兼职研究员。主要研究方向为宋代经济史，在《历史研究》《中国史研究》《社会学研究》《民族研究》《中国经济史研究》《中华文史论丛》《光明日报》等刊物发表学术论文 130 余篇，其中多篇被《新华文摘》《人大书报资料中心》全文转载。出版《宋辽夏金经济研析》、《中华文化通志·土地赋役志》、《中国经济通史》（第五卷）、《唐宋变革期研究》、《南宋手工业史》、《两宋社会经济研究》、《中国近世农村经济制度史论》等学术著作 17 部。电子邮箱：ge0219@126.com。

求同存异的立场，强调制度建设的主张，怀抱与时俱进的心态，如此才能实现中华礼制在社会核心价值观中的继承与改造，彰显其现代价值。

【关键词】 礼制　礼乐文明　伦理观念　域外文明　现代价值

中华传统礼制以及浸润其间的儒家礼乐文明，在过去数千年间追求国家长治久安与社会和谐有序的漫长进程中，发挥过重要作用，这是众所周知的历史事实。毫无疑问，具有悠久历史传统的中华礼制和礼乐文明，又曾经乃至在21世纪的今天，一再面临不容回避的巨大挑战：一是以孔孟为代表的早期儒家，在宋明理学崛起之后，其核心内涵和价值取向均有重大变异，学界对其自先秦至清末民初的演进理路虽有诠释，但尚不明晰；二是自20世纪初叶的新文化运动，特别是经俄国传入的马克思主义在中国大地上广泛传播以来，自由民主等价值理念日渐深入人心，儒家学说和传统礼制能否与新思潮相融相合，实属难解之题；三是在中华民族伟大复兴的征途中，13亿中国人丰富多彩的生活实践正在创造和形成新的生活方式和礼仪习俗，其中既有传统礼制的精华要义，也有新生活的宝贵经验。儒家礼乐文明如何与现代生活相衔接，更是未有定论的实践性课题。[1]质而言之，从先秦传承下来的中华礼制和礼乐文明，能否很好地回应这三大挑战，是其能否重新焕发生命力的关键所在。本文所提出的种种追问和设想，也只是逐步接近历史真相和现实需要的一种有限努力，敬请读者拨冗指教。

一　礼的本质及其在社会关系调节机制中的地位

首先必须承认，在"礼教合一"的古代中国，传统礼制与历代王朝专制政体互为表里，因此其整体框架已在20世纪初叶随着清王朝的覆灭而垮塌，以"三纲五常""三从四德"为标识的封建礼教因被学界先驱们彻底批判而难以为继，这是不争的事实。然而在社会生活和民间礼俗中，仍然保留着不少传统礼制的碎片和遗存，正如美籍华裔学者余英时所说，直到 20 世纪三四十年代，广大乡村中"儒家文化虽已处于十分衰弱的状态，但仍然支配着日常的社会生活，一切人伦关系，从婚丧礼俗到岁时节庆，大体上都遵循着儒家的规范，而辅以佛、道两教的信仰与习行"[2]。实际上，时至今日传统礼制在民间仍有广泛影响力。所以，如何正确认识中华礼制、重构中华礼制与现代生活的种种关联，是摆在我们面前的亟待解决的重要问题之一。

要解决这一问题，首先需要区分礼、礼俗、礼仪与礼制。在我们看来，它们之间的区别非常明显。自从有了人，便有了人与人之间的交往，人与人之间的交往有一定的规范（或称准则），它最初不是一种制度，而是来自人们交往过程中被认可的一种原初习惯或说原始习俗。实际上，这种原初习惯（原始习俗）不分区域、广泛地存在于世界各民族之中，有学者称之为"原始礼仪"[3]，认为"手势语言在狩猎活动中最初或者是为避免惊扰野兽，或出于某种禁忌使用的，久而久之，约定俗成，它就被编入礼典，转化为礼仪了"[3]。而当人类进入较高的文明阶段，出现了权力机构（如族群、族群联盟、国家）后，这种"原始礼仪"就会按照当时特定的社会状况而被仪式化、制度化，于是出现了礼制。所谓"礼成于俗"便是指这种情况。礼制一体两面，从物质形式上说是礼仪，从精神内容上说是礼义，这也就是后世学者孜孜不倦地解读或归纳的"礼"之本质。

但无论是原初之礼还是后世制度之礼，无论是中华之礼还是域外其他民族（国家）之礼，抽象其本质，礼便是人与人（民族与民族、国家与国家）交往时的规范与准则，以及作为个体的人在人际交往中所应坚守的道德底线。实际上，中国古代诸族之间乃至中华礼制与现代东西方之"礼"都有融通性。如 20 世纪二三十年代，在上海、天津等城市出现的西式婚礼，也被相当一部分人认可，而当今中国不少地方的婚礼早已融入许多西方礼仪形式，并被广泛接受。之所以如此，原因就在于两者都遵守"人际交往之规范与准则"这个本质的规定性。

进而言之，任何一个社会的正常维系、有序运行和生存发展，都必须依赖三种基本的调节力量,这就是市场、法治和伦理道德。大致而言,市场通过价格信号和价值规律主要调节利益关系,法治通过法律条文和规章制度主要调节社会关系,伦理道德通过价值理念和行为操守主要调节人际关系。这三种调解力量在现实生活中相互渗透、配合和交叉发挥作用,缺一不可,这是一个社会能够有序运行的基本条件。只有市场调节、法治调节,而缺乏伦理道德调节的社会,不论古代现代、域内域外都是不可想象的。就古代中国而言,伦理道德的外在体现便是遵循礼制。

事实上,以儒家伦理为底色的中华礼制,在源远流长的中华文明之形成和发展过程中,的确发挥过不容忽视的重要作用。按照德国哲学家雅斯贝斯的说法,早在公元前 5 世纪前后人类文明之"轴心时代"(Axial Age),"人类的精神基础同时或独立地在中国、印度、波斯、巴基斯坦和希腊开始奠基。而且直到今天,人类仍然附着在这个基础之上"[4]。公元前 5 世纪前后的中国,正处在春秋战国时代,也就是百家争鸣时期,以孔子为代表的儒家学者,通过整理群经的方式,进一步完善先秦以降的传统礼制,使之条理化、系统化,并逐渐定型。成书于战国晚期的《礼记·乐记》,即将礼、乐与刑、政的合一视为可欲的理想政体:

> 礼节民心,乐和民生,政以行之,刑以防之。礼乐刑政,四达而不悖,则王道备矣。

显而易见,这是伦理与政治同体合一的思维进路,其经典的表述就是"内圣外王"。统治者必须首先加强自身的道德修养,成就"圣贤气象",才能担负起治国理政的责任。所以《大学》要求"自天子以至于庶人,一是皆以修身为本"。而衡量一个人道德水平高低的重要标准,甚至唯一标准,就是看其从治民理政、词讼办案到处理各种人际关系,是否都合乎礼制。正如《礼记·曲礼》中所说:

> 道德仁义,非礼不成;教训正俗,非礼不备;分争辩讼,非礼不决;君臣、上下、父子、兄弟,非礼不定;宦学事师,非礼不亲;班朝治军,莅官行法,非礼威严不行;祷祠祭祀、供给鬼神,非礼

不诚不庄……是故圣人作，为礼以教人。使人以有礼，知自别于禽兽。

这种以教化为施政，以施政行教化的国家治理模式，从先秦一直延续到晚清，成为中华民族政治思维的最大特色。在此种政治思维下形成的"礼法并行""王道仁政"的施政模式，在维护大一统局面和调节社会关系等方面，的确曾在历史上起到过明显效果。

与此同时我们也应看到，自19世纪中叶以来，面临西方文化咄咄逼人之势，儒家伦理支撑下的"礼法并行"的施政模式，连同礼制本身，一度遭遇前所未有的巨大挑战，日渐陷入极为尴尬的境地。从"天王"洪秀全挟"拜上帝会"之威势，严禁士人"读孔子之经"，焚烧一切儒家经典开始，中经20世纪初期的新文化运动中一浪高过一浪的"打倒孔家店"之声讨批判，直到20世纪下半叶"史无前例"的"文化大革命"中"与传统彻底决裂""横扫一切牛鬼蛇神"的"十年动乱"，儒家伦理连同中华礼制的价值观及其学理基础都被全盘动摇了。

儒家伦理的威风扫地和中华礼制的整体塌陷，其根本原因不是来自各方面的持续批判，而是在于自身：因为以儒家伦理为基础的中国传统礼制是以小农经济为基石的。从鸦片战争西方列强用坚船利炮打开中国的大门开始，创造过辉煌成就的中华农业文明已经远远落后于西方工商业文明。在现代文明的理性视野中，曾经神圣无比的、基于农业文明之上的传统礼制连同礼教、礼俗，不免与数千年来的"朕即国家""乾纲独揽"的专制君主体制纠缠，其受到严厉批判并日趋衰落也是理所当然。历朝历代用政教相维、纲常名教等来维护统治阶级的利益，将之打造成一套以礼制为核心的精致无比的社会控制体系，于是礼教天理化、礼制法条化，最终成为禁锢臣民思想、束缚百姓手脚的枷锁。因此自20世纪初新文化运动和五四运动以来，从陈独秀、李大钊到胡适、鲁迅等先知先觉者，纷纷将批判的矛头对准"君臣父子""三纲五常"之类的意识形态说教，否定君尊臣卑、官尊民卑、绝对服从等背离普遍人性的片面规制。20世纪初叶的中华民族，正处在从农业文明走向工商文明，从传统君主体制走向民主共和体制的历史转折关头,他们对传统礼制内蕴的封建性内核大力挞伐,显然具有不言而喻的历史正当性。

但是,我们同时也必须摈弃两极化的思维模式和情绪化的非理性处置。就传统礼制而言,其中的封建质核必须批判,如体现封建等级制度的种种烦琐的礼仪形式应该摈弃,专制皇权对礼制的滥用更应清算,至于传统礼制中的许多具体设置和烦琐礼节,大多已经过时,渐趋消亡。传播国学大可不必再穿上汉服招摇过市,祭祀孔子也没有必要再行三跪九叩大礼。时过境迁,这些做法早已消逝在历史的风雨之中,我们对此既不必惋惜,也无须恢复。今天需要强调的是,中华礼制并非只有糟粕,它仍然闪烁着人文主义的光芒。

如前所述,由于礼的核心是人际交往规则和个人在人际交往中应当坚守的道德底线,如果放宽视野,我们便可看到世界上各个民族共同体都有对礼仪、礼节、礼俗的追求和向往。这是因为人类社会的运行和延续需要一定的秩序,而这些秩序的维系除了依赖硬性的法律条文外,在更多的场合则是要靠软性的伦理道德,两者缺一不可。在实际生活中,这些维系社会秩序的伦理道德,通常表现为约定俗成的社会规范和准则。而无论是社会规范和准则还是伦理约束,都是和人们遵循的价值观相联系的。所以在多数场合中,作为社会成员的个人,往往不是从奖惩角度,而是从动机、德行、良知角度来考虑自己行为的正当性。价值观念的外化主要体现在人们如何对待自己、如何对待他人和如何对待自然界三个向度上。正如文化学者龙应台所说:"在一个文化厚实深重的社会里,人懂得尊重自己——他不苟且,因为不苟且,所以有品位;人懂得尊重别人——他不霸道,因为不霸道,所以有道德;人懂得尊重自然——他不掠夺,因为不掠夺,所以有永续的智能。"而"品位、道德、智能,是文化积累的总和"。在这个意义上,礼体现为对自己和他人的尊重,也就是中华礼制中一以贯之的"敬"。这种"敬"经过代代相传,成为人们对心中理想的守望和期盼,发挥着抚平人的内心躁动,增进社会和谐与提升人类文明程度的功效。所以,世界上各个国家、民族和社会共同体都有自己的礼俗和礼仪;并且在礼俗和礼仪的背后,都有价值观的支撑，古今中外，概莫能外。就中国而言，儒家礼乐文明连同礼制规范早已融入中国人的血液，礼制、礼仪连同其背后的礼义诉求也早已内化为国人性格的重要组成部分。

二 礼的核心意涵及其内蕴价值

当今中国挟近 40 年改革开放的强劲东风，正在奔向 21 世纪中期实现中华民族伟大复兴的宏伟目标的道路上。在此过程中，经济、军事等硬实力的加强和凝聚力、软实力的提升同样重要，且缺一不可。经数千年积淀而形成的中华礼乐文明传统，若从消极方面说，可能是沉重的包袱；若从积极方面说，也可以成为创新的资源。这是因为"中华文明绵延数千年，有其独特的价值体系。中华优秀传统文化已经成为中华民族的基因，植根在中国人内心，潜移默化影响着中国人的思想方式和行为方式"，"我们生而为中国人，最根本的是我们有中国人的独特精神世界，有百姓日用而不觉的价值观。我们提倡的社会主义核心价值观，就充分体现了对中华优秀传统文化的传承和升华"[5]。

前已言及，中华传统礼制在秦汉以来两千余年中的君主官僚政体中是构建政治体制和社会秩序的制度设计，必然具有在今天看来已经不合时宜的封建性质核，此为消极之一面，必须加以清理和批判，这是没有疑问的。同时也应该看到，对于中华先民来说，礼又是人际交往的文明规则；对于个人来说，礼则是社会成员立身处世的一套准则。因此，礼中必然蕴含着中华先民的生命经验和生活智慧，此为积极之一面，应该予以继承和发扬。以"仁"为核心的生命经验和生活智慧，是中华先民在数千年的历史行程中迭经风雨淘洗而沉淀下来的宝贵财富，其中必然蕴含着当代值得挖掘、继承和发扬的多方面价值（当然其前提是必须经过谨慎而科学的现代性转化这个重要环节，此点留待下节再论）。举其荦荦大者，略述如下。

第一，"仁者爱人"：德治主义仁政对于社会公德和公务员从政道德建设的借鉴意义。

在德治主义仁政的政治模式中，统治阶级及其代表人物获得执政资格的首要条件，就是自身必须具有很高的道德修养，如此方能得到被统治者的认同和拥护。很难想象，在一个强权横行、规则淆乱、说谎成风、贪腐频发的环境中，老百姓能够独善其身，守纪遵法。此乃古今一理、中外皆同之普遍规律。

若从源头即社会土壤而言，这种理念原本是先秦族群社会普遍存在的血缘亲情关系的天然反映，具有历史正当性。这种以家庭、家族、宗族为基本组织的族群社会被当代新儒家的代表人物杜维明称为"熟人共同体"。有学者认为，西周的宗法共同体就是以小共同体为特征的族群"封建"体制。在这样的"族群"社会中，"由天生的血缘亲情推出人性本善，由伦理上的长幼尊卑推出一种'人各亲其亲、长其长，则天下太平'的政治秩序"[6]。这也是费孝通在《江村经济》中所说的"差序格局"。在这种基于血缘关系的小共同体中，由长者（族长）主导的权利义务之间的关系，表现为父权和父责相统一，即《礼记·礼运》中的"父慈、子孝，兄良、弟悌，夫义、妇听，长惠、幼顺，君仁、臣忠"。显然，这是一种对君臣父子双方都有约束力的权利义务关系。因此，"君君、臣臣，父父、子子"的原初含义是君要像君，臣要像臣；父要像父，子要像子：各安其位，各行其责。所以，从原生儒家的君权、父权中推不出后世"三纲五常"中绝对专制的理念来。恰恰相反，原生儒家的观念是"圣道"高于君命，儒士为王者师，信仰高于权位，所以孟子有"民为贵，社稷次之，君为轻"之类的民本思想，《荀子·子道》提出了"从道不从君，从义不从父，人之大行"的道德原则。显而易见，"恭""宽""信""敏""惠"等思想资源，对今天社会公德的提升，对各种从业人员的道德建设，都具有借鉴意义。

第二，"内圣外王"：伦理本位的儒家礼乐文明是弘扬社会主义核心价值观的深厚资源。

如果我们转换一下视角，将内圣视为人的道德修养，将外王视为国家强盛，那么，"内圣外王"之儒家理想在新时期仍有借鉴价值。

若就基本色彩而言，浸润于中华礼制中的主要是儒家伦理，正是以儒家伦理为主体的中华传统伦理之绵延发展，为中国赢得了"道德文明古国"的历史荣耀。以孔孟思想为代表的儒家伦理，从"仁者爱人""克己复礼"之思想立意出发，构建出一套以家庭人伦为核心的道德准则，并外推到政治伦理领域，构建出"内圣外王"的理想模式，通过修身、齐家、治国、平天下等一系列环节的推进，把个人美德伦理和政治责任伦理整合为一个自足的逻辑体系，希望每个社会成员都能达到"穷则独善其身，达则兼济天下"的道德境界。在孔孟所处的列国争霸、"杀人盈野"的春秋战国时代，这种温文尔雅的道义逻辑不免四处碰壁，屡遭拒斥。但在建设市场经济与和谐社会的当今中国，其中的精义与社会主义核心价值观有吻合的部分。例如，"天下兴亡、匹夫有责"的家国情怀与责任意识，与"富强""爱国"等观念相吻合。中华礼乐文明的这些宝贵遗产，既具备现代化的潜质，又与全人类普遍价值息息相通。

三 中华礼制的现代性转换及其新生机制

由以上论述可知，积淀深厚的中华礼制和礼乐文明是构建社会主义核心价值的丰富资源，但它们又不是拿来就能用的，必须经过现代性转换这个重要环节。正确的态度亦即科学的态度，应当是摈弃文化虚骄和文化自卑这种两极化思维，既充分肯定以儒家文明为核心的东亚智慧创造出辉煌灿烂之古典文明的历史事实，也要认真探讨儒家文明和东亚智慧未能顺利催生现代工商业文明的内在缘由。也就是说，中华礼制和儒家礼乐文明之现代价值的发展与弘扬，必须经过现代性转换这个环节。只有在现代性这个时空坐标中守望本土传统，同时又以现代性为标准审视、转换并汲取古典文化精义，然后才有可能使中华礼乐文明在新的时代条件下重获新生。中华礼制现代性转换有以下几个重要方面。

第一，中华礼制和儒家礼乐文明重获新生的首要条件，是与君主官僚政体和专制权力做彻底剥离，成为一种更为纯粹的学理阐述和伦理规范，而非宰制性的意识形态说教。

以儒家思想为基础的中华传统礼制，是农业文明的产物，而农业文明土壤上生长出来的传统礼制，连同礼教礼俗，又长时期被历代王朝的统治者当作压制臣民、维系一姓之天下的施政工具。诸如"三纲五常""三从四德""君尊臣卑""官尊民卑""存天理、灭人欲"等儒家礼教成为"宰制性的政治意识形态"[7]。这是自20世纪初新文化运动和五四运动以来，从陈独秀、李大钊到胡适、鲁迅纷纷批判封建礼教之正当性所在。作为中国文化的先知先觉者，他们对封建礼教的激烈批判和深刻揭露，成为推动中国走出"中世纪"的重要助力，有助于民族觉醒和社会进步。因此，如果不将两千余年来专制政体加在传统礼制上的压制人性的种种规范做一番细致而恰当的剥离，中华礼乐文明中具有的中国智慧之伦理精神和道德理想，就不可能在当下发挥其正面的构建作用。因为今天的中国社会从整体上看已经跨入现代工商社会的门槛，经济市场化、政治民主化、文化多元化是最为基本的社会现实，经过新文化运动洗礼的当代中国人，自然应当自觉破除传统礼制所内蕴的意识形态迷障，与权力、专制做彻底切割，回归理性，回归礼之本质，进而融入社会各阶层的日常生活中。正是在百姓的日常生活中，儒家礼乐文明才能真正起到提升道德修养、融洽人际关系、增进社会和谐，进而提高人民的幸福指数等功效。

第二，就儒家礼乐文明的立足基点来看，应当实现从共同体本位向个人本位的转型。

共同体有大小之分。就中国而言，小共同体是指家庭、家族、宗族等人数有限的共同体，也被称为"熟人共同体"。"大共同体"是指以民族、国家为单位的社会群体组织，也被称为"陌生人共同体"。在孔孟所处的先秦时期，儒家伦理提供的是以小共同体为本位的道德诉求和行为规范，亦即要求个人行为规范符合小共同体的利益诉求。到了汉代中叶，汉武帝采纳董仲舒《天人三策》中的思想之后，儒家礼制又被改造为以国家为本位的规制体系，要求个人行为规范符合国家这个大共同体的利益诉求。正如唐士其所言，儒家的正义观"来自个人的自我观照与深刻的道德意识，它意味着一种超乎一般的正义准则之上的人生准则，是一种个人的而非社会的道德标准"[8]，亦即儒家思想是以大、小共同体为本位，向其成员即个体提出的一套规范性要求。而当代伦理则强调个人本位原则，即公民以个人权利、个人自由、个人尊严等价值和利益为基点，向社会提出多种正当诉求，要求社会制度设计和基本结构的安排为个人价值的实现提供条件和保证。[9]在现代性视野中，每个公民的尊严、自由和价值就是国家的尊严、自由和价值。换言之，国家要赢得尊严和价值唯一的途径就是保障每个公民的尊严、自由和价值，舍此无他途。

第三，从儒家礼乐文明的形态特征来看，应当实现从贵贱有别的差序格局向以独立、平等为核心特征的公民伦理的转型。

无论是家族本位的小共同体，还是国家本位的大共同体，其共同特征都是等级分明的"差序格局"。先秦时即有"天有十日，人有十等。下所以事上，上所以共神也"[10]之说，孔子也强调："民在鼎矣，何以尊贵？……贵贱无序，何以为国？"[10]董仲舒强调："贵贵尊贤，而明别上下之伦，使教亟行，使化易成，为治为之也。"[11]《朱子语类》载黄义刚问"夷狄之有君"一章，朱熹回答："只是一意。皆是说上下僭乱，不能尽君臣之道，如无君也。"[12]显而易见，从原生儒家到宋明新儒家，他们主张的都是等级伦理，而现代伦理则以平等为首要原则。"自启蒙运动以降的数百年中，人类社会逐步形成的价值共识是，每一个个体，无论是贫是富，品德好坏，地位高低，都具有与他人相等的价值，都应受到相等的待遇，享受同等的权利。"[9]儒家伦理中虽然包含丰富的私德资源，但是并不包含公民、公民社会和公民伦理等现代因素，故此若欲成为现代社会共同生活之准则，必须通过现代性转化来缩短这个时空差距。唯一可行的做法是，引入以"公民"权利为核心的现代价值理念，反过来说，以"公民"权利为核心的现代价值理念，也只有在传统中华礼乐文明这个基本盘之上，才有可能逐步生长、茁壮起来。由于以"公民"权利为核心的价值理念最早产生于率先进入现代社会的西方世界，这就涉及如何借鉴、汲取域外文明之精华的问题了。

第四，以充满自信的姿态与域外文明交流互鉴，是中华礼乐文明丰富其当代形态的关键环节。

经过数千年岁月的无情淘洗，不少文明已经消失在历史烟尘之中，但当代世界仍然是一个多元文明的格局。每一个经历了岁月淘洗的文明，都有其独特的存在理由和价值担当。中华文明和当代世界各大文明一样，既然能够经历数千年的淘洗而延续到今天，必然有其独特的坚守和独到的价值。与此同时也必须看到，自世界进入近代社会以来的数百年间，中华民族已经落后于世界先进民族前进的步伐。晚清士人冯桂芬在1861年就已经指出，中西之间存在巨大差距："人无弃材不如夷，地无遗利不如夷，君民不隔不如夷，名实不符不如夷，船坚炮利不如夷，有进无退不如夷。"当然他对中华民族并未丧失信心，而是力主正视差距，迎头赶上："始则师而法之，继则比而齐之，终则驾而上之。自强之道，实在乎是。"[13]郑观应、郭嵩焘、容闳、严复等文化先驱更是提出了中华民族的"自强之路"，包括"以工商立国""行君主立宪"，以及开报馆、兴学堂、遣留学生等一系列实践性方案。向西方学习，这是自近代以来先进人士的一致呼声。

从历史事实来看，中华文明从来就没有拒绝过对域外文明的学习，在世界多元格局中，中华礼制以道德的实践性、异质的包容性和体系的开放性三大特性而使自己立于不败之地。[14]中古时期印度佛教的东传，汉唐时期与域外文明的交融，近代以来从利玛窦等传教士到徐光启、严复等人对西学书籍的翻译、引入，都极大地丰富了中华文明的内涵。1978年改革开放以来，中国重新向世界敞开大门，不仅极大地增进了对域外世界的了解，而且加速了对域外先进文明的汲取，从而加快了自身的发展步伐。

质言之，汉魂唐魄与欧风美雨互摄互融之时，就是中华礼乐文明重现青春光彩之日；而中华智慧与域外智慧交相辉映之时，就是人类加快步伐迈向命运共同体和利益共同体之日。

四 中华礼制现代价值发掘路径的若干设想

寻求中华礼制现代价值的基本态度，应当立足于以多样性为根本特征的人类文化生态，采用归纳的而非演绎的、综合的而非单一的思维路向，从客观的历史事实和丰富的民间实践中，努力寻找中华民族在数千年礼制生活中沉淀下来的伦理共识和道德品格。具体而言，如下几个途径值得留意。

第一，秉持实践理性精神，既要努力发掘中华礼制中具有生命力的恒久价值，又要重视并总结广大民众丰富多彩的礼仪实践经验。

中华传统礼制追求礼义，追求个人完美的道德修养与精神境界，其终极目标是达到国家、社会、团体、家族乃至个人之间的和谐，它不但注重外在的表现形式（礼仪），而且关注内在的道德追求。《礼记·礼运》中这样描述大同世界：天下为公、和谐有序、贤能当政、讲信修睦、团结互爱、社会稳定。实际上，中华礼乐文明中蕴藏着丰富的人类文明的精华，学术界研究中华礼制的根本目的，就是要从中挖掘出一些具有约束力的价值观，不可或缺的行为规范，以及今天仍须遵循的具有根本性的道德准则和伦理规范，为在现实生活中逐步形成一种具有普遍约束力的世俗生活伦理提供借鉴。这种适应现代社会生活的世俗伦理，因具有丰富的传统伦理资源的支撑，又与社会主义核心价值观相融相合，故能落地生根、茁壮成长。这是因为道德标准和伦理规范本身就存在两个相辅相成的不同侧面，一是道德是非的理性判断，二是道德实践的价值判断。理性的是非判断需要基于学理资源的辨析和论证，实践中的价值判断则是每个社会成员发自内心的道德感受和行为趋向，中国人一般称之为"良心"或"良知"。

更为重要的是，通过中华礼制内蕴之伦理诉求和民族秉性的求证与探寻，固然能为当今人们走出道德失范、礼义缺位的困境提供不可或缺的强大助力[15]，但是符合现代性要求的新型礼仪礼俗，毕竟要在广大群众建设现代化社会的实践过程中才能逐步形成，"道不可坐论，德不能空谈"[16]。秉持归纳的、综合的思维进路，就必须把理性的是非判断和实践的价值判断结合起来，二者缺一不可。这是因为中华礼制中究竟有哪些今天应当继续发扬光大的恒久价值，归根结底也应当以当代社会大部分人的认可和接受为最终选择标准。诸如爱国、敬业、诚信、友善、仁慈、利他等美德，也只有在民众的生活实践中才能成长起来和扩散开来；富强、民主、文明、和谐的国家和自由、平等、公正、法治的社会，也只有靠民众的共同努力才能实现。正如美国社群主义哲学家桑德尔所说："我们爱的能力和仁慈的能力，并不会因为使用而消耗枯竭，反而会在实践的过程中得到扩散。"[17]著名经济学家哈耶克也说过："文明不是靠人的大脑设计出来的，而是从千百万个人的自由努力中生长起来的。"[18]这就是说，中华礼制现代价值的发掘和弘扬，从根本上说，是人民群众在追求理想生活与美好愿景的实践中逐步实现的。

第二，秉持"求同存异"的态度，在与域外文明交往互鉴的同时，坚持中华民族的主体性品格。

中华礼乐文明与域外文明交流互鉴的必要性，前已述及，这里要说的是中华民族在文明交流互鉴中应当秉持的姿态和立场。应该看到，世界上各主体民族和国家在长期的历史发展进程中都形成了具有自身特色的文化传统和价值追求，他们以各自独有的方式参与人类共同的进步事业，为将人类文明推向更加高级的形态做出了各自不可替代的贡献。国家有疆域，文明无国界，人类就是在相互学习的过程中不断发展进步的。近代中国落后挨打之时，我们需要深切省视自身的种种不足，但应警惕文化虚无主义的侵袭，而在当代中国已经取得"世界第二大经济体"的骄人成绩时，我们更应警惕文化虚骄思想的蔓延，以谦卑而又平等的态度向域外文明学习。包括中华礼制研究在内的更为开放的中国学问，自应在全球化视野和人类普遍价值相互包容、共同进步的框架内，重新省视自身的传统，认真汲取域外文明的精华。

不言而喻的是，在向域外文明学习的过程中，我们必须始终坚持中华民族的主体性品格。20世纪初，第一次世界大战结束之后，梁启超和蒋百里、丁文江等人游历欧洲一年有余。梁启超曾在20世纪初激烈地抨击君主专制政体,极力主张向西方文明看齐,而在此次游历中他目睹先进西方文明同样存在诸多弊端,并非处处光鲜。他回国后写出《欧洲游心影录》,希望中国青年尊重、爱护中国自身的优良传统,坚守中华民族的主体性品格:"第一步,要人人存在一个尊重、维护本国文化的诚意。第二步,要用那西洋人研究学问的方法研究他、得他的真相。第三步,把自己的文化综合起来,还拿别人的补助他,叫他起一种化合作用,成了一个新文化系统。第四步,把这个新系统往外扩充,叫人类全体都得着他好处。"[19]这是一百年前中国学人对中华文明的自尊自信和中华民族主体性地位的明确宣示。

在纪念五四运动一百周年之际,有学者提出,"打碎一切传统共同体与习惯法的激进主义,只能导致社会的解体,只能造就原子化的个人",这种虚无主义和激进主义的错误倾向的恶果之一,就是无法在"脆弱的个体与利维坦式的巨型人造共同体之间,建立起最起码的防火墙"[20]。由此可见,在各个文明交流互鉴的过程中,坚持中华民族主体性品格是多么重要,在对待传统文化的问题上,革除还是传承是需要深思熟虑和认真抉择的。我们现在可以肯定的是,当今社会能够接受的中华新型礼仪,必然是既吸收了传统礼制中仍然具有活力的恒久价值部分,又符合当今社会大多数人的利益和发展要求;既与人类共同追求的价值相融相合,又能体现中华民族之主体性品格的礼仪规范和行为规范。

事实上,中华文明与其他多种域外文明的确存在不少伦理观念上的"共识"。这些"共识"可以成为也应该成为中华新型礼乐文明茁壮成长的"交汇点"和"生长点",这是在文明交流互鉴中坚持中华民族主体性品格的客观基础。而其理论基础可以在马克思主义中找到:因为人,无论其种族肤色有多大区别,作为一个共同的"类",必然具有"共同的规定性",这是马克思在《1844年经济学哲学手稿》中的科学判断。这种共同的规定性,用一个最简洁的词来表述,就是"人性"。马克思认为"人"必然具有"共同的规定性",人具有自然性和社会性,并强调人的本质会随着历史的发展、人的实践的推进而不断发展。这一科学判断使我们深刻地认识到人的本质,也使我们理解"人"会在实践中不断向成熟圆满迈进,其动力就是人对真、善、美的不懈追求。由不同族群构成的人类共同体,实际上共享着许多相似的道德规范和伦理原则。为省篇幅,此处试举一例言之。

以"仁者爱人"为核心的儒家仁学,其基本精神是将心比心、推己及人。用《论语·雍也》中的话说,就是"己欲立而立人,己欲达而达人",就是《论语·颜渊》中所说的"己所不欲,勿施于人"。用《孟子·公孙丑》中的话说,就是"不忍人之心",具体表现为"恻隐之心""羞恶之心""辞让之心""是非之心"。这是人区别于动物,人之所以为人的根本特征,也就是"人性",古今中外,概莫能外。著名哲学家汤一介说,儒家的"仁爱"观念,与西方基督教的"博爱"观念、印度佛教的"慈悲"观念虽有相异之处,却又不乏内在的共通之处。如"博爱"观念与"上帝面前人人平等"相联系,"慈悲"观念与"涅槃"理想相联系,而"仁爱"则与亲亲、尊尊相联系。质言之,其间的相近之处,就是以不同的方式表达人的爱心。[7]基督教《新约·马太福音》第七章载,耶稣说:"无论何事,你们愿人们怎样待你们,你们也要怎样待人。"犹太教《塔木德》载,希勒尔告诫信徒:"不要对你的邻人做你自己所厌恶的事情,这就是《托拉》的全部学问。"伊斯兰教《古兰经》中说穆斯林之间应以兄弟相称,真正高尚的行为是宽恕和忍耐。佛教典籍《相应部》则说:"在我认为不喜不悦者,在人亦如是,我何能以己之不喜不悦加诸他人?"上述种种说法与儒家的"仁爱之说""忠恕之道"从理念上看的确有相通之处,这些相通之处,无疑可以成为各个文明进行交流、沟通、对话的出发点和良好基础。

第三,坚持以制度建设为重,营造符合现代社会规范和普遍人性的道德生态环境。

前已述及,中华礼制、礼仪与其他文明的伦理道德体系一样,其根本核心就是两个问题,一是做人的底线,即要回答"我是谁""应该成为什么样的人",这是内在的人格修为层次。二是伦理的底线,即要回答"如何与他人相处",涉及个人如何处理自己与家庭、社会和国家的关系，这是实践的交往层次。毫无疑问，无论是个人的人格修养还是人际的实践交往，其伦理观念和道德水平的提升，必然受到他们所处的经济发展水平、社会政治制度和历史文化传统的影响。渊源深厚的华夏农业文明固然孕育、滋养了积淀丰厚的儒家礼乐文明，但是当今中国毕竟已经跨入了现代工商文明的门槛，现代社会以经济自由、政治民主、文化多元和个人独立为基本特征。努力与现代社会的本质特征和种种要求相适应，是中华礼乐文明得以新生和重构的关键所在。分而言之，在观念层面，现代伦理要求以人为本，确立人的天赋权利不容剥夺和侵犯的价值观念；在实践层面，现代伦理要求以平等、自由为原则来构建个人与家庭、社会和国家之间的种种关系。质言之，一个可欲的社会制度，为公民美德的健康成长提供了必不可少的道德生态环境；而理性、健康、积极向上的价值理念和伦理规范，也只有在良好的制度环境中才能落地生根，真正内化为人的自觉意识。

　　此处以爱国主义教育为例。爱国主义事关民族凝聚力和国家软实力，其重要性不言而喻，故而构成社会主义核心价值观的重要内容。公民的国家意识和责任担当，在日常生活中首先体现为对当地公共事务和国家大政方针的关心，其次体现为对公民义务的切实履行。无论是环境污染、食品安全、交通拥堵，还是社会治安、政府税收、官员失职，每一个公民都应该以国家利益为上，依据自己所掌握的信息和价值取向提出看法、建议甚至批评，自觉尽公民之责，体现公民之担当，哪怕有些意见有可能失之偏颇。公民对社会公共生活的知情权、参与权和意见表达权，本来就是使自己的国家更具活力，使社会更具凝聚力，使生活更加光明的根本性保证。显而易见，营造秩序良好、鼓励公民积极参与公共生活、允许民众监督甚至批评政府和政府官员的制度环境，是爱国主义情怀茁壮成长并得以丰富发展的必要条件。这就凸显出民主政治体制和公民社会建设的极端重要性。正如桑德尔所说："经由公民权利和义务的履行，公民美德可以得到建构，而非耗竭……就公民美德而言，要么使用它，要么失去它。"[17]原因很简单，在一个权力横行、权钱勾结、公民说真话就会惹祸上身的社会空间里，没有人愿意参与公共生活，国家情怀和责任意识也就不可能健康地成长起来。当然，营造公民美德得以健康成长的制度环境不会一蹴而就，需要国家的引导和我们每一个人的积极参与及持之以恒的努力。

第四，"与时俱进"，与社会进步和时代潮流的变化相适应。

在不断发展和日趋丰富的实践中，认真总结人民群众提升伦理水平和道德修养的新鲜经验，进而从儒家礼乐文明的古典精义中寻求学理支撑和应对智慧，再从中生出面对现实需要的感悟和认识，是每一个理论研究者和实践工作者共同面对的神圣职责。我们说儒家礼乐文明是个开放的体系，包括两层含义：一是在空间向度上向域外文明开放，不同文明之间通过沟通，在相互学习的过程中达成越来越多的共识；二是在时间向度上向人民群众所创造的道德伦理实践开放，跟上时代前进的步伐。中华民族自古以来就是讲究礼仪、讲究礼义的民族，如果我们能够深入民间社会和百姓生活，不断总结人民群众在新的时代条件下提升自己精神生活和道德生活的种种创新经验，必将对中华礼乐文明的研究产生极大的推动力量。

21世纪的当代中国，已经站在更高的历史起点，正在全面深化改革开放、全面依法治国、全面建成小康社会、全面从严治党的道路上迅跑。中国整体上在向工业化社会前进，但中国地域广袤，既有面向后工业化社会（信息文明）的先进体制，某些地方确实也残留着农业文明的一些古风。由此，我们既要着眼于现实，又须展望未来，用中华智慧来创建适合当今社会的礼仪价值的新体系。我们深信：一个具有五千年历史的文明古国，一个为人类贡献过四大发明的中华民族，必将带着它深厚的文化积淀，以"和而不同"的精神汲取中外文明的精华，重新赢得原创性动力，充满自信地融入势不可当的全球化浪潮，为人类文明做出新的伟大贡献。

参考文献

[1] 葛金芳：《中华礼制内在凝聚力的学理资源及其现实挑战》，《中原文化研究》2014年第4期。

［2］余英时：《余英时文集》第2卷，广西师范大学出版社，2004，第211页。
［3］常金仓：《穷变通久》，辽宁人民出版社，1998，第11页。
［4］雅斯贝斯：《人的历史》，载田汝康、金重远选编《现代西方史学流派文选》，上海人民出版社，1982，第40页。
［5］习近平：《习近平谈治国理政》，外文出版社，2014，第170~171页。
［6］秦晖：《传统十论》，复旦大学出版社，2003，第172页。
［7］万俊人：《寻求普世伦理》，北京大学出版社，2009，第3、97页。
［8］唐士其：《儒家学说与正义观念——兼论与西方思想的比较》，《国家政治研究》2003年第4期。
［9］柳平生：《当代马克思主义经济正义理论及其实践价值》，社会科学文献出版社，2005，第5~6、9页。
［10］杨伯俊：《春秋左传注》，中华书局，1981，第1284、1504页。
［11］苏舆：《春秋繁露义证》，中华书局，1992，第232页。
［12］黎靖德：《朱子语类》，中华书局，1986，第611页。
［13］冯桂芬：《校邠庐抗议》，上海书店，2002，第49~50页。
［14］汤勤福：《世界多元文化格局与中华礼制的当代位置》，《中原文化研究》2014年第4期。
［15］汤勤福：《中华传统礼制的现代价值》，《中国德育》2015年第14期。
［16］习近平：《习近平在北京大学五四运动95周年纪念大会上的讲话》，《中国青年报》2014年5月5日。
［17］桑德尔：《金钱不能买什么：金钱与公正的正面交锋》，中信出版社，2012，第33、87页。
［18］哈耶克：《通往奴役之路》，中国社会科学出版社，1997，第68页。
［19］梁启超：《欧游心影录·节录》，载《饮冰室合集之七：饮冰室专集》，中华书局，1989，第37页。
［20］戴志勇：《启蒙应予反思，传统有待传承》，《南方周末》2015年9月10日。

Chinese Ritual System: Challenges and Countermeasures

Ge Jinfang

Abstract: Confucian civilization of rites and music is based on Chinese traditional ritual system aiming at adjusting and regulating every kind of social relations, which has become the core contents of political thoughts of rulers in the passing dynasties because of their instinctive characteristics of apotheosis and legalization. The essence of thought, such as the benevolent love to others, as well as a saint from within and a king from without, has really played a long and important role in the unification of the country, ethnic fusion, stability of social orders and harmoniousness of interpersonal relationship. However, the ideological preaching of the emperor – subject and father – son relationships, and the so – called Three Cardinal Guides and Five Constant Virtues have become the yoke of thought, and delayed the transformation of China into a modernized society. The self – innovation of Confucianism from Tang and Song Dynasties, the conflict and fusion of Chinese and Western civilizations in the passing 100 years and the grand expectation of Chinese revival, propose challenges and tests to the theoretical development, the old – to – new transition and the present countermeasures of Chinese ritual system. In order to keep consistent with the common development target that the whole human society steps into market economy, democracy and the rule of law, the traditional ritual system should have its modernized transition, which is a must to refill its vitalities so as to serve the reality. This kind of transition should advocate the concept of rational practice, keep the standpoint of seeking common points while reserving differences, emphasize the advocacy of institutional construction, and embrace the mind of keeping pace with the times. Only by doing so can we realize the inheritance and reform of Chinese ritual system under the social core values, manifesting its modern values.

Keywords: Ritual System, Civilization of Rites and Music, Ethical Ideas, Alien Civilization, Modern Values

About the Author: Ge Jinfang (1946 –), Professor in School of History and Culture, Hubei University, "985" Distinguished Professor of Beijing Normal University, and Part – time Researcher in Research Institute of Southern Song Study, Hangzhou Academy of Social Science. Research interests and specialties: economic history in Song Dynasty. Academic essays: academic essays have been published in many famous or authoritative journals like *Study of History*, *Study of Chinese History*, *Study of Sociology*, *Study of Ethnics*, *Study of Chinese History of Economy*, *Zhonghua Wenshi Luncong*, *Guangming Daily*, etc., many of which were reprinted by *Xinhua Digest* and the Information Center for Social Science, RUC. Magnum opuses: 17 academic books have been published, including *Research and Analysis of Economy in Song, Liao, Jin and Xia Dynasties*, *Records of Land, Tax and Corvee*, *General History of Chinese Economy* (Vol. 5), *The Study of Transition between Tang and Song*, *The History of Handicrafts in the Southern Song*, *Research on Society and Economy of Song Dynasty*, and *Historical Comments on the Country Economic System in Pre – modern China*. E – mail: ge0219@126.com.

当代世界文化危机、回归传统与中国的儒学复兴运动

周启荣[*]

【摘　要】　21世纪无疑是全球史新一章的开始,而揭开这一章序幕的是两个影响全球的历史事件:第一个是"中国的崛起",第二个是"西方文明的回落"。这两个事件同样导致中国与西方国家的"回归传统"运动。虽然中国与西方国家都要求回到自己的文化"传统",但是两者所要回归的"传统"差异甚大。当代中国的传统文化复兴运动的对象是历史人文主义的传统文化,尤其是儒家思想与价值。西方希望"去世俗化",要求回到独一神道主义的宗教传统。本文旨在分析在全球的文化危机中,中国与西方如何重新回到建构的

---

[*] 周启荣(Kai-wing Chow)(1951~),博士,美国伊利诺州立大学香槟分校东亚语言文化系、历史系教授,兼任史博洛克博物馆馆长。研究领域包括中国思想史、新文化史、礼学史、宗族史、印刷文化史、公共文化史。主要著作包括:《中国帝国晚期儒家礼教主义的兴起:伦理、经学与宗族论述》(*The Rise of Confucian Ritualism in Late Imperial China: Ethics, Classics, and Lineage Discourse*),斯坦福大学出版社,2004。2013年梁辉雄翻译为韩文(韩国首尔论著出版社,Monograph Press),并被评选为2014年度韩国国家科学院杰出学术著作之一,中文版由毛立坤翻译、卢永兴校阅,将由天津人民出版社出版;《近现代中国的出版、文化与权力》(*Publishing, Culture, and Power in Early Modern China*),斯坦福大学出版社,2004。中文版由张志强、傅良谕翻译,将由三联书店刊行。电子邮箱:kchou1@illinois.edu。

"传统"中找寻应对时代危机的方法,通过两个过程的比较来探讨当代儒学复兴的全球史意义。中国能够成功地回归儒家传统将为世界提供一个稳定的磐石。

【关键词】 中国传统文化 儒学复兴 西方文明危机 去世俗化 基督教

一 全球史视野中的文化危机与"回归传统"

21世纪无疑是全球史新一章的开始,而揭开这一章序幕的是两个影响全球的历史事件:第一个是"中国的崛起",第二个是"西方文明的回落"。[①] 这两个事件基于不同的历史环境与文化因素同样导致中国与西方国家的"回归传统"运动。[②] "传统"是一个西方概念。英语"tradition"(传统)一词"承传的习俗"的意涵在16世纪末出现。构建"传统"论述与行为是社会急剧转变时期出现身份危机的一个主要现象。英国史学家艾瑞克·霍布斯鲍姆(Eric Hobsbawm)指出当社会急剧变动时,需要新的象征符号来团结民众,而"发明传统"就是从历史与当代的习俗中寻找可以在社会变动之际那些"不变"的习俗、行为,借以构建与过去一脉相承的文化身份。"传统"没有固定的内容,它是不断被重构,再"发明"的论述与行为模式。[③]

中国与西方国家虽然都要求回到自己的文化"传统",但是所要回

[①] 尼尔·弗格森(Niall Ferguson)认为20世纪是西方衰落(descent of the West)与世界开始向东方靠拢的世纪(*War and the World*:*Twentieth - Century Conflict*:*The Descent of the West*, New York:Penguin Press, 2006)。与弗格森不同,这里用"西方文化的回落"而不是"西方文化的衰落"的概念是指西方国家过去200年在塑造世界格局中所起的主导性作用。对于世界其他文明国家来说,西方国家的文化在过去两个世纪支配其他文明体系国家的历史发展。"西方的回落"是指西方开始失去这种支配世界秩序与社会模式及其知识论的表述的地位,但不是说西方国家代表的西方文化衰落,由其他文明国家取代。

[②] Eric Hobsbawm, Terence Ranger ed., *Invention of Traditions*, Cambridge:Cambridge University Press, 1983.

[③] 在中国,朝代更替如周初、春秋战国、汉初、宋初、明初、晚明、清初、晚清、民初是"传统"发明的大时代。欧洲的文艺复兴、宗教改革运动、启蒙运动、欧洲18世纪和19世纪的政治革命都是"传统"发明的高潮时期。每个时期随着社会变迁,具体问题的差异,被发明的"传统"在语言上可能相同或者相似,但实质上并不相同。

归的"传统"差异甚大。当代中国的传统文化复兴运动的对象是传统文化,尤其是儒家思想与价值。① 西方的回归传统是回到神道主义的宗教传统。前者是回归到人文主义的历史文化传统,后者是回归到超验神学的宗教文化传统,无论是天主教徒还是基督新教徒,道德标准的依据都是独一的超越先知或使者默示的,清楚地记载在《圣经》上的诫命。

"中国崛起"指经过39年的改革开放中国成为制造大国,超越日本、德国等成为世界上最大的出口国,世界第二大经济体。"西方文明回落"指以美国和欧洲为代表的西方文明从政治、经济、文化生产秩序的主导地位开始退居为众多文明体系中的一个;西方不再是衡量世界所有文明价值的唯一标杆。这两个改变世界格局的事件的出现导致各种社会、政治、经济、知识、文化生产体制的松动与调整,同时与这些体制相对应的主导价值层级的排序也受到挑战。世界各国在努力认识与解决新的权力与文化格局形成带来的问题时必然在各个领域中产生"危机意识"(crisis consciousness),试图预测与解释"危机生成理论"(theory of the genesis of crisis)。"危机意识"从根本上讲是一种心理状态的概念化,概念化的过程就是对所忧虑与恐惧的特定社会问题进行追溯因果关系与寻求对策的反思。因此"危机意识"有心理的维度与分析理论的认知维度两个方面。"危机生成论"是一种基于数据与社会或者自然现象的分析而建构的理论。它可以是源于忧虑与恐惧的"危机意识",也可以是没有"危机意识"作为基础的分析性学术理论。"危机"在本文中的含义包括心理层面的危机意识与分析层面的认知意涵两个方面。

二 中国崛起、文化断层与儒学复兴

中国崛起与西方文明回落代表两种不同性质的危机,对于中国来

---

① 当代维护与弘扬中国传统文化的学者对于"传统文化"有不同的选择。港台新儒家代表牟宗三、唐君毅、徐复观等提倡的中国文化包括儒、释、道,但是大陆的一些学者如蒋庆所认同的传统不仅是儒家,而且是局限于国家"宗教"模式的儒家。

说，一方面，经济与制造业的高速发展，以及社会基础建设、军事、科技的快速现代化导致中国国际地位在政治、经济等领域上升；另一方面，高速的经济、社会发展对生态环境造成严重的破坏，在经济领域行为规范缺失，随着革命道德的退潮而出现的道德真空，加上种种造假、诈骗的经济行为与无序进一步加剧了社会道德的危机感。中国经济快速发展之所以可能，无疑是因为中国政府的政策不再受到政治"意念牢结"（ideology）的限制，而是按国家的发展规划、市场情况与现代国际经济体制的规则来制定。就是当中国崛起之际，社会上道德危机感普遍上升的时候，中国传统文化断层的事实成为解释道德失序的一个重要原因。传统文化对于规范社会行为的作用重新受到关注，要求回归传统文化，尤其是复兴儒学的呼声日益高涨。

中国传统文化断层的问题可以追溯到 20 世纪初的新文化运动。儒家思想是中国传统文化的核心部分。[①] 直到新文化运动时期，儒家文化一直以三种形态——儒家学术（儒学、经学）、儒家伦理（仁、义、爱、敬、孝、悌）、儒家习俗（礼仪、丧、葬、祭）——存在于中国社会之中。但从新文化运动起到改革开放以前，儒家思想存在的三种社会形态受到猛烈攻击。陈独秀、胡适、鲁迅、巴金等学者、作家通过文章与小说来批评儒家的家族伦理束缚个人在政治、社会、婚姻、事业上的选择。对很多知识分子来说，新文化运动提倡的民主、自由、平等价值代表进步的新中国价值思想的胜利，彻底击溃了保守、落后的以儒家为代表的传统"封建"文化。共产党的创始人与早期的党员都是新文化运动孕育出来的知识分子。新中国成立后，政府继承了新文化运动的立场，儒家被视为保守、落后的封建文化的化身或代号，经常在政治运动中被攻击、鞭挞。儒学是被否定、被批判的封建文化，唯一的价值是充当社会主义革命的反面教材。儒家伦理思想作为社会、政治理论在新中国是没有作

---

① 中国传统文化的内容当然不只是儒家，道家、佛家与各种技艺、知识如医学、建筑、服饰、天文、音乐、武术、饮食文化等日常生活文化也是传统文化的重要部分。

用的。新中国要建设的现代国家所依赖的理论是马克思主义。所以"儒家伦理思想"作为一种价值思想系统，作为一种政策思想的理论资源，在中国可以说是没落、衰亡的。无论是在官方的社会政策中还是在思想界，儒家伦理思想不是继续受到谴责和批判，就是受到冷落。只有残余或政府容许的儒家习俗、礼节仍然在社会中流传，但这些习俗并没有在认知上宣示为儒家伦理在行为上的具体体现。

儒家文化在改革开放以前虽然在大陆人的意识中断层，但是儒家文化的三个形态在台湾、香港仍然继续存在与发展。1949年新中国成立，晚清以来的政治目标——国家统一，民族独立自主，取消帝国主义在中国的特权与利益得以实现。但是国民党政府迁到台湾，导致在新的"共产政治场域"之外存在另一个"政治场域"①，加上香港和澳门分别受英国与葡萄牙管治，"两岸四地"的政治格局已经形成。四个政治区域各有自己的"文化场域"与"教育场域"。这些"场域"存在于不同的政治体制所管治的社会之内。虽然它们占有独立的空间，但是由于"华文"是四地华人的主要共同文字，因此这四个不相连的"文化场域"又可以通过信息媒体如报刊、书籍、电影以及后来的电子通信如计算机、手机等连成一个超区域的"文化场域"。在1978年改革开放之前，香港、澳门、台湾的"文化场域"在不同程度与连接点上已经构成一个同文的"大中华文化场域"，知识与文化可以透过书籍、电影和其他媒体从不同的地区流到四地的文化场域之中。

"复兴儒学"与其他相关的文化运动如"复兴国学""复兴传统中华文化"的论述同时出现在"两岸四地"的"大中华文化场域"里。由于三个论述有很大的重叠性，因此在许多论述脉络之内，三个论述可以视为同一个论述。

儒学复兴出现在"两岸四地"的"大中华文化场域"的历史原因

---

① 有关"场域"（field）的理论，参见 Pierre Bourdieu, *The Field of Cultural Production*, New York: Columbia University Press, 1993, Part I. 用"场域"理论来研究中国近代文化史的实例可以参见 Kai-wing Chow, *Publishing, Culture, and Power in Early Modern China*, Stanford: Stanford University Press, 2004。

可以追溯到20世纪80年代后期。在西方学术界,儒学长期以来被视为妨碍中国经济发展和现代国家建设的主要文化障碍。德国社会学家马克斯·韦伯(Max Weber)提出只有在欧洲那些受到基督新教伦理洗礼的国家才能发展出现代的资本主义经济与社会,而中国的儒家、道家与佛家根本不具备工具理性,因此现代的资本主义经济和社会制度没有在中国出现。[1] 大中华地区以及海外的中国学者对韦伯的理论多有讨论与批评。[2]

然而随着20世纪80年代亚洲四小龙经济的发展,西方学术界需要寻找新的理论来解释这种发生在中国台湾、中国香港、新加坡、韩国的现代经济与工业发展现象,有学者提出在欧洲资本主义社会之外有所谓"东亚发展模式"(East Asian Model)。[3] 学者观察到这些国家和地区的文化有共同的行为模式,与儒家价值如和谐、忠诚、尊重权威、群体取向和重视教育、家庭等有关。由于这些成功工业化与现代化的国家和地区在历史上都受过中国文化的洗礼,有学者提出儒家思想是这些国家和地区经济发展的共同文化因素。儒家文化与现代经济不但可以相容,而且是一个

---

[1] 韦伯对于资本主义的理论建构与源起的解释受到许多历史学家的批评。布劳岱尔(Fernand Braudel)便批评韦伯以基督新教的伦理为现代资本主义源起的主要因素。相反的,他对资本主义历史的解释及研究则强调,资本主义的物质基础早在中世纪便已经出现。参见 Fernand Braudel, *Afterthoughts on Material Civilization and Capitalism*, Baltimore: The Johns Hopkins University Press, 1991: 65 - 66。社会人类学家杰克·辜地(Jack Goody)也指出资本主义与现代社会的出现是经过很长时间发展的结果,而这些历史发展出现在中世纪文艺复兴之前欧洲与欧洲以外的地区。辜地特别反对韦伯认为只有西方才能发展出资本主义需要的工具理性(Jack Goody, *East in the West*, Cambridge: Cambridge University Press, 1996: 41)的观点。虽然一些学者指出,韦伯的资本主义理论并非只强调基督新教伦理的作用。然而,与布劳岱尔、辜地的资本主义理论比较,韦伯所构建的社会制度史理论无疑是从宗教文化的视角来解释现代资本主义的兴起的。参见 Guenther Roth, Wolfgang Schluchter, *Weber's Vision of History: Ethics and Method*, Oakland: University of California Press, 1977: 187 - 88。

[2] 较早遵循韦伯的解释模式来探讨传统中国宗教与商业发展的论著,参见余英时《中国近世宗教伦理与商人精神》,台北:联经出版事业公司,1987;杜念中、杨君实《儒家伦理与经济发展》,台北:允晨出版社,1987;高承恕《理性化与资本主义——韦伯与韦伯之外》,台北:联经出版事业公司,1988;金耀基《儒家伦理与经济发展:韦伯学说的重探》,载《中国社会与文化》,香港:牛津大学出版社,1992。

[3] 参见 Peter Berger, Hsin - Huang Michael Hsiao ed., *In Search of an East Asian Development Mode*, New Brunswick. NJ: Transaction Books, 1988; Paul W. Kuznets, *East Asian Model of Economic Development: Japan, Taiwan and South Korea*, Economic Development and Cultural Change, 1988, 36 (3)。

有利的文化因素的逻辑，开始在学术界赢得支持者。①

1978年改革开放之后，中国经济快速发展。1978年中国国民生产总值是3645亿元，到1993年增加到4349亿元。20世纪90年代以后中国经济飞跃的事实，充分证明现代形态的经济发展可以在没有基督新教伦理主导的社会里扎根。韦伯这种曾经被欧美学者用来解释中国近代落后的理论范式彻底崩溃。

中国经济的飞跃式发展使更多的学者认真思考儒家传统与经济现代化之间的可能关系。儒家传统中的一些思想与价值有利于现代经济发展受到越来越多学者的讨论。[1]儒学文化传统有助于现代经济与工业发展的理论变得更加有说服力。复兴儒学就是因为中国经济快速发展的事实。

复兴儒学运动从20世纪90年代开始在"两岸四地"的"大中华文化场域"越来越明显。20世纪90年代的"国学热"与复兴国学的争论是新中国在经济上、现代化建设与科技上取得丰硕成就的一个带有浓厚的民族自立意识的思想、社会运动。当前的复兴儒学运动，是更为深广的"复兴中华文化"运动的主轴。

20世纪80年代开始，研究儒学的机构与会议在海外和中国纷纷筹办与成立。中国孔子基金会于1984年9月经中共中央批准在山东省曲阜市成立，儒学研究成为国家学术重点。1986年，新儒家思想研究被列为中国哲学社会科学第七个五年计划的重点项目。1994年为纪念孔子诞辰2545周年，在北京召开了"国际学术研讨会暨国际儒学联合会成立大会"，参加的学者来自近30个国家和地区。② 国际儒学联合会设立的目的是从事和提倡有关儒学研究、将研究成果向国内和国际宣传、普及，同时通过教育来推广儒学，资助与儒学相关的学术活动、会议，编写、出版儒学集刊和论著。国际儒学联合会在儒学资料的整理、出版与国际学术交流方面做了很多工作。

---

① 参见 Hung-chao Tai, ed., *Confucianism and Economic Development: An Oriental Alternative?* Washington, D. C.: Washington Institute Press, 1989; Ezra F. Vogel, *The Four Little Dragons: The Spread of Industrialization in East Asia*, Cambridge: Harvard University Press, 1991。

② 中国孔子基金会于1996年8月经中央领导批准由北京转到济南，受中共山东省委领导。

自 20 世纪 90 年代开始，中国涌现出一大批立场不同，但一致努力推动复兴传统文化的学者。① 尤其是"新儒学"阵营的声势更是浩大。中国人民大学国学院教授吴光说："新儒学的思潮可谓风起云涌，百花齐放。"[2] 提倡并标榜儒家思想的学者有蒋庆、吴光、陈明、黄玉顺等。

除学界对复兴儒学的热烈讨论与争论之外，儒学复兴在中国极为重要的表现是政府在教育体制内增加读经与国学知识的内容。中国进入"大中华文化场域"后，使在台湾与香港的各种提倡重视传统文化的学者、组织得以互相通气和交流经验。"儒学"与传统文化不再只是学者在会议上、著作上讨论的问题，中国的教育场域也开始受到复兴儒学运动的冲击。1993 年港台新儒家牟宗三的学生、台湾师范大学的王财贵所提倡与发展的"少儿读经"理论与课程在大陆引起热烈反响。1995 年曹禺、冰心、启功、夏衍等 9 位政协委员在全国政协八届三次会上，发起正式提案"建立幼年古典学校的紧急呼吁"。高等教育也重新恢复对儒家文化的教研。北京大学 1993 年出版《国学研究》，2005 年开设国学课，同年中国人民大学也开办了国学院，2009 年清华大学国学研究院正式成立，武汉大学亦在 2010 年成立了国学院。

2006 年中国政府正式在学校体制中推动国学教育，成立中国国学文化艺术中心负责执行教育部"十一五"的"国学教育专项研究课题"与"十二五"的"中国传统文化与当代教育"课题，实际成为"国学"教材的研发基地。同时，教育部也重视借鉴台湾"国学"教育的经验，尝试引入台湾"国学"教育教材。2008 年新华出版社从台湾中正书局引进《中华文化基本教材》。[3] 2013 年中华书局经过修改后引入台湾为高中学生编制的传统文化与国学教材，编制了《中华文化基本教材》，从 2013 年秋季开始，包括北京四中在内的全国近 30 所中学的高中生开始试用该教材。

2014 年教育部发出《完善中华优秀传统文化教育指导纲要》的通

---

① 蒋庆 1989 年在《鹅湖》发表了《中国大陆复兴儒学的现实意义及其面临的问题》，可算较早讨论大陆儒学复兴状况的文章。

知。2016年中国国学文化艺术中心与教育部国家传统文化教育专项课题组共同完成《中国传统文化教育省级中小学实验教材》500册的编写。教育部在小、中、大学全面大力推动"国学"教学。"国学"作为教育的一个科目越来越重要。2016年教育部考试中心下发《关于2017年普通高考考试大纲修订内容的通知》，通知规定2017年多个考试科目将增加中华优秀传统文化的考核内容。

中国传统文化断层的危机出现在改革开放之后，中国成功发展现代制造业、经济、科技与社会基础建设的时候。中国的文化危机不是"共产体制"的文化出现危机，而是正在转变中的中国新政治、经济体制缺乏相对应的新行为规范，而传统文化对于社会行为的制约因为过去几十年的政治批判与打击而断层，不能填补社会行为道德规范的真空，而中国学界、社会与政府应对这个文化危机的策略是回归中国的历史文化传统。

三 西方文化危机：欧美宗教右翼的兴起与"去世俗化"（desecularization）

相对于中国的文化危机而言，当代西方面对的文化危机是"世俗化"的逆转，是西方国家的民众要求从现代化的路上后退，回到神权治国时代，希望实现"再基督教化"（re-Christianization）。"西方"本来是近世发明的一个论述概念。在最初构建的时候，"西方"的概念选择合并了欧亚的几个历史"文化单元"：通过阿拉伯文化发现的希腊文明、罗马帝国的政治与法律文化、天主教的教皇制度、启蒙运动以科学与理性为基础的世俗化。这几个"文化单元"被整合为连续、有机的"近代西方文明"，以别于非西方的"东方"文明。其中，启蒙运动思想家所宣扬的"自然神论"（Deism）、自然宗教（natural religion）是政教分离与世俗化最重要的思想基础，而随着马丁·路德对教皇体制的批判与攻击、宗教改革时期的天主教与基督新教徒互相仇杀，民族主义加剧了不同宗教派别国家之间的政治冲突，宗教战争最后大大地削弱了教皇制度的政治权威。

对于大多数西方学者来说,近代西方文明与基督教仍然是分不开的[1],基督教文化是近代西方文明的传统。个人主义的平等、自由等价值观念都是源于基督教神学。然而,随着美国20世纪60年代以后的反种族歧视、性别歧视的平权运动的兴起,以及后来的堕胎、同性婚姻合法化等,政府的法律、社会政策反对及抵制所有基于种族、性别、身体、宗教、文化的歧视,个人权利与自由的内涵已经远远脱离基督教的道德界限。对于保守的基督徒来说,欧美社会平权运动以后的世俗化趋势开始脱离基督教道德伦理的范围。属于这两大宗教的欧美国家的民众不满世俗化走向"后现代"的文化多元主义、道德相对主义、族群以及男女与性取向平权主义,他们要求公民社会的价值重新遵循宗教的道德标准。欧美的右翼与宗教领袖以及民众要求在后现代的世俗化道路上刹车并折返。这个过程就是西方国家回归传统的"去世俗化"运动,也就是"西方文明回落"的开始。

关于西方文明回落的论述出现在20世纪90年代,即当西方自由民主体制(liberal democracy)似乎成为世界上所有国家应该而且必然接受的体制的时候。1991年底苏联解体,1992年美国新保守主义(neo-conservatism)政治思想家佛朗西斯·福山(Francis Fukuyama)出版专著《历史的终结及最后之人》(*The End of History and the Last Man*)。他按照黑格尔历史哲学的大叙述(meta-narrative)模式进行论证,宣示了西方自由民主政治与西方文化的胜利。[2] 他认为西方的政治、经济、文化代表的价值成为人类社会共同的归宿,一切非西方的政治体制都将从人类社会消失,历史在西方文明胜利的钟声中终结。苏联解体成为福山理论的有力证据。然而这个新保守主义者所建构的历史大叙述并非唯一对世界未来秩序预测的蓝图,另一个学者对世界的想象不如福山乐观。哈佛大学政治学教授萨姆尔·亨廷顿(Samuel Huntington)对于由宗教差异

---

[1] 西方近代文明源自西方的论述受到许多学者的质疑,近代西方文明包括文艺复兴时期传入欧洲的阿拉伯文明。
[2] 早在1989年福山便在《国家利益》(*National Interest*)杂志上发表了一篇论文《历史的终结?》,1992年增广为《历史的终结及最后之人》一书出版。

所引起的冲突更为重视与担忧。他引用美国天主教神学家与政论家乔治·威格尔（George Weigel）的观点，认为20世纪末世界各国普遍出现"去世俗化"的现象，宗教重新成为人类行为的重要指导力量。① 亨廷顿对于冷战后世界秩序的维持与破坏的分析提出的理论指向与福山预言相反的未来世界。他在1996年出版的《文明的冲突与世界秩序的重建》（*The Clash of Civilizations and the Remaking of World* Order）一书中指出，冷战结束以后世界发生冲突的原因已经不再是"意念牢结"（ideology）的差异或经济利益的争夺，主要的冲突不是发生在民族国家之间，而是出现在认同于不同文明的跨国族群之间。这些文明差异是由语言、历史尤其是宗教来区分的。② 与威格尔一样，亨廷顿特别担忧伊斯兰极端主义对西方世界的威胁，该书发表后在西方引发了激烈的争论。③

---

① 乔治·威格尔宣称20世纪末世界各国的一个主要社会趋势是"去世俗化"（the unsecularization of the world is one of the dominant social facts of life in the late twentieth century），参见 *Religion and Peace*: *An Argument Complified*, Washington Quarterly, 1991, 14（2）。威格尔反对西方社会的"实用功利主义"（pragmatic utilitarianism），指出应将宗教从政治领域的公共生活中排除，在自由民主政治中，宗教只是私人生活中的个人选择。这种强调"功用性"与"程序性"的政治体制与文化将自由视为人类一种能够选择的中性本能，突出自我决定与权力的优先性。这种只能算以赛亚·柏林（Isaiah Berlin）说的"负面的自由"而不是"积极的自由"。威格尔认为这种自由缺乏道德的善、真理与德性的内容。这种自由观念将道德生活与人性分离，将人与人隔绝，自由的人不再有共同的道德生活。参见 George Weigel, *Against the Grain*: *Christianity and Democracy*, *War and Peace*, New York: Crossroad Publishing, 2008。
② 亨廷顿1993年在《外交》（*Foreign Affaris*）杂志上发表了一篇文章《文明的冲突？》，三年后增写成《文明的冲突与世界秩序的重建》一书出版。
③ 亨廷顿的"文明冲突"理论虽然列举了七八个文明，但是主要讨论伊斯兰与西方文化的冲突。爱德华·萨义德（Edward W. Said）批评亨廷顿对"文明身份"（civilizational identity）概念的界定过于模糊，认为亨廷顿的分析的根本谬误就是把每一个文明中极其复杂的多元性约化为简单的文化单元，特别反对亨廷顿主张加强西方的力量以对抗穆斯林。参见 Edwavd W. said, "Clash of Ignorance," *The Nation*（October 21, 2001）。一些学者指出亨廷顿的结论只对了一半。密芝根大学的朗奴·英高赫（Ronald Inglehart）与哈佛大学的皮帕·诺礼士（Pippa Norris）根据1995~1996年与2000~2002年的两个《世界价值调查》报告的分析，指出伊斯兰与西方的冲突主要表现在对于离婚、堕胎、男女平权、同性恋等伦理观念的不同认识，而对于民主选举的制度并不反对。因此伊斯兰与西方的文化冲突不是政治理念的冲突，而是文化价值的差异。参见 Ronald Inglehart, Pippa Norris, "The True Clash of Civilizations," *Foreign Policy*, 2003（135）: 62 - 70; Sandra G. Giacomazzi, *The Twentieth Century's Quest for Closure*, Florida: Universal Publisher, 2000: 60 - 68。

福山与亨廷顿相反的预言在 2001 年 9 月 11 日美国纽约世界贸易中心两栋大楼被劫持的民航机撞毁的恐怖事件中得到初步的历史裁判。以宗教、文化为主轴的族群与国家冲突成为一股威胁西方文明的巨大狂潮。西方的自由民主政体并没有击败所有非自由民主政体，相反，实行非西方政治体制的伊斯兰国家如伊朗、伊拉克、叙利亚、沙特阿拉伯、阿富汗等不但没有热烈拥抱自由主义文化，反而以不同的方式拒绝采纳西方世俗化的个人主义道德价值，尤其是有关个人对身体、婚姻、性别选择的权利。一些伊斯兰国家如伊朗、伊拉克、埃及，出现"去世俗化"并进行"再伊斯兰化"（re‐Islamization）的现象。"伊斯兰民族主义"（Islamic nationalism）与"伊斯兰极端主义"（Islamic extremism）的抬头进一步促进了伊斯兰教的扩展。[①] 伊斯兰国家并没有因为实行了民主选举与采用现代的科技便接受西方以个人主义道德为基础的自由主义价值。

福山的预言无疑落空了。亨廷顿的文明冲突理论对政治观察家来说似乎更符合冷战结束以后国际政治发展的事实。但是与本文直接相关的问题使他的"文明冲突"理论已经不再强调西方文明具有普遍价值，必然为其他文明族群所接受。现代文明或现代性（modernity）不再被视为西方化（Westernization）的同义词。亨廷顿的理论不但代表西方学者放弃将自由民主制度与自由主义文化传播全球的信念，同时流露出对于伊斯兰教对西方文明威胁的忧虑。亨廷顿的著作可以视为西方学者与领导人对于自身文明的存亡产生危机感的具体体现。这个文化危机感在亨廷顿的论著发表 20 年后即 2016 年，在欧美选举中表露得最清楚。西方文明回落的事实通过 2016 年两个重大历史事件而明朗：第一个是英国全民

---

① 冷战结束以来世界各地区的伊斯兰教，如中东、非洲、东南欧洲，以及中亚地区有明显的扩张趋势。设于荷兰的一个基督教组织在 2008 年出版了一份有关伊斯兰教的报告（*Islamic Activities in South Eastern Europe*），指出东南欧洲地区的国家阿尔巴尼亚、保加利亚出现了"再伊斯兰化"趋势。苏联解体后，一些东欧与中亚拥有众多穆斯林人口的国家如乌兹别克斯坦再次恢复伊斯兰法律与传统。参见 Marfua Tokhtakhodzhaeva, *The Re‐Islamization of Society and the Position of Women in Post‐Soviet Uzbekstan*, Leiden: Brill Publishers, 2008; Bandstad Sindre, *Global Flows, Local Appropriations: Facets of Secularisation and Re‐Islamization Among Contemporary Cape Muslims*, Amsterdam: Amsterdam University Press, 2007。

公投脱离欧盟，第二个是特朗普（Donald Trump）当选美国总统。

欧盟是西方文明在政治形式上努力进一步整合的具体表现。这个政治运动的成败是衡量西方文明是否继续领导全球的重要标杆之一。正当伊斯兰教在中东、欧洲及亚洲扩张之际，西方国家社会福利负担过重、经济停滞、人口结构因为出生率低和移民、难民的涌入发生深刻的变化而出现经济与安全危机感，而现存的自由民主体制在鼓吹自由、平权、世俗价值的政党领导之下未能有效解决这些问题。这些问题在欧盟的重要国家出现，为极右政党提供了宣传它们反移民、反伊斯兰教、反同性婚姻以及反对欧盟的世俗化政策的机会。虽然欧盟的体制设计是完全世俗性的，然而事实上欧盟国家极少是宗教与政府完全分离的。欧洲宗教右翼利用"宗教自由"（religious freedom）作为抵制欧盟保障妇女生育自主权、同性婚姻合法的法律。[4]

2012年欧元贬值危机首先引发外界对于欧盟解体的猜测。2016年欧盟解体正式拉开帷幕。2015年11月13日巴黎发生伊斯兰恐怖袭击震动了整个欧洲。伊斯兰已经不在欧洲的边缘而进入了欧洲的心脏。英国、法国、德国、荷兰的穆斯林移民数量近年大幅度增加。① 欧盟成员国的经济问题再加上接收中东难民所引起的安全忧虑与社会福利的削减导致欧盟成员国公民要求这些问题能够由本国政府决定。民族主义与自保意识的抬头导致许多欧盟成员国的公民要求脱离欧盟，以免受欧盟统一政策的束缚。同属于西方文化体系的欧盟国家并不因为同属于一个相同的文化体系而放弃保护自我的经济利益与生命安全的权利。2013年1月18日《美国利益》（The American Interest）杂志刊登了一篇文章《在西方的危机》（The Crisis in the West），作者佘苏瓦（Lilia Shevtsova）、凯玛（David J. Kramer）指出2012年民众对欧元的危机的讨论引起对欧盟解体的恐惧。然而到了2012年底，讨论的重点却转而集中在自由民主体制

---

① 到2010年欧盟收容了1300万穆斯林移民。根据美国PEW的调查，2010年西欧主要国家的穆斯林人口及其占总人口的百分比分别是：英国296万（4.8%）、法国470万（7.5%）、德国480万（5.8%）、荷兰100万（6.0%）。参见 Conrad Hackett, *5 Facts about the Muslim population in Europe*, PEW Research Center, 2016。

模式的危机上面。争论的问题已经不再是经济学家凯恩斯（Keynes）的干预经济政策与哈耶克（Hayek）的自由经济哲学，"今日辩论的核心是影响西方文明的系统性问题！"他们提出"西方危机"的理由是"欧洲社会正失去对民主制度的信心因为它们不能维持安定而对将来没有提出蓝图。因此，政党、国会与政府正在失去它们的信誉。支持一个统一欧洲的计划正在减退。我们曾经讨论如何过渡到民主政体，我们现在开始思考如何过渡脱离'民主政体'"。[5]

2016年6月23日，英国公投脱离欧盟的事件深刻地表露了"文明"体系的冲突并没有取代民族国家之间的冲突。欧洲民族主义的复兴与排斥移民的本土主义的兴起证明了亨廷顿的"文明冲突"理论并不能解释冷战结束之后国际关系的新发展。伊斯兰国组织在欧洲国家内从事恐怖活动引起欧洲公民的恐慌，欧洲公民要求严格控制并减少穆斯林难民与移民。经济停滞、文化冲突与政治危机为欧洲各国极右政党的迅速崛起提供了肥沃的土壤。这些政党普遍代表欧洲政治的右转，它们反对移民、恐惧伊斯兰化、维护传统婚姻、反对堕胎、反对同性婚姻等新人伦观念。原来被视为带有种族歧视（racism）的一些保守、极右的政党人物与组织获得更多民众的支持，例如，法国"国家前线"（National Front）的玛丽娜·勒庞（Marine Le Pen）、德国的"德国另外的选择"（Alternative for Deutschland）、奥地利"自由党"（Freedom Party）的罗贝·何华（Norbert Hofer）。欧洲左派政党普遍支持移民政策、文化多元、男女平权与性别自主权，最近都败于或者需要与极右的保守政党候选人进行激烈的竞争。西欧各国的基督教右翼与保守势力在选举中日渐得势。

极右政党在西欧各国大选中获胜并非孤立的趋势，2016年11月8日，全世界关注美国总统大选的人都被震惊了，地产豪商特朗普获选为美国第45任总统。在特朗普成为共和党总统候选人之后，不但有获得诺贝尔奖的科学家、经济学家公开联名反对特朗普，而且有共和党的建制派领袖公开表示不支持特朗普。有些从来不支持民主党的报纸也公开反对特朗普，转而支持民主党候选人希拉里。特朗普的胜出揭示了一个事实，就是美国有极大部分的选民（主要是受教育程度较低的白人工人阶级与保守的基督徒）认为民主、共和两党建制派的政纲并不代表他们的利益与价值。这次美国总统大选充分显示出民主政体的内在缺点与美国当前因人口、社会、经济格局的转变所引起的失序而产生的危机意识。然而，特朗普的当选引起了欧美进步人士与媒体政论家的忧虑。《纽约时报》2016年12月16日刊登了一篇文章《特朗普是不是民主制度的威胁？》（Is Donald Trump a Threat to Democracy？）。对许多政论家来说，特朗普当选不仅显示出民主体制政策向保守方向调整，而且威胁到整个民主体制的政治核心原则与价值。许多政论家将特朗普与希特勒相比，指出他独断，一贯具有"独裁专制"（authoritarian）的作风。特朗普当选再次提醒比较政治学学者，民主选举制度本身并不能保证一个政府不会转变成独裁政府，民主制度只是保障选举过程与选出领袖的合法性，但不能保证选出的领袖一定会忠于保存该制度以及保障与维护选民的利益，更重要的是民主制度选出的领袖并不能保证当选者具有治理国家的经验与才能，特朗普的当选充分暴露出民主制度的这个缺点。选举程序的合法性不能保证政府施政的有效性与各种需要长期规划、投资的发展计划的持续性。

美国新保守主义思想家福山在2001年"9·11"事件之后，一改他所持的自由民主制是历史终结的观点，开始表露对自由民主体制危机的忧虑。2014年他在《外交》杂志上发表了一篇论文《腐坏中的美国：政治失效的根源》（America in Decay：The Sources of Political Dyfunction）。当亨廷顿在1996年出版论著，进一步解释他构建的文明冲突理论时，他只是对伊斯兰势力渗入西方文明感到忧虑，视西方文明为世界上七八个文明之一，并没有质疑自由民主体制的优越性。20年后，一些西方学者对于西方文化代表的价值不仅不再视为所有人类都应该接受的价值，甚至对自由民主制度都开始产生怀疑。欧美社会对于西方文明危机严重性的认识可以说是史无前例的。欧美人民应对危机的策略是回归传统，重新向神跪拜、祈祷，向神求助，要求宗教统领政府，恢复基督教的社会伦理。

四 西方与中国回归传统运动的比较

21世纪中国与西方国家为了应对不同的经济、社会、政治危机要求"回归传统"。中国传统社会、政治文化的核心是儒家的历史人文思想传统，当代右翼民众、学者希望回归的西方文明的源流是"独神"（monotheistic）宗教传统。中国与西方国家回归各自不同的历史人文传统与"独神"宗教传统的差异对于全球的发展有什么重要的意义可以从解释东亚国家近代工业化成功的历史叙述中展现。

所谓"西方兴起"论的一个典范由韦伯的比较社会理论提供，韦伯认为只有基督新教的伦理才能发展出近代的资本主义制度以及各种现代社会的政治、社会与经济的理性（rational）程序。西方以外的文明，包括中国的儒家文化在内都无法产生这些理性的政治、社会、经济程序。这个历史大叙述从冷战以后成为西方以及华文学界的典范。韦伯论述中国的宗教不能产生近代资本主义的理论突出文化，尤其是宗教的因素。20世纪七八十年代东亚新兴工业国家如新加坡、韩国的经济成就为学者提供了新的历史证据，这足以挑战韦伯资本主义的文化源起理论。①

美国学者杜维明（Wei - ming Tu）在20世纪90年代初发表了一篇文章，认为新兴的东亚工业地区和国家的经济发展与它们共同的儒家文化传统有密切的关系，但是当时极少有学者赞成他的看法。[6]杜维明其实只提出了一个观点，而这个观点与当时流行的韦伯社会发展理

---

① 资本主义作为社会结构史理论属于一种历史"大叙述"，韦伯的理论并非最早也不是唯一的一种历史"大叙述"。由于社会历史理论与共产主义革命的密切关系，早在20世纪30年代中国的马克思主义学者已经辩论有关资本主义在中国萌芽的问题。当时主要是从马克思的社会发展阶段论与阶级斗争论的角度进行讨论的。许多历史学者认为中国本身已经有资本主义萌芽，如果不是西方帝国主义的入侵，中国社会是会产生资本主义的。20世纪五六十年代中国历史界大量学者参与了对这个问题的讨论，如傅衣凌、吴晗、侯外庐、翦伯赞、尚钺等。对于韦伯问题的回答是：资本主义在中国有萌芽但没生长。参见仲伟民《资本主义萌芽问题研究的学术史回顾与反思》，《学术界》2003年第4期，第223~240页。从商业制度史的角度讨论资本主义在明清的历史，参见 David Faure, *China and Capitalism: A History of Business Enterprise in Modern China*, Hong Kong: University of Hong Kong Press, 2006。

论是相悖的。① 杜维明的文章虽然提出了一个观点，但是并没提供严谨有力的证据证明东亚新兴的工业国家与地区如何由于政府或社会再次重视儒家的思想与价值，得以快速地发展现代工业。此外，更奇怪的是，他的文章是收录在一部专门讨论世界各种宗教"原教主义"（fundamentalism）运动的论文集《原教主义的考察》（*Fundamentalisms Observed*）之中。② 该论文集中研究的内容包括北美与拉丁美洲的新教原教主义、中东的犹太教与伊斯兰教的原教主义运动、印度与南亚的伊斯兰与印度宗派的原教主义发展，以及小乘佛教的原教主义运动等。③《原教主义的考察》的编者芝加哥大学教授马惕·马田（Martin E. Marty）指出"原教主义"都是"反动"（reactionary）的。[7] 如果杜维明说的东亚儒家属于"原教主义"，它就是反动的，然而他却认为儒家思想有利于东亚地区和国家的工业化、现代化，这个观点与该论文集的基调大相径庭。

《原教主义的考察》论文集的主调突出极端与保守的宗教宗派如何反抗与回应现代化（modernization）与现代文化（modernity）的挑战。这些"原教主义"宗教教派的几个特点是：自视为创造生命的超自然的神或力量的使者，反对道德相对论，反对多元论（pluralism），有选择性地"重新发现"或坚信一些"根本""原来"的价值或教义，对于教义反对经文阐释的暧昧性。"原教主义"不反对科学与技术，但反对进化论。[7] 虽然编者马惕·马田并未将"原教主义"作为一个贬义词，但是他在研究计划完成时提交的报告中的题目是"Too Bad We're So Relevant: Fundamentalism Project Projected"，显示编者并不认同所列举的有关

---

① 有关最近反对与批评韦伯的西方唯一能够发展现代社会的议论，可以参见 Vittorio Cotesta, *Three Critics of Weber's Thesis of the Uniqueness of the West: Jack Goody, Kenneth Pomeranz, and S. N. Eisenstadt. Strengthsand Weaknesses*, Max Weber Studies, 2014, 14（2）：147 - 167。
② 这部论文集原来是由美国文理科学院（American Academy of Arts and Sciences）推动与资助的一个研究计划，自1988年开始，延续了7年，共出版了5部论文集。《原教主义的考察》是第一部。
③ 杜维明的论文虽然是以"儒学复兴"作为题目的一部分，其实通篇的主要论据并没有提出在韩国、新加坡的儒学复兴例子。Martin E. Marty, R. Scott Appleby ed., *Fundamentalism Observed*, Chicago: University of Chicago Press, 1991: 740 - 778。

"原教主义"的特征；因此，对他来说"原教主义"并不是一个中性名词。[8]

这里需要特别指出杜维明的论文所在论文集是为了申明两个与当代儒学复兴相关的问题。第一，当代全球文化危机中，宗教因素是西方近代世俗化（secularization）进程逆转的一个内在于西方文明的基本原因。西方国家右翼保守势力的抬头就是回归神道的宗教传统。当世俗化的社会规范从公共领域撤退，社会行为的秩序由基于宗教权威的戒条取代时，社会中人与人之间的互动、冲突便由宗教身份来决定与区分。伊斯兰教、天主教、基督新教等各种宗教激进主义都是造成当代世界文化危机的重要因素。第二，冷战结束之后，政治意识形态领域的斗争退潮后，全球化与电子技术，尤其是互联网的普遍化，增加了不同文化与价值的接触与冲突，欧美的"后现代"文化带来的文化多元主义、道德相对主义、男女与性取向平权等价值与讨论通过跨国的多媒体在"地球村"扩散。不同的传统文明，尤其是"独神"宗教的基督教、伊斯兰教，成为抗拒与批判这些"后现代"文化的权威依据。中国传统文化中儒学的人文本位与西方及中东传统文化的神本位在应对新的挑战与危机中便显示出重大的差异。

儒学复兴的现象有一些特别值得指出。学者不仅在中国本土，或者在"大中华文化圈"讨论复兴儒学，复兴哪种儒学，如何复兴儒学的问题，而且开始思考儒学如何对世界做出贡献。例如，在2002年，国际儒学联合会连同中国孔子基金会和山东社会科学院召开了一个国际会议"儒学与全球化"，讨论儒学如何应对所谓全球化问题。山东大学在2005年成立了"儒学全球论坛暨山东大学儒学研究中心"，并出版《儒林》期刊。儒学与全球伦理国际学术研讨会2012年11月在济南泗水县尼山圣源书院召开，与会学者讨论了儒学与环境伦理、经济伦理、政治伦理的关系。当代学者不仅仅视儒家为一个民族的文化，还相信儒家具有超越地域、文化、族群的普遍价值，可以为世界文化做出重大贡献。

五 儒家"战略文化"与全球回归传统

中国的崛起已经是美国从学术界、金融界到政论界一致承认的事实。至于如何对待这个新的世界强国,以及中国的崛起将如何改变国际秩序学者与政论家则意见不一。[9]对于"中国崛起"美国的政论家有两派意见,分别以芝加哥大学约翰·米尔斯海默(John Mearsheimer)与哈佛大学约瑟夫·耐尔(Joseph S. Nye)的观点为代表。米尔斯海默属于"现实攻击主义"(offensive realism)学派,根据他"强国政治"(great power politics)的理论逻辑,如果中国继续发展成为一个强国,它便会模仿美国崛起的模式,必然会尽力增强它的势力直至达到霸权的地位,而中国与美国必然会发生战争。[10]耐尔分析国际政治注意文化"软实力"的作用。他认为中国崛起不一定会与美国发生战争。[11]英国政论家马丁·雅克(Martin Jacques)批评西方学者往往透过西方的有色眼镜看中国,他反对用西方的经验与观念来了解中国,因为中国不是西方式的民族国家而是"文明国"(civilizational state)。[12]普林斯顿大学教授约翰·艾肯贝里(G. John Ikenberry)也不认为中国的崛起必然导致国际冲突,主张加强由美国建立与领导的世界组织架构,让中国只能融入现存的系统之中,而不会对抗或者挑战现存的体制。[13]南卡罗来纳州大学国际研究所(Institute of International Studies)所长唐纳德·普查腊(Donald J. Puchala)在回应亨廷顿的文明冲突论时指出,儒家文明与西方文明发生冲突的可能性很低。[14]有国际关系学者指出,自第二次世界大战以来,与外国牵涉领土纠纷问题以中国最多,但大都通过双边协商与对于领土主权的妥协而得到和平解决。[9]分析中国崛起对世界和平与秩序的冲击无疑必须讨论儒家思想中关于战争、国际纠纷与冲突的理论立场。从国际关系研究的角度来讨论这个问题,便牵涉儒家的"战略文化"(strategic culture)。社会主义中国复兴传统文化,尤其是儒家文化,并以之制定国家"战略"的政策,是有利于世界和平,还是会对世界和平产生威胁,是西方国际关系研究的一个重要问题。① 研究国际关系的学者根据不同的理论分别对这个问题做出了分析与猜测。[9]

人类大规模的冲突如战争都是由多个复杂因素共同引发的,指导人类行为的思想与文化只是其中重要但不是唯一或主要的因素。② 现实的利益争夺、文化差异与历史记忆等都是战争发生的主要原因。现实的政治、经济、文化因素决定战争的发生无疑比理想的因素来得重要。然而分析战争可能发生不能不考虑到思想与文化的因素。当社会主义中国回归儒家传统时,儒家思想与历史便再次成为领导人战略决策的重要因素。儒家关于战争的立场与中国是否能够和平崛起是需要讨论的一个重要问题。

先秦儒家思想基本上是反对利用战争作为政治扩张和开辟土地的工具的,孔子、孟子、荀子都视战争为保护人民的一个重要方式,但不是国家扩张势力与领土的工具,也不是解决国际冲突的理想与有效方法。

孔子崇尚和平,反对将武力作为政治工具的思想在他评论管仲,给予其最高的赞誉中表现得最清楚。《论语·宪问》中:"子曰:'桓公九合诸侯,不以兵车,管仲之力也。如其仁!如其仁!'""仁"在孔子的道德思想中是最高的理想价值,不轻易许人。孔子认为管仲的道德已经达到"仁"的高度,理由是他未使用武力便帮助齐桓公成为列国的领袖。孔子认为一个国家最重要的是人民信任政府(信),其次是政府保障人民的生活(食),然后才是军事(兵)。孔子充分了解到在春秋末的形势中,具备足够的兵力保卫百姓是一个国君的重要责任。训练人民作战也是一个国君的责任。③ 对孔子来说,军事最基本的作用是防御,保

---

① 中国崛起对美国霸权、世界和平的影响成为美国国际关系研究中的一个热门题目。仅举几个例子:"The Danger of a Rising China," *The Economist*, 2010; Charles Glaser, "Will China's Rise Lead to War: Why Realism Does Not Mean Pessimism," *Foreign Affairs*, 2011 (Mar/Apr); Loren Thomason, "Five Reasons China Won't Be A Big Threat To American's Global Power," *Forbes*, 2014; James Fallows, Just How Great a Threat Is China? *The Atlantic*, 2015。
② 美国国际关系与安全研究直至20世纪80年代一直忽视战略决策中的文化因素。参见Alastair Iain Johnston, *Cultural Realism: Strategic Culture and Grand Strategy in Chinese History*, Princeton: Princeton University Press, 1998: 4 – 22。
③ 《论语·子路》:"以不教民战,是谓弃之。"

卫人民。然而，当政府需要在三者中做选择，放弃其一时，孔子首先考虑的是"去兵"。① 他教导弟子在考虑使用武力时必须谨慎②，并没有将军事谋略作为教导弟子的主要内容。③

孟子对齐宣王说孔子的弟子不讨论春秋霸主的历史④，他反对战国时期以武力开边拓地的国君，强烈声讨好战的行为，指斥"争地以战，杀人盈野；争城以战，杀人盈城。此所谓率土地而食人肉，罪不容于死。故善战者服上刑，连诸侯者次之，辟草莱、任土地者次之"。荀子虽然在人性的理论上与孟子相违，但是提倡王道，反对以武力争霸与孟子是一致的。《荀子·议兵》中说："彼兵者所以禁暴除害也，非争夺也。"军事必须服从王道的仁义价值。⑤ 从儒家衍生出的墨家明确提出"非攻"，反对当时列国互相攻伐、残杀百姓的兼并行为。

儒家的"战略文化"（strategic culture）思想在中国历史上的外交政策、实际的战略行为（strategic behavior）中也体现出这种反对用武力解决国际纠纷的思想立场。江忆恩（Alastair Iain Johnston）对中国传统军事战略思想《武经七书》进行了分析，认为中国战略传统并不具有惯性选择防守，尽量避免冲突的特性，中国的战略传统并不具有和平性格，与西方的根据军事实力而制定的战略没有什么分别，在具备实力的情况下，中国也会选择使用武力与进击。[15]他称这种战略文化为"自动攻击典范"（parabellum paradigm）。然而，他同时指出这个战略典范之外中国还有一个"孔孟典范"（Confucian – Mencian paradigm），而这个典范的特

---

① 《论语·子路》："子贡问政。子曰：'足食。足兵。民信之矣。'子贡曰：'必不得已而去，于斯三者何先？'曰：'去兵。'子贡曰：'必不得已而去，于斯二者何先？'曰：'去食。自古皆有死，民无信不立。'"
② 《论语·述而》："子之所慎：齐，战，疾。"
③ 《论语·卫灵公》："卫灵公问陈于孔子。孔子对曰：'俎豆之事，则尝闻之矣；军旅之事，未之学也。'"孔子回答卫灵公的话不能说明孔子真的不懂治兵。《史记·孔子世家》载："冉有为季氏将师，与齐战于郎，克之。季康子曰：'子之于军旅，学之乎？性之乎？'冉有曰：'学之于孔子。'"
④ 孟子对曰："仲尼之徒无道桓、文之事者，是以后世无传焉。臣未之闻也。无以，则王乎？"
⑤ 荀子主张"仁者之兵"，王者用兵必是以德服民，武力的使用必须建立在民众支持用武的基础之上。《荀子·议兵》云："凡用兵攻战之本，在乎一民。""故善附民者，是乃善用兵者也。故兵要在乎善附民而已。"

征就是中外学者所理解的中国传统的战略文化——防卫优先,在国际冲突中,选择妥协,避免与尽量限制使用武力。[15]虽然江忆恩对《武经七书》的解读有待商榷,他确认儒家战略文化的存在与它的防卫优先特征却是正确的。① 有些学者认为儒家传统不能保证中国的和平崛起,并以中国历史上的战争为例,证明"儒家和平主义"(Confucian Pacifism)并非事实。② 当然,战争是多种复杂因素共同作用的结果,将中国历朝的外交政策都用思想或者儒家理念来解释自然不符合历史事实。我们需要分析的是,在一个政策的制定与执行的讨论中,历代儒者的立场是不是多倾向反对以武力解决问题。

历代儒臣处理同外国与外族关系,在各种对策中,首选"和亲""结盟"。此处仅以汉朝对匈奴的政策为例,汉代对匈奴的侵扰与威胁的对策经过进击、和亲、再进击,最后又回到和亲。但不论国势强弱,汉代的儒者从武帝时的董仲舒,昭帝时盐铁会议的贤良文学以及东汉哀帝时的杨雄都不主张使用武力来解决匈奴的威胁问题。

汉初自高祖平成之围之后,对匈奴采取和亲政策。那时汉朝的力量有限,国力不足,和亲无疑是由现实条件决定的政策。但是到了武帝时代汉朝已经有了足够的资源,当武帝决定对匈奴发动攻击时,儒臣仍然反对使用战争来消除匈奴的威胁。董仲舒向汉武帝上《天人三策》提倡王道,认为治民"任德不任刑",对于匈奴的侵扰,他主张采用"和亲"政策。③ 武帝时期各大臣对于匈奴入侵与威胁提出的对策,班固总结为

---

① 孙子的战略思想属于儒家思想系统。孙子是一个反战的伟大的人道主义军事思想家。孙子的军事战略思想是儒家"仁"的思想在军事战略思想中的体现。"不战而屈人之兵"透露的不仅是谋略在战争中的重要性,而且是孙子避免武力冲突所必然引起的杀戮与残害生命的思想。这是儒家在礼乐不能有效调节人与人关系的情况下化解人类纠纷、冲突的一种人道主义的军事哲学。

② Zhang Feng, "Confucian Foreign Policy Traditions in Chinese History," *The Chinese Journal of International Politics*, 2015: 1 - 22。他认为儒家和平主义(Confucian pacifism)是 20 世纪的发明,并非可靠的儒家外交传统,但他举的只是战争的例子,且没有提供儒家思想是推动战争的主要思想因素的论证。

③ 董仲舒对匈奴的政策议论,参见余英时《汉代的贸易与扩张——汉胡经济关系的研究》,上海古籍出版社,2005。

两派：和亲派与征伐派。而认同儒家思想的官员都主张和亲，反对征伐。① 武帝死后，汉朝对匈奴的政策因为政府盐铁专卖再次引起和亲派和征伐派的争论。在昭帝始元六年（公元前81年）召开的盐铁会议上，桑弘羊借口国家需要从盐铁专卖中获得财富来支持攻伐匈奴、保卫国土的军队，代表儒家的贤良一致反对桑弘羊的"盐铁"专卖政策，同时坚持对匈奴采用和亲政策以维持和平。朝中的儒臣不因为国家已经有办法积聚足够的财力便倡议与支持征伐匈奴，反而依然坚持采用汉初的和亲政策。这种现象清楚地显示出儒家在外交上是和平主义者，不轻易动用武力处理纠纷，也不会因为国家有足够的军事力量便主张和支持武力扩张。汉代儒臣对匈奴的政策与孔子、孟子、荀子的战略思想是一致的。

六 结论

20世纪的全球化对不同国家带来不同的经济冲击。为发展中国家尤其是中国带来了新的机遇，提供了经济发展的机会。中国自从加入世界贸易组织（WTO）以后经济快速发展，进入21世纪，从计划经济体制转型为社会主义市场经济体制，在转型的过程中，在政治"意念牢结"退潮之际与传统文化断层的情况之下，新的经济、社会行为缺乏习俗规范，产生了种种有害社会的行为，新体制缺乏与之相适应的文化造成了普遍的文化危机感。复兴传统文化，特别是儒学文化便成为解决当前危机的一个社会、学术与政治运动。

20世纪全球化对西方发达国家造成不同程度的经济、社会、文化冲击，引发诸多经济问题如金融危机、工作流失与企业结构转型、财富差距持续增大、人口老龄化以及随着旧殖民地移民涌入与西方国家收容难民改变了人口结构。此外，全球化加速商品、信息的大量流动带来异文

---

① 班固指出："孝武时王恢、韩安国、朱买臣、公孙弘、董仲舒，人持所见，各有同异，然总其要，归两科而已。缙绅之儒则守和亲，介胄之士则言征伐，皆偏见一时之利害，而未究匈奴之终始也。"参见《汉书·匈奴传下》。

化、各宗教之间更频密与近距离的接触与冲突；后现代世俗化中的身体、生育、性别自主权、同性婚姻等新伦理价值通过新媒体如互联网、手机等严重地挑战西方现代文化。后现代文化多元主义价值通过法律、社会服务等途径融入社会各阶层之中。各种宗教，尤其是伊斯兰教在文化多元主义的社会氛围与法律保障之下得以快速发展。伊斯兰人口比例在欧盟国家的增加引起保守的西方学者、宗教右翼的恐惧，他们担心西方文化因伊斯兰教的壮大而产生危机，且政府普遍认同后现代文化多元主义的价值。这种担忧在西方直接为右翼政党提供壮大的机会。2016年英国公投脱离了欧盟，特朗普当选美国总统都充分显示西方民众正在回归传统。保守的民众希望社会"再基督教化""去世俗化"，回到"独神"宗教中去寻找化解当代危机的灵丹妙药。然而，基督徒要求耶和华再次引导政治与社会，伊斯兰教信奉真主安拉、排斥异教，只会引起更多的宗教冲突与战争，让欧洲、中东、非洲退回中世纪时代，前景正如亨廷顿所提出的一样。

相反，中国应对当前文化断层危机的策略是复兴传统文化，尤其是儒家文化。儒家思想虽然有宗教的维度，但主要是建立在人类历史经验基础上的人本社会伦理哲学。儒家的"仁政"思想突出，"爱人"为第一义，与基督教、伊斯兰教的"爱神"相比，无疑是一个更能包容不同宗教与族群的社会理论。儒家的战略文化反对以武力作为国际政治的工具，亦没有以武力传播宗教与文化的思想。儒家虽然有华夷之辨的传统，但是没有像基督教或伊斯兰教那样要求信徒将自己的宗教传播到世界每一个角落，将每一个人都引领到自己的神面前膜拜的"宣教"命令，甚至用武力征服的方式传播神的"福音"。中国历史上儒、道、佛三教合一思想充分证明儒家没有强加于人的宗教传播要求。中国即使真的由儒家的战略文化主导国际关系，也只会为世界提供一个包容各种文化与宗教的新的世俗化的国际秩序模式，而不会通过武力扩张势力，建立儒家帝国。中国能够成功地回归儒家传统会为世界提供一个稳定的磐石。

参考文献

[1] 赖一郎:《台湾地区国文教材:儒学与乡土混搭》,《当代教育科学》2011 年第 20 期,第 19 页。

[2] 吴光:《蒋庆先生可以代表大陆新儒家吗?》,澎湃新闻,2016 年 4 月 27 日。

[3] Jana S. Rosker, Natasa Visocnik, *Contemporary East Asia and the Confucian Revival*, Cambridge: Cambridge Scholars Publishing, 2015, xxiii.

[4] Sophie in't Veld, "The Rise of the Religious Right," *The Guardian*, 2017 - 03 - 17.

[5] Lilia Shevtsova, David J. Kramer, "The Crisis in the West," *The American Interest*, 2013 - 01 - 18.

[6] Wei - ming Tu, *The Search for Roots in Industrial East Asia: The Case of the Confucian Revival*; //Martin E. Marty, R. Scott Appleby ed., *Fundamentalisms Observed*, Chicago: University of Chicago Press, 1991.

[7] Martin E. Marty, "Fundamentalism as a Social Phenomenon," *Bulletin of the American Academy of Arts and Sciences*, 1988, 42 (2), pp. 15 - 29、20.

[8] Martin E. Marty, "Too Bad We're So Relevant: Fundamentalism Project Projected," *Bulletin of the American Academy of Arts and Sciences*, 1996, 49 (6), pp. 22 - 38.

[9] M. Taylor Fravel, "International Relations Theory and China's Rise: Assessing China's Potential for Territorial Expansion," *International Studies Review*, 2010, pp. 505 - 532.

[10] John Mearsheimer, "Can China Rise Peacefully," *The National Interest*, 2014 - 10 - 25.

[11] Bill Callahan, "John Mearsheimer vs Nye on the Rise of China," *The Diplomat*, 2015 - 07 - 08.

[12] Martin Jacques, *When China Rules the World: The End of the Western World and the Birth of a New Global Order*, Westminster: Penguin Putnam, 2012.

[13] G. John Ikenberry, "The Rise of China and the Future of the West: Can the Liberal System Survive?" *Foreign Affairs*, 2008 (Jan/Feb).

[14] Donald J. Puchala, *Theory and History in International Relations*, New York and London: Routledge, 2003, pp. 174 - 187.

[15] Alastair Iain Johnston, *Cultural Realism: Strategic Culture and Grand Strategy in Chinese History*, Princeton: Princeton University Press, 1998, p. 66.

Cultural Crisis in the Contemporary World: Returning to Traditions and the Confucian Revival Movement in China

Kai – wing Chow

Abstract: It is no doubt that the 21st century opens a new chapter in global history. What unveiled the new century are two historical processes: the first process is "the rise of China," and the second "the recession of Western civilization." Both these two processes precipitated the movement of "returning to traditions" in China and Western countries. Although China and Western countries hope to return to their own cultural "traditions," their "traditions" are very different. The focus of the revival of traditional culture movement in contemporary China is the tradition of historical humanism, especially Confucianism and its values. However, Western countries seek "de – secularization," hoping to return to the religious traditions of monotheism. This paper aims to analyze and compare how China and Western countries deal with their respective crises through returning to "invented traditions" for solutions in an attempt to explore the global significance of the Confucian revival movement in China. If successful, China's return to the Confucian tradition will make the world more stable, but western countries' return to their own religious traditions through de – secularization will bring about more disputes, conflicts, and large – scale transnational armed clashes.

Keywords: Chinese Traditional Culture, Confucian Revival, Crisis of Western Civilization, De – secularization, Christianity

About the Author: Kai – wing Chow (1951 –), Ph. D., Professor of History and East Asian Languages and Cultures, and Curator of the Spurlock Museum at the University of Illinois, Urbana – Champaign. Research interests and specialties: Chinese intellectual history, new cultural history, history of ritual studies, history of lineage, history of print culture and public culture. Major publications: *The Rise of Confucian Ritualism in Late Imperial China: Ethics, Classics, and Lineage Discourse* (Stanford University Press, 2004). It was translated into Korean by Liang Huixiong (Monograph Press, 2013), and was selected as one of 2014 most outstanding academic works by the Korean National Academy of Science. The Chinese edition, translated by Mao Likun and edited by Lu Yonxing, will be published by Tianjin People Press. *Publishing, Culture, and Power in Early Modern China* was published by Stanford University Press in 2004. Chinese edition is translated by Zhang Zhiqiang and Fu Liangyu and will be published by SDX Joint Publishing Company. E – mail: kchou1@ illinois. edu.

自由主义的中国语境、性格和命运[*]

何卓恩[**]

【摘　要】 自由主义从西方进入中国是近代中国历史遭遇的结果，其在中国的思想展开既有不同于西方的特殊语境，又有中国传统思维方式潜移默化的作用。在追求自由、人权、民主等价值的同时，中国自由主义显示出明显的自身性格，如具有较强的民族情结、平等诉求、理性迷思、启蒙心态等。自由主义在近代中国的失败不能由自由主义的中国性格负责，但20世纪下半期台湾地区的经历表明，随着市场经济的发展和社会政治转型时机的渐趋成熟，自由主义的中国性格也有一个调整的问题。

【关键词】 自由主义　民族性　中国语境　中国性格

自由主义思想家殷海光晚年在谈论"中国自由主义"时提醒人们，不要以为中国的自由主义来自西方，中国版的"自由主义"与西方原版的"自由主义"就完全一样。"翻版总是翻版。虽然，中国社会文化里的自由主义与西方的自由主义有共同的地方，但二者也有不同的地方。在某一个社会文化里滋长出来的观念、思想和学问，传到另一个社会文

---

[*] 本文为国家社科基金项目"台湾党外运动舆论刊物的'国家'论述研究"（14BZS033）。

[**] 何卓恩（1963~），博士，华中师范大学中国近代史研究所教授，研究方向为中国近代思想文化史，代表作有《殷海光与近代中国自由主义》《〈自由中国〉与台湾自由主义思潮》等。电子邮箱：hezhuoen@163.com。

化里以后，因受这一个社会文化的作用而往往染出不同的色调。"[1]这个提醒对于我们检视历史真相有重要启示。从 20 世纪前半期的思想运动实际面貌观察，不难发现作为西学东渐内容之一的中国自由主义确实呈现出不同于原生地的重要特性，有自己的特殊语境、特殊性格，以及特殊命运。

一　自由主义的中国语境

自由主义在中国开始被提倡的时候，面对的基本语境有二：一是两重历史逻辑交汇于中国，二是两重思维逻辑结合于中国知识分子。

前一语境指中国传统治乱兴衰的历史逻辑与世界一体化所引起的"顺昌逆亡"逻辑的交汇。传统中国盛行循环历史观，这种观念实际上来自中国历史上治乱兴衰王朝轮替的基本事实，而这个事实又与历史中的两大周期性循环相关：一是经济层面土地与人口关系的周期循环（农业社会土地对人口的依赖和限制、多灾害环境下农业社会的抗灾能力、战乱灾荒对人口的消减），二是政治层面励精图治与骄奢贪渎的周期循环（从开国之君到亡国之君的心态变化）。这两个循环之间也有密切关联：政治上升时期有利于社会经济矛盾的缓解，社会经济矛盾的加剧会导致政治形势进一步恶化，反之亦然。到了近代中国，东方这个古老的帝国各王朝由治而乱、由兴而衰，贫困和社会冲突越来越严重。太平天国和土地革命的发生，都可以从这个背景得到解释。在太平天国和土地革命之间，形式上有政权轮替的发生，但因为辛亥革命属于"文明革命"，未出现历史上血流成河的状况，也未真正建立起新的社会制度，经济和政治两个层面上的矛盾事实上被民国继承下来。

与此同时，中国开始遭遇"三千年未有之变局"。西欧社会迈出中世纪并创造了近代新文明，开始大规模对外扩张，推动"世界一体化"。西方侵略势力在成功地完成了对美洲、澳洲、中东、印度等地的侵略之后，1840 年发动鸦片战争，拉开征服中国的序幕。中国历史的"中国因素"与"世界因素"（在相当长的时期内主要表现为"西方因素"）便发生了复杂的变化——"近代中国"既是"古代中国"的续篇,又是"近代世界"中的一章。"在鸦片战争之前,西方国家向中国政府要求平等待遇而不可得,战后,纸老虎被揭穿,中国方面反向西方国家要求平等亦不可得。"[2]整个近代中国,中西双方从未有平等相处的时候。中国历史的主题由一而二,"救亡"更超越"治乱"成为整个民族最揪心的课题。"在西方帝国主义压力下,要做到不丧权辱国,传统文化与民气已不足恃"[2],变革渐成时代强音。

"饥饿与西方文明,是决定中国近百年命运的两大因素:前者要中国'乱';后者要中国'变'。"[3]所以近代中国,实在是"乱"与"变"相交、传统循环轨迹与西方文明挑战相叠加。

后一语境,指显性的西方理论思维与隐性的中国传统思维在知识分子头脑中的结合。根据博兰尼(Michael Polanyi)的知识论观点,思想者"思想",除了有显性的"集中意识",还必然有隐性的"支援意识"。创造的真正源泉来自个人心中无法表面化的"支援意识",而非表面上可以明说的"集中意识"。这种支援意识只有在接触丰富、具体而亲切的事例或师事师长的过程中才能得到;而我们的精神中,真正使我们产生具体亲切感的,是我们所置身的文化传统。既然文化传统通过思想者的"支援意识"能够对"集中意识"发生染色的作用,那么,所谓思想的纯洁性,便几乎不可能做到。中国知识分子无论多么洋化,几千年民族思维传统和集体无意识,如道义意识、教化意识、天人合一意识等,始终潜存于他们的思想底层,成为理解外部思想资源的底色。于是,自由主义进入中国,势必成为"中国自由主义"。"中国自由主义"的含义,不仅说自由主义在中国存在和发展,而且意味着自由主义的中国色调、中国性格。

二 自由主义的中国性格

近代中国自由主义与西方自由主义相比,有不少特性。比如国族意识和平等意识强,理性精神有主观放大的情形,启蒙意识重于运动意识,观念层次胜于理论层次等。

（一）国族情结

西方自由主义兴起的基本动机，是适应市场经济发展和社会结构变化的形势，建立一种稳健、开放的秩序，中心目标为维护公民权利。例如，17世纪英国中产阶级壮大，1640年中产阶级掌握的议会与国王查理一世发生冲突，演变为长达40年的渐进改革，最后君主专制政体结束，确立了法治的国会统治形式，确认了公民的结社自由权、财产自由权等基本权利，洛克的《政府论》正是对这次"光荣革命"成功经验的理论解释。在西方，自由主义观念一直处在变化中，核心精神却始终是个体自主，个人自由权利不容侵犯。在西方自由主义者那里，人权与国权之间的关系相当紧张，他们对于政府假"国家""民族"这些大词来侵蚀、剥夺人民权利怀有极大的警惕。

中国自由主义思潮由于是读书人"忧患意识"和"师夷制夷"的结果，并非以社会经济生活为基础，因此个人权利要求并不强烈。自由主义在中国成为独立思潮始于五四运动，但是五四自由主义的显著特征是"求解放"[4]（个性解放，即个人从旧文化的束缚中解放出来），而非"求自由"（在政治架构下保障个人自由）。中国自由主义者"求自由"的努力，以新月派的人权诉求最为典型，然随着"九一八"事变的出现转瞬即逝。抗战胜利后自由主义得到两雄争胜的空隙一时如日中天，与其说是"争自由"，不如说是争"第三条"建国道路，以至于胡适认为那些不讲自由而声称自由主义者的人，有如"长坂坡没有赵子龙"[5]。

中国的自由主义者不像西方同道那样强调个人自由与国家权力的紧张。最初引入自由主义的是严复，国外汉学家早已注意到，"个人与社会的严重对立，个人积极性和社会组织性的严重对立，等等，都没有深入到严复的感觉中枢"[6]。即使后来鼓吹个人自由的胡适，其"真的个人主义"不过是"使个人担干系，负责任"[7]，"社会国家没有自由独立的人格，如同酒里少了酒曲，面包里少了酵，人身上少了脑筋；那种社会国家决没有改良进步的希望"[7]。他在一篇名为《不朽》的文章里，提出"小我"（个体）的生命有限，"大我"（社会）则生命不朽，大我的不朽，也造成了小我的不朽的观念。[7]

自由主义在西方本来是"自由为体，民主为用"的，到了中国，可以与各种主义相联系的"民主"反而成了驾乎其上的价值，"自由主义者"几乎等同于"民主主义者"。

（二）平等诉求

中国自由主义者除受了民族存亡危机的压迫，追求人权与国权的一致，还受了民众赤贫苦痛的刺激，特别追求平等。平等有道德人格上的平等、法律人格上的平等、政治人格上的平等、经济生活上的平等、社会地位上的平等多种含义，这里主要指经济平等。在西方思想谱系里，经济平等是社会主义的核心价值，其左翼的共产主义者为了实现这一目标，主张财产公有、实行计划经济、按劳进而按需分配。

在西方，自由主义通常被作为资本主义（市场经济）的意识形态，可是，中国绝大多数自由主义者却长期同情社会主义（计划经济）。五四后期胡适曾与李大钊等走向马克思主义的知识分子展开"问题与主义"论争，但双方不满意资本主义的态度，并无异议。随后胡适在《我们对于西洋近代文明的态度》中，更是公开赞扬社会主义，他说，"十八世纪的新宗教信条是自由、平等、博爱，十九世纪中叶以后的新宗教信条是社会主义"，称那些"知道自由竞争的经济制度不能达到'自由、平等、博爱'的目的"的人是"远识的人"。在与同道的讨论中胡适曾提出"新自由主义"和"自由的社会主义"等概念[8]，试图将自由主义的自由精神与社会主义的平等精神嫁接起来。傅斯年说："自由与平等不可偏废，不可偏重，不可以一时的方便取一舍一。利用物质的进步（即科学与经济）和精神的进步（即人之相爱心而非相恨心），以造成人类之自由平等，这是新自由主义的使命。"[9]这种倾向在中国自由主义者中是普遍的，所以有人干脆将中国的自由主义等同于"民主社会主义"。

很多人甚至主张将苏联模式全盘接受,只拒绝苏联的政治独裁。①

应该说,西方在共产主义运动的冲击下,也出现过"新自由主义",不过,私有财产权始终是西方自由主义者信念的基石,这与中国自由主义者对社会主义出于道义的浪漫向往明显不同。

(三) 理性迷思

科学理性,本来与自由民主分属不同领域,但因为西方自由主义从反对宗教蒙昧主义中产生,科学理性精神充当了重要的批判角色,故受到重视。西方自由主义虽然强调科学理性,但是并不否定人文传统,人文传统同样为它提供思想资源的支持,如基督教的幽暗意识对西方自由民主观念起着关键的奠基作用,科学理性则主要被赋予工具性的意义。

中国的自由主义者同样以科学理性为"解放思想"的武器,但由于天人合一传统世界观的习染,科学理性不仅被视为工具理性,而且被视为一种不容置疑的价值尺度。自由主义者同时也是科学主义者,"科学""民主"成为最有号召力的口号。他们心目中的科学与民主,既有"二"的特征,又有"一"的本质,相信没有"科学"便没有"民主"。

理智上,他们也清楚,"科学者,智识而有统系者之大名。就广义言之,凡智识之分别部居,以类相从,井然独绎一事物者,皆得谓之科学。自狭义言之,则智识之关于某一现象,其推理重实验,其察物有条贯,而又能分别关联抽举其大例者,谓之科学。是故历史、美术、文学、哲理、神学之属,非科学也;而天文、物理、生理、心理之属,为科学"[10]。但在情感意识中,他们宁愿将"科学"理解为一种"求真"的精神、务实的精神、分析的精神,力求在"历史、美术、文学、哲理、神学之属"上应用,将其"提升"为实现民主自由的根本手段。胡适所谓科学人生观的"十诫"[11]即可作为佐证。

---

① 高瑞泉教授在《平等观念史略论》第五章中对此问题进行了考辨,该书由上海人民出版社于2011年12月出版。

理性的迷恋，加上科学理性与中国本土人文传统的不和谐，很自然地造成自由主义者对传统的反感，五四以后他们甚至长期极端地全盘地反传统，文化论战不断，以至于留给人们一种印象：自由主义者都是"反传统""非人文"论者。

（四）启蒙心态

西方自由主义者非常注重现实的制度设计和政治参与，把制度的创发和运作建立在凡俗、多元世界基础上，并不追求全体公民价值观的一致，"政教分开"是其社会建构的基本思路。

中国的自由主义者则不同。胡适这样一个留美求学期间便认定"关心政治是知识分子的责任"，并一直自认是"注意政治"的人，在追求民主的"黄金时期"即五四之际，居然立志"二十年不谈政治、不干政治"，而打定主意"在思想文艺上替中国政治建筑一个革新的基础"[12]。这就反映出中国自由主义者受传统教化思维影响，具有很深的思想决定论倾向，也潜藏着一种不自觉的一元论意识，希望通过新文化启蒙，彻底改造国民性。胡适认为，建设政治首先要有深厚的"思想文化基础"，这既包括破旧（对传统文明进行"系统严肃的批判和改造"），又包括立新（"文艺复兴"的新文化运动）。只有这样，才是"从根本下手，为祖国造不能亡之因"[13]，而"今日造因之道，首在树人；树人之道，端赖教育"[13]。他们认为普及自由民主的新文化，便足以缔造新政治的"新人"。

五四以后，自由主义者为形势所"逼"，不得不走上前台"谈政治"，但止于"谈"，不愿"干"实际的政治，基本的理念仍然是改变国民的思想，只是因为"恶政治"太过糟糕，使得这一工作完全没有环境进行，才"忍不住先打击它"[14]——但"打击"的方式仍然是办报写文章，唯将教育启蒙调整为论政启蒙而已。

林毓生将这种启蒙思维界定为"借思想文化以解决问题的途径"，这种居高临下的精英主义思维方式，不同于西方自由主义者的平民主义风格。纵然，平民主义也曾是中国自由主义者揭橥的思想主题之一，但平民主义只是启蒙的内容，不是对启蒙的取代。中国的自由主义者大都具有知识领袖的身份，君子不党的传统意识仍然发挥作用，不习惯用政治运动的方式解决政治诉求，多启蒙家而少政治家。

（五）信念形态

在近代西方，自由主义者分别充当思想家、宣传家、政论家和政治家的角色。启蒙家与政论家的工作，通常以观念应用和政治批判为主；思想家和政治家的工作，则重在建设。在西方，思想家和政治家都是自由主义者特别献身的工作，每个国家都有以落实自由主义政纲为目的的政党和政治领袖，每个时代都有思考自由原理的大思想家。思想家的工作，主要的动力来自"我爱我师更爱真理"的精神和不断追问的思维传统。

中国自由主义者多扮演启蒙家与政论家的角色，政治家少，从事创造性思想工作的人也不多。思想建设按理应为书生分内且力所能及的事，然而，时代危机没有给他们从容思考的机会，在传统的用世精神之下，简单甚至浮泛的信条成为他们基本的信念形态。

各时期自由主义者都注意引进当时世界流行的某个西方自由主义思想家的观念作为启蒙论证之资，却较少结合中国思想传统和社会实际加以反思和再创造，对自由主义的基本命题，比如自由的概念定位、正当性、自由与"民主""法治"等邻近概念的关系等，也很少有意作理论性的论证。① 胡适一辈子鼓吹自由主义，关于自由主义的含义，直到离开大陆前夕才有一个简短的说法，那就是"自由主义的第一个意义是自由，第二个意义是民主，第三个意义是容忍——容忍反对党，第四个意义是和平的渐进的改革"[5]。

---

① 虽然"自由""民主"成为众所周知的流行名词，却只有零星的文章涉及这些概念，如张佛泉的《论自由》、萧公权的《说民主》、罗隆基的《什么是法治》等。即使这类乍看起来是讨论概念的文章，学理成分其实也很有限。详见张佛泉《论自由》，《国闻周报》第12卷第3期，1935年；萧公权《说民主》，《观察》第1卷第7期，1946年；罗隆基《什么是法治》，《新月》第3卷第11期，1931年。

殷海光在反省中国自由主义时说："在这五十年来，我们既未看见中国有像穆勒（J. S. Mill）的《论自由》（On Liberty）的著作，更没有看见像哈耶克（F. A. Hayek）的《自由之构成》（The Constitution of Liberty）的著作。"在他看来，中国自由主义在思想建设方面的成熟性，反而不如常被作为论敌的中国保守主义。

三　中国自由主义的命运

自由主义的中国性格，从西方的角度看，也许是"弱点"和"缺陷"，但如果说自由主义理想在中国的落空应由这些性格负责，则言过其实。任何制度的生命力都在于其核心价值成为社会生活的第一需要，自由主义亦然。自由主义的核心价值是自由人权，在一个国将不国和民不聊生的社会，自由人权对于多数人而言无疑非常奢侈。这也是中国有些自由主义者常常进退失据，自失立场的原因。

1949年国共内战尘埃落定，国民党带着他的国族主义去了台湾，共产党则建立起共产主义的新政权。自由主义者除了极少数有条件者可以移居海外，大都不得不在去台湾和留大陆之间做出选择，这一选择本身就意味着自由主义的边缘化。不过由于国共政治性格的差异，这些做出不同选择的自由主义者，个人最后的结局还是有所不同，作为思想的自由主义，同样如此。

留在大陆的自由主义者，在急风暴雨式的思想改造运动中，不管自觉自愿抑或不情不愿，很快都放弃了自由主义。即使内心仍抱有自由主义观念的知识分子，也由于文化媒体的管制而无从表达，偶有只言片语的流露亦会遭遇到严重的批斗。总之，作为一种思潮，自由主义不复存在了。直到20世纪80年代，随着改革开放的推进，自由主义才悄然再生。

而去台湾的自由主义者，开始时也表现出自觉自愿迁就国民党以"同舟共济""反共抗俄"的姿态（与之相应的是受失败打击的国民党对自由主义者形式上的礼遇）。只是在朝鲜战争发生，美国出面保护台湾后，国民党旧病复发重建独裁体制，自由主义才恢复独立。他们以《自由中国》半月刊为基地，展开了对国民党威权政治的抨击，成为制约台湾地区权力体制的一支力量。此后，自由主义虽屡遭打击，却未中断，甚至势头日劲，从书斋走向街头，最后与民间反抗力量结合，逼成了台湾地区的政治转型，而使自由主义上升为社会主流价值。

自由主义在 20 世纪下半期的中国台湾地区能结出"民主之花"，与其在该地区的语境变化密切相关，也与自由主义的性格调整有关。

台湾地区经济基础较好，国民党迁台后成功进行土地改革，既缓解了基层社会的生存压力，又因此提升了对工业经济的资本投入，台湾经济得以较快起飞，成为亚洲"四小龙"之首。在经济状况改善的同时，中等教育全面覆盖，高等教育逐渐普及且与国际接轨，民众对于自由主义的基本价值，有越来越高的认同，权利意识日益生活化。而在政治方面，尽管威权体制长期维持，基于"行宪"所推行的地方选举却周期性地形成"民主假期"，激发知识精英参与政治的热情。在"朝小野大"的格局下，地方民主的扩大一步步逼近"中央"层级。

在这样的背景下，自由主义的若干"性格"也出现变化。比如，20世纪 70 年代后，自由主义不再单纯依托启蒙而存在，越来越多的自由知识分子投身"党外"政治运动，甚至在白色恐怖下组成梯队相约突围组党。自由主义也不再迷信理性，而将矛头只对准理论和实际形态的政治威权，自由主义者还逐渐消除了与传统主义者之间不必要的冲突。而在更早之前的《自由中国》中，自由主义者通过反思，已经刻意厘清了自由与人权的内在关系，出现了第一本中国人阐述自由主义的经典著作《自由与人权》（张佛泉著）①，在自由主义的信念形态中增加了新内容；通过与国族主义者的论战，凸显了国权与人权的紧张；通过与各种社会主

---

① 陈奎德认为该书"实际上已成为台湾以及大陆知识界的经典"（张佛泉：《自由的卓越阐释者——自由主义在近代中国》，http://www.blogchina.com/name/kuidechen）；许纪霖认为该书在华人知识圈"至今无出其右"（《共和爱国主义与文化民族主义——现代中国两种民族国家认同观》，《华东师范大学学报》（哲学社会科学版）2006 年第 4 期）。

义者的划界，说明了自由与平等的矛盾。① 这些都显示"争自由"已经成为自由主义者问题意识的核心。实际上自由主义从启蒙到行动的最初尝试也出现在《自由中国》时期雷震领导的反对党运动中，这个运动以雷震的十年牢狱和《自由中国》停刊为代价，却开启了后来党外运动的大门。②

这样说来，自由主义在中国20世纪上半期的失败，似乎并不等于自由主义在中国的宿命。历史是人的活动，人的活动就有可能通过创造各种条件而打开意想不到的局面。

参考文献

[1] 殷海光：《中国文化的展望》，台北：桂冠图书公司，1988，第319页。
[2] 韦政通：《中国十九世纪思想史》，台北：东大图书公司，1992，第3、11页。
[3] 许冠三：《西方文明的挑战》，《自由中国》1950年第2卷第6期。
[4] 张斌峰、何卓恩编《殷海光文集》第2卷，湖北人民出版社，2009，第378页。
[5] 胡适：《自由主义》，《世界日报》1948年9月5日。
[6] 史华兹：《寻求富强：严复与西方》，江苏人民出版社，1989，第228页。
[7] 欧阳哲生编《胡适文集2：胡适文存一集》，北京大学出版社，1998，第487、488、525~532页。
[8] 耿云志、欧阳哲生编《胡适书信集》（上），北京大学出版社，1996，第386页。
[9] 傅斯年：《罗斯福与新自由主义》，《重庆大公报》1945年4月29日。
[10] 任鸿隽：《论中国无科学之原因》，《科学》第1卷第1期，1915年。
[11] 胡适：《科学与人生观·序》，载张君劢、丁文江等《科学与人生观》，上海亚东图书馆，1923。
[12] 胡适：《我的歧路》，《努力周报》第7期，1922年。
[13] 胡适：《胡适留学日记》，商务印书馆，1947，第832、833页。

---

① 1954年，读到殷海光翻译的哈耶克的《到奴役之路》后，胡适对过去赞扬社会主义表示了"公开忏悔"，正式肯定资本主义自由经济的合理性，认为"资本主义不过是'勤俭起家'而已"，"'勤俭为起家之本'，老百姓辛苦血汗的所得，若说他们没有所有权是讲不通的。从这一个做起点，使人人能自食其力，'帝力何有于我哉'，这是资本主义的哲学，个人主义、自由主义的哲学。这是天经地义，颠扑不破的"。胡适：《从〈到奴役之路〉说起》，《自由中国》1954年第10卷第6期。
② 有关赴台自由主义者观念的调整和风格的改变，参见何卓恩《〈自由中国〉与台湾自由主义思潮》，台北：水牛出版社，2008，第二、三、五章。

[14] 欧阳哲生编《胡适文集 3：胡适文存二集》，北京大学出版社，1998，第 370 页。

Liberalism in China: Its Context, Characteristics and Destiny

He Zhuoen

Abstract: As a result of historical experience, liberalism in China has been not only affected by Chinese special context different from the west but also affected by Chinese traditional thinking patterns. Chinese liberalism shows distinct characteristics such as strongly national complex, equality appealing, rational myth, enlightenment mentality etc. besides seeking universal values like freedom, human rights, democracy, constitutionalism etc. The characteristics of Chinese liberalism should not be the reason for the failure of liberalism in modern China. But as Taiwan area in the second half of 20th century has demonstrated, there is a problem of adjustment for liberalism with the continuous development of market economy and more mature timing for the social and political transformation.

Keywords: Liberalism, Nationality, Chinese Context, Chinese Characteristics

About the Author: He Zhuoen (1963 –), Ph. D., Professor in Research Institute of Chinese Modern History, Central China Normal University. Research interests and specialties: Chinese modern history of ideology and culture. Magnum opuses: *Yin Haiguang and Modern Chinese Liberalism*, "*Free China*" *and Liberalism in Taiwan*, etc. E – mail: hezhuoen@ 163. com.

文化的生产性与财富的流转：马克思主义文化战略学初探[*]

刘方喜[**]

【摘　要】 马克思经济哲学语境中的文化理论，可以成为当代中国马克思主义文化战略学建构的重要理论基础。马克思经济哲学的总框架是物质生产的"生产力－生产关系"，在此框架下有关文化的两个分框架是：与"生产关系"相关的"经济基础－上层建筑"框架——在其中文化是"意识形态性"的，与"生产力"相关的"必要劳动时间－剩余劳动时间"框架——在其中文化是"生产性"的。在具有"生产性"的物质生产中，剩余劳动创造剩余产品，文化是在剩余产品从物质生产中流转、游离出来的"自由时间"（剩余价值）的基础上发展起来。"生产性"与"意识形态性"理论，是马克思主义文化战略学的两大基石，其中，"生产性"理论对于探讨在当代社会和产业转型中作为符号经济的文化产业与实体经济之间、文化的产业化发展与非产业化发展之间的财富配置关系等文化战略学问题方面，具有重要的启示意义。在全球化的视野中，在

---

[*] 本文为中国社会科学院文学研究所创新工程项目"中国文学事业与文化战略研究"。
[**] 刘方喜（1966~），博士，中国社会科学院文学研究所研究员。主要研究方向为文艺与文化理论研究、马克思主义文化战略学研究、物联网研究等，已出版专著《声情说》《审美生产主义：消费时代马克思美学的经济哲学重构》《批判的文化经济学》《消费社会》等。电子邮箱：liufx@ cass. org. cn。

文化价值观上重视人的生产性和财富可分享性的统一，能体现社会主义制度的优越性，并使中国在文化战略上处于全球价值制高点。

【关键词】 马克思主义文化战略学　生产性　财富的流转　剩余价值　文化产业

一　创建马克思主义文化战略学的基本思路及其意义

文化已成为当今国家整体发展战略中的一个重要环节，把文化基础理论上升到战略学的高度加以建构，已成为时代对哲学社会科学提出的新的迫切要求，创建"马克思主义文化战略学"，恰逢其时，意义重大。

其一，当代"文化战略学"（Cultural Strategics）的建构，首先要仰赖在文化基础理论或文化研究哲学基础等方面的突破——从马克思主义文化理论来看，又先要突破把"文化"简单等同于"意识形态"的单一观念，在与此相关的"经济基础－上层建筑"理论框架外要有新的拓展——本文在"剩余价值（社会财富）的流转"框架中所揭示的文化的"生产性"，就力图在这些方面有所突破。而理论突破的动因是当下新的社会实际和文化实践状况，其中突出且重要的一点是：使文化产业成为支柱产业，这已成为中国国家整体发展战略的重要方向之一。文化产业作为一种"文化活动"，当然与意识形态密切相关，但是，传统单一的意识形态论，确实已无法充分而全面地揭示和把握产业化的文化活动的复杂特性，无法深入而全面地把握文化在国家整体发展战略格局中的地位和作用。本文的基本思路是：把《中共中央关于深化文化体制改革　推动社会主义文化大发展大繁荣若干重大问题的决定》（以下简称《决定》）中的文化战略学方面的创新性思想，与马克思相关的经典性的理论充分结合在一起加以研究，以夯实当代马克思主义文化战略学的理论基础，推进马克思主义文化理论创新体系建设。

其二，"国家"是文化战略学研究的基本单位和视角——这是"文化战略学"与一般以"个人""阶层"等为研究单位的"文化学"的一个重要区别,探讨在国家整体发展战略中文化与政治、经济等之间的关系这种相对于文化发展来说的"外部关系结构",就构成了当今文化战略学的基本内容之一。在这方面,中共十八大提出的政治建设、经济建设、文化建设、社会建设、生态文明建设"五位一体"的理念,尤其具有方法论上的指导意义。

其三,"市场"是当今文化战略学研究的基本语境,是讨论当今文化发展方式的基本现实框架,在市场框架下探讨文化发展方式的"产业化"与"非产业化"之间的关系,"文化产业"与工业、农业等产业之间的关系,就构成了文化战略学所要涉及的两个方面:《决定》中有关"文化产业"与"文化事业"协调发展的理念具有重要的指导意义——相对而言,这方面的内容关乎文化发展的"内部关系结构",跟"五位一体"涉及的"外部关系结构"结合在一起,构成了马克思主义文化战略学的连贯一体的分析框架。

其四,"国际"是当今文化战略学研究的又一基本视角,全球化成为又一重要的基本框架,在此框架下探讨文化在国内与国外之间的作用及两者之间的关系,或者说探讨文化战略的内外联动性,构成了当今文化战略学的又一基本内容。

其五,我们从"社会财富(剩余价值)的流转"的角度考察以上几方面内容,在此基础上,进一步考察支撑社会财富流转方式与配置结构的价值观,这种价值观与财富观、发展观、文化观等密切相关,构成了马克思主义文化战略学研究的又一基本内容。

从原始经典文献来看,马克思讨论社会财富流转、支出、配置,并未仅仅局限在物质生产和"经济基础-上层建筑"中;从文化理论来看,马克思在"经济基础-上层建筑"框架中揭示了文化的"意识形态性",而在物质生产"必要劳动时间-剩余劳动时间"及"剩余价值的流转"框架中,则揭示了文化的另一基本特性,即"生产性"。马克思关于剩余价值动态流转的讨论,涉及物质生产以外更为广阔的社会生活领域,他的作为社会财富的剩余价值流转的理论,可以成为当今马克思主义文化战略学建构的重要理论基石之一。

在当今时代条件下，所谓"文化战略学"至少应包括两大方面的内容。第一，探讨文化在社会生活整体中的地位和作用，尤其要探讨在当今市场框架下文化活动的"内部关系"与"外部关系"："内部关系"主要涉及文化本身的"产业化"与"非产业化"两种不同发展方式之间的关系，"外部关系"主要包括文化建设与经济建设、政治建设、社会建设以及生态文明建设等之间的关系。第二，探讨文化在国家的"内部关系"与"外部关系"中的地位和作用，尤其要探讨在当今全球化框架下支撑国家整体发展战略的对内凝聚向心力、激发创造力，对外塑造国家形象的核心价值观——马克思基于物质生产的"生产性"（productive）理论及与此相关的社会财富（剩余价值、自由时间等）流转、分割、支出、配置的理论，对于系统考察以上紧密联系在一起的几个方面有重要启示。而包括文化活动在内的不同社会活动之间的财富配置结构及支撑这种财富配置结构的核心价值观，就成为当代马克思主义文化战略学的两大基本课题：一方面，一个国家整体发展战略的设计和实施，必然涉及社会财富配置的结构或方式，而这往往是在某种价值观的支撑下形成的；另一方面，特定的财富配置结构或方式，反过来又会不断强化作为其支撑点的那种特定的核心价值观——文化的独特功能，就体现为可以对这种核心价值观的建构产生影响，进而可以在国家整体发展战略的设计与实施中发挥重要作用。

二 必要劳动时间-剩余劳动时间：文化的历史唯物主义分析框架的新拓展

马克思的文化哲学，对于我们建构当今的文化战略学依然具有重要的指导作用，而这种指导作用要得以发挥，需要我们重新认识马克思文化哲学乃至整个历史唯物主义哲学及其基本分析框架；而重新认识的出发点，一是我们现在所面临的新的社会现实，二是我们现在所面临的新的理论语境。

全球化的视野，对于文化战略研究来说是不可或缺的。从当今国际理论潮流来看，马克思主义文化战略学的建构，首先要破除流行甚广的西方文化理论和文化战略学的"文化决定论"（文化主义）的历史唯心主义倾向：一种关于"文化"的战略学考察，并不应该过度夸大"文化"在社会发展及社会生活中的作用。迄今为止，能称得上"文化战略学"经典而影响力又极大的学术著述，大概首推美国学者亨廷顿1996年出版的著作《文明的冲突与世界秩序的重建》，这部著作源于亨廷顿自己发表在1993年夏季号的美国《外交》季刊上的论文《文明的冲突?》，这篇论文引起了广泛而激烈的争论，因而也产生了极大的影响。

当今的世界局势，当然不是由"单一"力量而是由很多力量决定的，但这些力量之间又并非均衡的，这其中资本的力量应该是最强大的——而过度渲染文化决定论和宽泛的多元决定论，可能会掩盖这一点。相对于宽泛模糊的"多元决定论"，"多元不均衡决定论"或许更能揭示当今全球化迅猛发展进程中国际社会的真实状况。从基本的方法论来看，亨廷顿的意识形态终结论、文化决定论，存在历史唯心主义倾向，而马克思主义文化战略学则应建立在历史唯物主义基础上。坚持和创新历史唯物主义理论，对于建构当代马克思主义文化战略学至关重要。

恩格斯在《在马克思墓前的讲话》中概括了马克思一生的两大理论发现：一是"人们首先必须吃、喝、住、穿，然后才能从事政治、科学、艺术、宗教等等。所以，直接的物质的生活资料的生产，从而一个民族或一个时代的一定的经济发展阶段，便构成基础；人们的国家制度，法的观点，艺术以至宗教观念，就是从这个基础上发展起来的"，二是对"剩余价值"的发现[1]。以此来看，"经济基础-上层建筑"分析框架直接与第一大发现有关，而马克思的这两大发现是紧密联系在一起的：以"物质生产"为参照点，我们可以一般性地把人的社会活动分为两大类，即"物质生产活动"与"非物质生产活动"，而连接这两类社会活动的纽带是作为社会财富的"剩余价值"（自由时间等）之流转。由此可以说：从社会财富流转的角度考察人类社会及各种不同社会活动之间的关系，或者说，考察发生在人类不同社会活动之间的社会财富之流转、分割、支出、配置等，乃是马克思历史唯物主义哲学的核心脉络之一。这对于我们今天从战略的高度和广度，考察文化在社会活动整体中的地位和作用等具有重要指导作用。

"物质生产活动"与"非物质生产活动"的关系，涉及的是物质生产的"外部关系结构"，而从逻辑和系统的角度来看，以"物质生产"为逻辑起点，马克思历史唯物主义哲学第一层面的问题涉及的是物质生产的"内部关系结构"，马克思用众所周知的框架对此进行了概括：

框架1："生产力 - 生产关系"

第二层面的问题才涉及物质生产的"外部关系结构"

框架2："物质生产活动 - 非物质生产活动"

关于框架2的一个众所周知的具体概括是：

框架2-1：经济基础 - 上层建筑（意识形态）

（1）在框架2-2中，作为"非物质生产活动"的文化活动与物质生产的关系，就是生产"文化性"物质资料与生产维持生存的"自然性"物质资料这两种不同"现实活动"之间的横向关系，这是一种"财富支出"的关系。

（2）而在框架2-1中，作为"非物质生产活动"的文化，是"观念的上层建筑"即"意识形态"，作为一种"悬浮于空中"的"观念活动"与作为"现实活动"的物质生产活动就是一种纵向关系，这是一种"观念反映"关系——在这种纵向关系中，文化主要是针对物质生产的"物质性"或"现实性"来确定自身特性（观念性）的。

（3）综合上面两点来看：马克思文化理论的唯物性，不仅体现在强调客观的社会关系（生产关系的总和）对主观的文化活动的决定作用方面，而且也体现在强调客观的生产力的产物（剩余产品、剩余价值、自由时间等）对"非物质生产活动"的文化活动的决定作用方面。

（4）在市场经济条件下，"文化产业"作为一种文化活动与物质生产活动之间的关系，就表现为作为"第三产业"的"非实体经济"与包括第一产业（农业）、第二产业（工业）在内的"实体经济"之间的关系，也就是说，是市场经济"内部"两种不同经济活动之间的"横向"关系。

框架 2-1、框架 2-2 的相关分析，其实正符合人们通常对"文化"的一般理解。尽管中外对"文化"的定义可谓众多，但大致有两种：一是认为相对于物质的、现实的活动而言，文化是一种"观念活动"；二是认为所谓"文化活动"是相对于自然的、动物的活动而言的，即"文化性"是相对于"自然性"而言的，在此意义上，通常把人定义为"文化的动物"。马克思也是从这两个方面来理解"文化"的，而其理论最大的特点则是充分结合物质生产来考察作为"观念活动"的文化，反映的是物质活动尤其是物质生产活动中人与人的关系即生产关系（框架 2-1）；人的"文化性活动"是相对于"自然性活动"而言的，而连通这两种活动的纽带就是"剩余价值"（自由时间）之流转、转化（框架 2-2）。在框架 2-1 中，文化活动具有"意识形态性"；在框架 2-2 中，文化关乎物质生产的"生产性"——这种"生产性"有助于我们对跟"市场"密切相关的"文化产业"进行准确而清晰的定位。

三　生产性：在物质生产与精神生产之间

"生产性"是马克思主义政治经济学中的一个重要范畴，马克思的《剩余价值理论》（《资本论》第 4 卷）专门讨论了"生产性与非生产性"（produktive und unproduktive）劳动问题，并强调："如马尔萨斯正确指出的，斯密对生产劳动和非生产劳动（produktiver und unproduktiver Arbeit）的区分，仍然是全部资产阶级政治经济学的基础。"[2] 可见这一问题在政治经济学理论中的重要性。在讨论这一论题时，马克思分析了很多与文艺、文化相关的问题，尤其讨论了文化精神生产是否具有"生产性"的问题——这些重要文化思想在现有相关研究中被严重忽视了。马克思在该章讨论文艺、文化问题时重点讨论了文化精神生产的"生产性"问题，显然这主要不是在"经济基础-上层建筑"框架中展开的，而是在"剩余价值流转"这一框架中展开的：可以粗略地把"剩余价值流转"全过程分为"创造"(产生)与"支出"(运用)两个环节。物质生产是剩余价值之"创造"活动,而文化精神生产则是剩余价值之"支出"活动——体现的就是文化精神生产与物质生产在"剩余价值流转"过程中形成的关系。

马克思是在对亚当·斯密相关理论的分析中展开讨论的,"生产性"是用来描述劳动与剩余价值的关系的:能"创造"或"增大"剩余价值的劳动,就具有"生产性"。马克思指出:"直到现在为止,我们看到,亚·斯密对一切问题的见解都具有二重性,他在区分生产劳动和非生产劳动时给生产劳动所下的定义也是如此。我们发现,在他的著作中,他称为生产劳动的东西总有两种定义混淆在一起。"[3]其中,第一种定义"把生产劳动看成同资本交换的劳动","触及了问题的本质,抓住了要领",是斯密取得的"巨大科学功绩"[3];第二种定义则把"生产劳动"看成"物化在商品中的劳动"。马克思指出,"斯密对于生产劳动所阐述的第二种见解即错误的见解,同正确的见解完全交错在一起,以致这两种见解在同一段文字中接连交替出现"[3],于是就会出现一定混乱。马克思引用加尔涅的观点,"不是有许多非生产劳动者,例如演员、音乐家等等,在大多数情况下通过经理来取得自己的工资吗?而这些经理是从投入这类企业的资本中吸取利润的",认为"这个意见是对的。但这不过表明,有一部分劳动者,即亚·斯密按照他的第二个定义称为非生产劳动者的,按照他的第一个定义却应当是生产劳动者"[3]。由此可见斯密的两个定义是相互冲突的。

总之,按照斯密的第二个定义,一切不生产商品的活动比如演员的表演、音乐表演家的演奏等都不具有"生产性",如此,也就把很大一部分精神劳动排除在"生产性"之外;而马克思强调:斯密的第一个定义才是更为根本的,而按其第一个定义,许多不生产商品的精神劳动也是可以具有"生产性"的。从剩余价值流转的过程来看,斯密只关注剩余价值在人的物质生产活动中如何被"创造",而相对忽视剩余价值在人的非物质生产活动中如何被"支出"。从当代经济社会转型来看,以上马克思关于"生产性"的"服务"的讨论,对于我们理解包括服务业在内的第三产业的崛起，具有重要指导意义。

四 社会财富的流转与产业转型：
在文化产业与实体经济之间

上面已分析指出：总体来说，文化产业活动是剩余价值的"生产性"支出，作为一种"生产性"支出，文化产业构成了社会产业体系的一元或整体产业链中的一环。马克思有关社会财富（剩余价值、自由时间等）流转、分割、配置的理论，对于我们今天考察文化在国家整体发展中的战略地位、文化产业在国家产业体系中的战略地位及当代产业转型等，有重要理论启示。

当今经济学界流行的所谓第一产业、第二产业、第三产业（包括服务业、文化产业等），其实正是按劳动的"必要性的程度"来区分的：在这种产业序列中，劳动的"必要性的程度"越来越低。

"把被束缚在某个生产部门中的劳动能力和劳动游离出来"，乃是"产业转型"的前提："工业转型"的前提就是农业（第一产业）能够为工业（第二产业）创造"自由人手"——随着生产力水平的提高，农业这种"必要性的程度"最高的物质生产的"剩余劳动时间－必要劳动时间"的比例不断提高，越来越多的"剩余劳动时间"创造越来越多的"剩余产品"，而越来越多的"剩余产品"就可以把越来越多的"时间"从农业生产中"游离"出来，同时也就意味着可以把越来越多的"自由时间"或"剩余价值"也即"社会财富"及越来越多的"剩余人口"从农业生产中"游离"出来。这些从农业生产中游离出来的剩余社会财富及剩余人口等转向工业生产，就促成了人类产业体系的"工业化转型"。

现代社会第二次重大产业转型是向包括文化产业、服务业在内的第三产业的转型，相对于"工业化转型"，此次转型又被称为"后工业化转型"，而文化产业成为支柱产业，乃是此次转型的重要标志之一。工业化转型与"分工"相关，而"分工只是从物质劳动和精神劳动分离的时候起才开始成为真实的分工"[4]。19 世纪各资本主义国家尚处在工业化转型之中,因此,马克思还不可能具体研究"后工业化转型",但他所揭示的产业转型的一般规律,是适用于分析当代这种产业转型的:"剩余劳动不仅创造了自由的时间,而且还把被束缚在某个生产部门中的劳动能力和劳动游离出来,使之投入新的生产部门",包括文化产业在内的第三产业可以说是当代的"新的生产部门",而它是在被束缚在农业、工业两大生产部门的劳动能力和劳动或劳动人口"游离"出来的基础上产生和发展起来的。研究这种转型的美国当代理论家丹尼尔·贝尔在《后工业社会的来临》中指出:"到1956年,美国职业结构中白领工人的数目,在工业文明史上第一次超过了蓝领。"这是后工业化转型的重要标志,正如工业化转型的重要标志是:农业为工业创造出足够多的"自由人手"。

马克思实际上把"生产劳动"看成包括农业、工业在内的"物质生产",而"非生产劳动"则是物质生产以外的广义的"服务业",其中小丑、艺术家、音乐家的活动与当今所谓的"文化产业"有关。要特别强调的是:马克思把他所处时代的包括文化生产在内的广义服务业总体上看成"非生产性"的劳动,即服务业"消耗"而不是"增大"剩余价值,而当代服务业的最大特点则是"产业化",也即成为"增大"剩余价值的活动,成为"第三产业",但无论是"消耗"还是"增大"剩余价值,服务业作为直接的物质生产以外的活动,都是在从物质生产中流转出的剩余价值的基础上发展起来的。

在第一产业、第二产业、第三产业序列中,生产的必要性在递减,同时生产中的"自然性"因素也在递减,结合"必要劳动时间 – 剩余劳动时间"分析框架,我们大致可以制作出表1。

表1 必要劳动时间 – 剩余劳动时间分析框架

时　　间	必要劳动时间	剩余劳动时间		
因　　素	自然因素	非自然因素		
		文化		技术
		产业文化化	文化产业化	文化非产业化

续表

资本形态	流动资本	固定资本	
		活固定资本	固定资本
生产目的	直接消费		非直接消费
	物质消费	文化消费	
特 性	非生产性		生产性	
			人的生产性	物的生产性

（1）在后工业化转型过程中，"文化性"因素在产业体系中的增多，不仅体现为文化产业成为支柱产业，而且也体现为传统实体经济中"文化性"因素的增多。如果说前者涉及的是"文化的产业化"的话，那么后者涉及的则是"产业的文化化"，这种"文化化"在生产领域表现为产品设计因素的增多，在流通领域表现为广告等支出的大幅度增多，等等。因此，过分机械地划分和割裂三大产业，无助于真正了解当代产业体系的整体特征。而马克思的"社会的总劳动""社会的总生产"理论，则有助于这方面的分析：一方面相对于工业化转型，后工业化转型的特征是"社会的总生产"中"文化性"因素大幅度增多，相应的，"自然性"因素大幅度减少；当然，另一方面是"技术性"因素尤其是高新技术因素的大幅度增多。

（2）在当代社会总生产力高度发达的产业体系中，"自然因素"的减少只是从"价值"上来说的，而不是从"物质材料"上来说的，即自然物质在资本总收益中所得份额在减少。整个产业体系中文化性因素的增多，似乎可以相应地减少自然性因素。但是，从西方当代现实来看，与包括文化产业成为支柱产业在内的后工业转型或消费社会转型紧密相伴的，是全球生态问题日趋严峻。从理论上来讲，割裂地看，实体经济直接消耗的自然资源较多，而作为"符号经济"的文化产业直接消耗的自然资源较少；但是，整体地看，文化符号经济与实体经济在当代"产业体系"中已连通为"一体"而成为无法割断的"产业链"，文化产业的发展必然会对实体经济产生连带作用。从西方已有教训来看，造成自然生态问题的过度消费，跟"文化（产品）消费"不无关联，如果片面追求文化产业利润的增大而过分刺激消费,在连为一体的消费链中,最终必然带来对物品的过度消费,从而影响自然生态——马克思的"社会的总生产"理论,对于我们充分认识和准确把握文化建设与生态建设之间的关系有重要启示。

(3) 文化符号经济的发展,必须建立在实体经济生产力水平不断提高的基础上,而从"社会的总生产"的角度来看:实体经济(农业、工业)相对于"社会"而言就是处于"必要劳动时间"中的生产,"非实体经济"则是处于"剩余劳动时间"中的生产。但对于实体经济的生产者来说,其劳动依然分成"必要劳动时间-剩余劳动时间"两部分,而"非实体经济"所需"剩余劳动时间"来自"实体经济"中的"剩余劳动时间"。非实体经济的发展,意味着社会总生产中"剩余劳动时间"的增多,而这首先要求实体经济中"剩余劳动时间"增多,也就要求实体经济生产力水平不断提高。社会总生产力水平的提高,必然会增大文化符号经济与实体经济之间财富配置的比例,而这种比例的增大如果是建立在实体经济本身生产力水平提高基础上的,就会在动态发展中达到新的均衡,反之则会打破两者之间的均衡。

以上强调的是:文化符号经济不能配置过多的社会财富,否则就会打破社会总生产比例的均衡;但这决不意味着配置到实体经济的社会财富越多越好,配置过多,也会打破社会总生产的平衡,而所产生的后果是"生产过剩",即当今所谓的"产能过剩"。

(4) 马克思关于"社会的总生产"的著名论述是"两大部类"说,"社会的总产品,从而社会的总生产,分成两大部类":"生产资料"与"消费资料"。而消费资料又可分成"两大分部类":(a)"必要消费资料",(b) 奢侈消费资料。它们只进入资本家阶级的消费,所以只能和花费的剩余价值交换,而剩余价值是绝对到不了工人手中的"[5]。"只要存在这种收缩或这种均衡过程,在生活资料的价格提高的情况下,从奢侈品的生产部门中抽出的资本,就会不断地追加到生活资料的生产上,一直到需求饱和为止。这时重新出现平衡,而整个过程的结果是,社会资本,从而货币资本,会按改变了的比例在必要生活资料的生产和奢侈品的生产之间进行分配。"[5]两个分部类之间社会资本（社会财富）的配置比例的平衡非常重要。马克思分析指出："要使劳动资料和生活资料作为按一定的利润率剥削工人的手段起作用，劳动资料和生活资料就周期地生产得太多了。要使商品中包含的价值和剩余价值能够在资本主义生产所决定的分配条件和消费关系下实现并再转化为新的资本，就是说，要使这个过程能够进行下去，不至于不断地发生爆炸，商品就生产得太多了。"[6]而周期性生产得太多的"生活资料""商品"在很大程度上就是指"必要消费资料"，周期性生产得太多导致的后果是周期性的经济危机，而"一切现实的危机的最终原因，总是群众的贫穷和他们的消费受到限制"[6]，而根源又在工人群众的"收入"只局限于再生产他们劳动力（生命力）也即维持基本生存的"工资"，而"剩余价值是绝对到不了工人手中的"，工人作为劳动力支出的主体不能分享到剩余价值，如此"奢侈消费资料"就"只进入资本家阶级的消费"。

生产力水平的提高，社会总生产"必要劳动时间－剩余劳动时间"比例的递减，在"消费资料"的生产上就表现为"必要消费资料－奢侈消费资料"及其生产之间比例的递减，也就是说，总生产中"剩余劳动时间"的增加，要求更多的社会财富转移、配置到"奢侈消费资料"的生产中去（撇开"生产资料"而论）；而当奢侈消费资料"只进入资本家阶级的消费"时，这种转移就受到了阻碍，过多的社会财富就会滞留在"必要消费资料"生产中，进而就会导致生产过剩，最终导致经济危机。那么，如何使社会财富游离出"必要消费资料"的生产而转移、流转到"奢侈消费资料"的生产中去呢？只能是扩大奢侈消费资料消费的人群，把工人群众中的一部分人群也纳入其中，而这就意味着这部分工人群众的"总收入"除了维持生存的"工资"外还能分享到一部分的"剩余价值"，从西方发达国家当代后工业转型的实际情况来看也正是如此，而工人大众也参与到奢侈消费中，就使"必要消费资料－奢侈消费资料"及其生产之间的比例在递减中获得一种新平衡，在一定程度上克服了必要消费资料的生产过剩及由此而来的周期性经济危机。

因此，当代中国使文化产业成为支柱产业的文化发展战略，是符合当代产业转型一般规律的——这也表明这不仅是文化问题,而且也是重要的经济问题而关乎国家经济发展的整体战略。相对于维持基本生存的"必要消费资料",文化产品是"非必要"(非必需)的"奢侈消费资料",文化生产的大发展,必然要求社会成员中越来越多的人的"总收入"能够超过维持基本生存的"工资"。中国要想真正使文化产业成为支柱产业,同样要做到这一点。马克思强调,生产过剩的危机不只是经济问题,同时也是社会问题、政治问题;同样,克服生产过剩危机也就不只具有经济意义,同时也具有社会意义、政治意义。这对当代中国文化产业的发展同样有重要启示。

五 文化战略与价值观的社会主义特性：在"生产性"与"可分享性"之间

价值观其实也是随着社会的发展而有所变化的,我们对社会主义价值观或者价值观的社会主义特性的认识,也应随着时代的发展而有所调整。"只要社会还没有围绕着劳动这个太阳旋转,它就绝不可能达到均衡",我们考察价值观,同样要围绕着"劳动这个太阳"展开：劳动的实际进行,需要客体与主体两方面条件,在人类不断地再生产和累积性发展过程中,劳动的客体条件越来越不是主要表现为自然性的物质,而是主要表现为社会性的财富,尤其到了以扩大再生产为生存条件的资本主义社会,劳动的客体条件更是越来越表现为社会财富即"剩余价值"。在此状况下,劳动的客体条件可以一般性地表述为：总需要社会"支出"一定的剩余价值。而劳动的主体条件可以一般性地表述为：总需要个人"支出"一定的劳动力。因此,我们考察"劳动"的特性,也就可以从剩余价值"支出"方式的特性、劳动力"支出"方式的特性两方面展开。这其中,前者又决定后者,当支出剩余价值是为了获得更多剩余价值时,这种"生产性"的支出方式,就决定着在此条件下进行的劳动力的支出必然是"生产性"支出。这就是资本主义的剩余价值的支出方式,同时也是资本主义条件下劳动力的支出方式。但是,人类社会早已存在而且资本主义后人类社会还将更多地存在劳动力"非生产性"的支出方式，这其中就包括马克思所谓的"自由的精神生产""真正自由的劳动"，而劳动力"非生产性"支出又取决于剩余价值的"非生产性"支出，或者说，要让劳动力支出活动能够"分享"到一定的剩余价值。我们可以以此为出发点来讨论价值观问题，尤其是支撑社会整体发展的价值观问题。

但是，自我改良、调整后的当代资本主义内部依然存在对抗性矛盾。"免于匮乏的自由"是一种"消费性自由"（Consumptive Freedom），在这里需要引入恩格斯的三大生活资料说："把动物社会的生活规律直接搬到人类社会中来是不行的。一有了生产，所谓生存斗争便不再围绕着单纯的生存资料进行，而要围绕着享受资料和发展资料进行。在这里——在社会地生产发展资料的情况下——从动物界来的范畴完全不能应用了。"[7]只能消费"单纯的生存资料"的消费活动是不自由的，而消费"享受资料"的消费活动相对而言则是自由的；我们把不再是为了维持"单纯的生存"而可以使用"发展资料"的生产活动的自由，称为"生产性自由"（Productive Freedom）。这种"生产性自由"与人们通常所说的"劳动的权利""工作的权利"有关，即也是一种基本人权，但这一概念还强调要通过改善劳动、工作方式使劳动、工作本身逐步变得自由而有意义。相对于罗斯福所谓的"四大自由"，不妨把这种"生产性自由"称为"第五大自由"。摆脱普遍贫困后，当代资本主义社会成为普遍富裕的消费社会，工人大众在一定程度上获得了"消费性自由"即"免于匮乏的自由"，但又产生了新的问题：工人大众依然没有获得"生产性自由"。由此产生了一系列相关问题，解决问题的路径是：让大众获得"第五大自由"即"生产性自由"。而这意味着不仅仅要让劳动力支出的主体、让大众的消费活动"分享"剩余价值，还要让大众生产活动也即劳动力支出的活动也"分享"剩余价值，即对剩余价值之可分享性原则的进一步拓展。这一点对当代西方社会的实际状况特别具有针对性：一方面，蓝领产业工人数在总人口中所占比例日趋减小，股份制使即使收入较少的蓝领工人也可以成为"小股东"而获得资本

（财产）收益，单纯靠支出劳动力而获得收入的传统意义上的纯粹"工人"日趋减少；但是严重不均衡依然存在，富人们如企业高管也支出劳动力而获得收益，但在其总收益中是微不足道的，或者说其总收益远远超过其所支出的劳动力的价值。另一方面，蓝领工人等依然主要靠支出劳动力获得收益，其作为"小股东"的资本收益是微不足道的，因此提出让劳动力支出的主体分享剩余价值，就依然具有现实针对性；而白领阶层分享到了较多剩余价值，但其以赚钱为目的的劳动力支出活动本身依然没有分享到剩余价值，提出让劳动力支出的"活动"分享剩余价值，就同样具有现实针对性，甚至具有更普遍的针对性。

最后回到当代中国特色社会主义文化战略上来。作为当代中国化马克思主义文化战略学的纲领性文件，《决定》强调了文化战略与"人的全面发展""社会主义核心价值观"等的密切联系。与片面重视"物"的生产性的拜物教或拜金主义价值观相对，重视"人"的生产性，保障平等、促进自由，成为当代中国社会主义核心价值观之一。而这正是"以人为本"的科学发展观，在社会发展动力论和人生价值观上的体现或落实。在文化发展方式上，"非营利性"的"文化事业"与"营利性"的"文化产业"并重，则是这种核心价值观在国家文化发展战略中的落实。从与经济建设的关系来看，非营利性的文化事业的发展，不仅不"增加"而且还要"消耗"社会财富，但这种"消耗"是一种"转化"：首先是转化为保障平等的现实手段，即"保障人民基本文化权益"平等的现实手段，在物质需要基本满足之后，文化权益上的平等变得越来越重要，这表明文化事业的发展，不仅关乎文化建设，而且也关乎社会建设、政治建设等；其次是转化为促进自由的现实手段，即转化为激发"全民族文化创造活力持续迸发"、促进"人的全面发展"或全面提升"人"的生产性的现实手段。直接提升"人"的生产性，还关乎社会生产的内涵式发展，通过提升"人"的生产性而非过度消耗自然资源来增加社会财富，这在全球能源危机、生态危机的现实状况下具有特别重要的意义。文化"内部关系"上文化事业、文化产业这两种发展方式之间的协调，跟文化"外部关系"上文化建设与经济建设、政治建设、社会建设及生态建设之间的协调,是相互贯通的,这些内外关系的协调、贯通,只能建立在社会财富合理、均衡配置的基础上;而重视"人"的生产性的核心价值观,则可以成为这种合理、均衡的财富配置结构形成的一个重要支撑点。凡此种种既关乎文化发展战略,同时也关乎国家整体发展战略。[8]

随着美国等西方发达国家步入更为成熟丰裕的消费社会,更多的人获得了免于匮乏的自由,跟过度消费相关的"消费主义"价值观也随着全球化的迅猛发展而大行其道,并产生了一系列的社会、政治、经济、文化及生态问题。[9]马克思认为,个人在"劳动"这种"生产性的生命过程"中自由而充分地发挥出自身创造力,乃是个人实现自身生命价值、生活意义的重要途径之一。这其中存在的自由就是人的"生产性"自由,相对而言,"免于匮乏的自由"主要是指人的"消费性"自由:如果说当代资本主义已较为成功地使人获得消费性自由的话,那么,它还能进一步使人获得生产性自由吗?这对高度发达的当代资本主义来说应是一个极具挑战性的问题,而《共产党宣言》中"每个人的自由发展是一切人的自由发展的条件"命题所体现出的自由价值观,对当代资本主义依然具有挑战性。人的消费性自由,确实是人的自由的一个不可或缺的组成部分,但当今不见趋缓的全球贫富分化、生态冲突,显然跟片面鼓吹人的消费性自由从而刺激过度消费这种价值观密切相关。坚定选择社会主义道路的当今中国,当有所作为,这方面的价值观建设,不仅有利于中国的和谐、可持续发展,而且对于世界的和谐、可持续发展也有重要启示。

总之,弘扬重视"人"的生产性和财富的可分享性以保障平等、促进自由的核心价值观,并通过社会财富的合理配置来落实这种价值观,对内有助于凝聚向心力、激发创造力,而对外则有利于在价值和道义的制高点上塑造和展现社会主义中国的国家形象、推进和谐世界建设。对这些方面的问题加以深入、系统的探讨,应成为当代中国马克思主义文化战略学的重要时代使命。

参考文献

[1]《马克思恩格斯全集》第 19 卷，人民出版社，1963，第 376 页。

[2] Karl Marx Friedrich Engels Werk，band 26/1. Berlin：Dietz Verlag，1965，122、127.

[3]《马克思恩格斯全集》第 26 卷第 1 册，人民出版社，1972，第 142、146、148、197 页。

[4]《马克思恩格斯全集》第 3 卷，人民出版社，1960，第 36 页。

[5]《马克思恩格斯文集》第 6 卷，人民出版社，2009，第 376~377、448 页。

[6]《马克思恩格斯文集》第 7 卷，人民出版社，2009，第 287、548 页。

[7]《马克思恩格斯全集》第 20 卷，人民出版社，1971，第 652~653 页。

[8] 刘方喜：《协调文化发展内外关系关乎科学发展大势》，http：//www.cssn.cn/news/665793.html。

[9] 刘方喜：《消费主义的后果分析》，《长江师范学院学报》2010 年第 6 期。

Productivity of Culture and Circulation of Wealth：An Exploration on Marxist Cultural Strategy

Liu Fangxi

Abstract：The cultural theory in the context of Marxist economic philosophy could be taken as an important theoretical basis to construct the Marxist Cultural Strategy in contemporary China. The general framework of Marxist economic philosophy is *productivity and production relations* within material production. Under this framework, there are two branches：the framework of *the economic base and the superstructure* associated with the *production relations*, under which culture is *ideological*, and the framework of *necessary labor time and surplus labor time* associated with *productivity*, under which culture is *productive*. In the *productive* material production, surplus labor creates surplus products, and culture has developed on the basis of *free time* (*surplus value*) transited and dissociated from material production by surplus products. The theories of *the productive quality* and *the ideological quality* are two mainstays of the

Marxist cultural strategy. The theory of *the productive quality* has important enlightenments to discuss issues on cultural strategy such as wealth configuration between the cultural industry which serves as the symbol of economy in contemporary society and the industrial transformation, and the real economy, and also between the industrial development and non – industrial development of culture, etc. In the view of globalization, attaching great importance to the unity of *the productive of human beings* and *the sharable wealth* on the cultural values could reflect the superiority of the socialist system and keep China's cultural strategy on a high ground of values in the world.

Keywords: Marxist Cultural Strategy, The Productive Quality, Wealth Configuration, Surplus Value, Cultural Industry

About the Author: Liu Fangxi (1966 –), Ph. D., Professor in Literature Institute, Chinese Academy of Social Science. Research interests and specialties: the theory of literature, culture, Marxist cultural strategics and Internet of Things, etc. Magnum opuses: *The Theory of Shengqing (Feelings – expressed – by – voice)*, *Aesthetics – producerism: The Economic – philosophical Reconstruction of Marx's Aesthetics in the Consumer Era*, *The Critique of Cultural Economy*, *Consumer Society*, etc. E – mail: liufx@ cass. org. cn.

经典阐释

孟子"父子之间不责善"的古典学阐释[*]

周春健[**]

【摘　要】　"父子之间不责善"是一个重要的伦理学命题。孟子认为，"君子之不教子"客观上缘于父子特定关系中"势"的不允可，从伦理学依据上讲，则缘于父子主恩的血缘亲情，而这些主张与其性善论有着密切关联。在孟子那里，"不责善"有一定界限，并非针对世间一切父子泛言，可能仅是针对"不肖子"及夏、商、周三代特定情形的"有为之论"。孟子特意指出父子与朋友、父子与师弟、事亲与事君各有规则，不可移易。所谓"易子而教"，并非"不谏不教"，未必导致"疏远其子"，父子有亲、父子天合的伦常观念，依然发挥重要作用。《孟子》除字面之意之外，还应当包含"遗意"及"言外之意"：孟子不但强调父子之"教"，而且强调"涵育浸灌"之"养"；并非主张"不教"，而是注重为父者之"身教"；亦非完全主张"易子而教"，遇子不贤，亦会"亲教"，这也是孟子"经权"思想在父子相处过程中的体现。

【关键词】　孟子　父子之间不责善　伦理　经典阐释

---

[*]　本文为国家社科基金重大招标项目"中国四书学史"（13&ZD060）、"四书学与中国思想传统研究"（15ZDB005）、"中国孟学史"（11&ZD083）；国家社科基金一般项目"辽金元孟学史"（13BZX054），本文获中山大学"三大建设"专项资助。

[**]　周春健（1973～），博士，中山大学哲学系教授。研究方向为四书学、诗经学、文献学，著有《元代四书学研究》等。电子邮箱：chunjian66@hotmail.com。

《孟子·离娄上》中有一段公孙丑与孟子之间的问答,讨论的是"君子之不教子"的问题,原文如下:

> 公孙丑曰:"君子之不教子,何也?"
>
> 孟子曰:"势不行也。教者必以正;以正不行,继之以怒。继之以怒,则反夷矣。'夫子教我以正,夫子未出于正也。'则是父子相夷也。父子相夷,则恶矣。古者易子而教之,父子之间不责善。责善则离,离则不祥莫大焉。"

从孟子的论证逻辑看,因"责善则离,离则不祥莫大焉",故而"父子之间不责善";若父教子,因"势"之要求,难免会"责善",故而需要"易子而教之";"易子而教"的例子古已有之,可以避免"父子相夷而恶",正可印证公孙丑所谓"君子之不教子"的事实。

如此,本部分所讨论的实际上是父子之间的相处之道问题。父子一伦,在儒家传统伦常("五伦")中居于最基础的地位。因此,基于《孟子》讨论父子相处之道,不仅有助于把握孟子之思想脉络,厘清"父子之间不责善"这一观念在后世的思想史嬗变,对于世间诸人之切身躬行,亦有所启发。

一 释"责善"

孟子的逻辑起点在"责善",故而首先要弄清楚"责善"之义涵。

于"责"字,东汉赵岐在《孟子章句》中并无直接解说,宋人孙奭释为"责让"[1]。据《说文解字》载,"责"之本义为"求也"[2]。此"求"可以"引伸为诛责、责任"[3],可见语气较重,不是一般的"责备"。正如明人蔡清所云:"'责'字重,有'必欲其如此,不如此则责之'之意。"[4]清人王夫之亦将"责"与"迪"字对举,以为:"'责'字重。君子未尝不迪子以善,但不责耳。责则有危言相惊,甚则加以夏楚。子之于父,亦极言而无婉词。"[5]

于"善"字，从字源义上说，清人段玉裁在《说文解字注》中云："善，吉也。从誩羊。此与'义'、'美'同意。《羊部》曰：'美'与'善'同意。按，羊，祥也。故此三字从羊。"[3]但"责善"中的"善"，并非仅指普通意义上的"吉"、"祥"或"好"。宋人晁公武以为："不为不义，即善也。"[6]则所为之"善"，当以合乎"义"为标准。宋人张栻则从"善"之属性上说，以为："善也者，根于天性者也。"[7]此处所谓"天性"，当从父子血缘关系出发而论，也就是孟子所谓"圣人有忧之，使契为司徒，教以人伦"中的"父子有亲"（《孟子·滕文公上》）。"父子有亲"乃属人之"天性"，不可更易。

至于"责善"，明人李东阳释为"督责使必要为善"[8]，一"必"字，即包含浓重的"强制"意味，而非一般的要求。明人张居正释为"强其所难而互相责望"[9]，则不唯"强制"，而且蕴含所提要求为对方"强烈反感"之意。近人陈大齐以为：

> 所谓责善，按照孟子所说，即是希望对方乃至要求对方：远离一切邪恶，而唯仁义是亲。故所谓责善，意即不赞成其所为而要求其改善。[10]

这里，陈大齐乃是将"责"释为"不赞成并要求对方改正"，而将"善"释为"亲近仁义"，与前述晁公武、张栻之说并无二致。

正因为"父子有亲""父慈子孝"为世间不移之"天性"，故父子之间若存在如此严厉强制的"责善"，势必带来父子情感上的"隔阂"（采杨伯峻译文[11]）。父子之间产生"隔阂"，于家庭关系自然"不祥"，这便是孟子所谓"责善则离，离则不祥莫大焉"。

二 "不责善"与"不谏不教"

在孟子看来，"父子之间不责善"当为"古者易子而教"的缘由与依据。那么，父子之间的"不责善"与"教"之间到底存在怎样的关联?究竟该如何看待这种"不责善"?

从"父子有亲"的"天性"角度看,宋人陈埴认为:"父子之间不责善,乃天理如此,非私意也。"[12]所谓"天理",亦即父子之间的血缘亲情,不容因"责善"而致疏离。

然而"不责善",并非指父亲对儿子全然不顾,而是不去严厉地"责善"罢了。南宋陆游以为:"盖不责善,非不示以善也,不责其必从耳。"[13]若父于子不但"示以善",且"责其必从",就属于"责善",就很可能导致"离"的严重后果了,故不可取。宋人吕祖谦亦以为:"父子之间不责善,非置之不问也,盖自当有滋畏涵养良心底气象。"[14]也就是说,父之于子,还是允许有"教"的行为存在。

北宋司马光则不这样看,司马光是北宋"疑孟派"的代表人物,其在《疑孟》中提出:"孟子云'父子之间不责善','不责善'是不谏不教也,而可乎?"[15]司马光将孟子所谓"不责善"理解为"不谏不教",对于父子双方来说,皆未尽到义务——父对于子的"不教"和子对于父的"不谏"。

对此,"尊孟派"代表人物余允文说:

> 孟子曰"古者易子而教之",非谓其不教也。又曰"父子之间不责善",父为不义则"争"之,非"责善"之谓也。《传》云:"爱子,教之以义方。"岂自教也哉?胡不以吾夫子观之:鲤趋而过庭,孔子告之不学《诗》无以言,不学礼无以立。鲤退而学《诗》与礼,非孔子自以《诗》礼训之也。陈亢喜曰:"问一得三,闻《诗》,闻礼,又闻君子之远其子。"孟子之言,正与孔子不约而同,其亦有所受而言之乎?[16]

在余允文看来,在"易子而教"的问题上,自孔子至于孟子,乃一脉而相承。易子而教,非谓"不教",而是如孔子对待其子孔鲤一般,"不自教"而已。至于《孝经》所谓"父有争子,则身不陷于不义"之"争",乃属"谏争",与"责善"并非同义。故而,余氏认为在孟子的观念中，于父而言并非"不教"，于子而言并非"不谏"，司马光之论断有误。

三 "责善"与"父有争子"

如前所述，孟子所谓"父子之间不责善"，与《孝经》之"父有争子，则身不陷于不义"，乍看起来似乎矛盾——既然"不责善"，何来"争子"？司马光便是这样认为的。问题的关键在于，对"争"字该如何理解。

唐明皇李隆基为《孝经》作注，将《谏诤章》中的"争臣""争友""争子"之"争"，释为"谏也"[17]，宋邢昺进一步释为"谏争"[17]。"谏争"之语气较诸"责善"，明显弱了许多。尤其用于父子之间，谏当为"微谏"，朱子《读余隐之尊孟辨》即云：

> 子虽不可以不争于父，观《内则》、《论语》之言，则其谏也以微。隐之说已尽，更发此意尤佳。[18]

"则其谏也以微"，其意正同于孔子所谓"事父母几谏"（《论语·里仁》）。"几谏"，按照朱子的解释："几，微也。微谏，所谓'父母有过，下气怡色，柔声以谏'也。"[19]而司马光乃将"争"理解为"责善"，故而才有"不责善是不谏不教"之说，他显然没有注意到两词语气上的明显差别。

王安石对"争"与"责善"作了明确区分，称：

> 父有争子，何也？所谓争者，非责善也，当不义则争之而已矣。父之于子也如何？曰，当不义，则亦戒之而已矣。[19]

可见在王安石的观念中，子之"争"父与父之"戒"子相对，语气及态度均不若"责善"严厉与强烈，也不会带来"疏离"的严重后果。在这点上，朱子是赞同王安石的，因此才引用其语，作为"父子之间不责善"一节的注脚。

不过关于"争"字，的确还有别的解释。明人吕维祺撰《孝经大全》，于《谏诤章第十五》中言："故当不义，则子不可以不争于父，臣不可以不争于君。故当不义则争之，从父之令，又焉得为孝乎？"经文之下，引明人冯梦龙语：

> 争者，争也。如争者之必求其胜，非但以一言塞责而已。君父一体，子不可不争于父，犹臣不可不争于君。故当父不义，为子者直争之，必不可从父之令。[20]

如此，则"争"字非"微谏"之义，而指"争胜"，加之"必求其胜""必不从父"，则俨然同"责善"之义无二。

需要注意，吕氏乃以"安石黜《孝经》，近儒以为其罪浮于李斯"[20]，而于"争"字作如是解，以驳王安石"争者非责善"之说，然与《孝经》本义未必相符。

冯梦龙、吕维祺释"争"为"争胜"，与《孟子》《孝经》文义均有差距，反倒与《荀子》十分接近。《荀子·子道》有云：

> 入孝出弟，人之小行也；上顺下笃，人之中行也；从道不从君，从义不从父，人之大行也……明于从不从之义，而能致恭敬、忠信、端悫以慎行之，则可谓大孝矣。

又云：

> 孔子曰："父有争子，不行无礼；士有争友，不为不义。故子从父，奚子孝？臣从君，奚臣贞？审其所以从之之谓孝，之谓贞也。"

虽然荀子也讲子对于父的"恭敬、忠信、端悫"——这是孝道的基本前提，但在"义"面前，荀子主张子是可以与父"抗争"的，甚至可以"不从"。这一语境中的"争"，语气便较重了，与"几谏"明显不同,而接近于"争胜"乃至"责善"。因为若是"几谏",则当如《论语》中所说,子于父母,"见志不从,又敬不违,劳而不怨"(《论语·里仁》),主张"不违",显然不是"不从"。

孟子之"父子之间不责善"、荀子之"父有争子",在子对父的态度上,有着"从"与"不从"的分歧。孟子因要维护"父子有亲"的"天性",主张"不责善",以避免"责善则离";而荀子则要维护"道、义"对于"孝、悌"的优先地位,主张"从义不从父",主张子对于父的"抗争"。

孟子、荀子为什么会出现理解上的差异?恐怕与两人的人性论主张有关。孟子主张"性善",认为人人皆有"所不学而能""所不虑而知"的"良能""良知"(《孟子·尽心上》),人人皆有"恻隐之心""羞恶之心""辞让之心""是非之心"的"仁、义、礼、智"四端(《孟子·公孙丑上》)。因此,对于子而言,父偶有过失,也不是通过"责善"的激烈方式,而是通过委婉方式,触发并唤起父母的"良知、良能",使其反省并匡正过失。而荀子主张"人之性恶"[①],并不以为人性本来有诸多善端,即便有"善",也是"其善者伪也"(《荀子·性恶篇》)。在他看来:"今人之性,固无礼义,故强学而求有之也;性不知礼义,故思虑而求知之也。"(《荀子·性恶篇》)而之所以可以通过"强学而求有之""思虑而求知之",是因为"涂之人也,皆有可以知仁义法正之质,皆有可以能仁义法正之具"(《荀子·性恶篇》)。也就是说,人人都有分辨的能力。因此,当父有过,子是可以通过强硬的态度、凌厉的言辞"争论"于父、"争胜"于父的,即以强辞辩论的方式,达到使父知过改过的目的。

[①] 关于荀子之人性论,近年来学界多所聚讼,譬如周炽成先生主张荀子"性朴论",反对通常所说的"性恶论",其理由是《性恶篇》《子道篇》为荀卿弟子所作,非出于其本人之手,并以为《性恶篇》"大概是西汉中后期的作品"。不过,不管《性恶篇》《子道篇》之著作权归属为谁,从"人性恶"到"父有争子"的逻辑关联是可以成立的,唯一不同的是,会带来"性恶论"所有权归荀子本人还是荀子后学的差别。参见周炽成《儒家性朴论:以孔子、荀子、董仲舒为中心》,《社会科学》2014 年第 10 期。

四　子责父善，孝与不孝

在《孝经》的论说体系中，"父有争子"是不可谓不孝的，反倒是无原则地"从父之令，又焉得为孝乎"（《孝经·谏诤章第十五》）。不过在《孟子》文本中，没有提到"争子"的问题，反而对"子父责善"与"不孝"之关联有所辩说。《孟子·离娄下》中载有公都子与孟子之间的一段对话：

> 公都子曰："匡章，通国皆称不孝焉，夫子与之游，又从而礼貌之，敢问何也？"
>
> 孟子曰："世俗所谓不孝者五：惰其四支，不顾父母之养，一不孝也；博弈好饮酒，不顾父母之养，二不孝也；好货财，私妻子，不顾父母之养，三不孝也；从耳目之欲，以为父母戮，四不孝也；好勇斗很，以危父母，五不孝也。章子有一于是乎？夫章子，子父责善而不相遇也。责善，朋友之道也；父子责善，贼恩之大者。夫章子，岂不欲有夫妻子母之属哉？为得罪于父，不得近，出妻屏子，终身不养焉。其设心以为不若是，是则罪之大者，是则章子而已矣。"

从字面意思看，孟子认为世俗所谓"五不孝"，匡章未曾"有一于是"，章子行为的性质属于"子责父善"，章子的错误乃在于，将"朋友之道"用于"父子"之间，因而导致父子"不相遇"的后果。那么，孟子到底是否认为匡章的行为就是"孝"呢？历来有三种不同意见。

第一种意见认为，虽然孟子认定匡章之"责父之善"并不属"五不孝"，但不意味着孟子以匡章所为为"孝"，孟子依然认定章子"责善"为"不孝"，只是还未至于"可绝之地"，故而"怜之"才与之交往。《朱子语类》载：

> 孟子之于匡章，盖怜之耳，非取其孝也。故杨氏以为匡章不孝，

"孟子非取之也，特哀其志而不与之绝耳"。据章之所为，因责善于父而不相遇，虽是父不是，己是，然便至如此荡业，"出妻屏子，终身不养"则岂得为孝？故孟子言"父子责善，贼恩之大者"，此便是责之以不孝也。但其不孝之罪，未至于可绝之地尔。然当时人则遂以为不孝而绝之，故孟子举世之不孝者五以晓人。若如此五者，则诚在所绝尔。后世因孟子不绝之，则又欲尽雪匡子之不孝而以为孝，此皆不公不正、倚于一偏也。必若孟子之所处，然后可以见圣贤至公至仁之心矣。或云："看得匡章想是个拗强底人，观其意属于陈仲子，则可见其为人耳。"先生甚然之，曰："两个都是此样人，故说得合。"味道云："舜不告而娶，盖不欲废人之大伦以怼父母耳。如匡章，则其怼也甚矣。"[18]

在朱子看来，孟子非但不以为章子对父亲之"责善"属"孝"，反而对其"不孝"有所责备——所云"父子责善，贼恩之大者"即是。孟子之"与之游，又从而礼貌之"，一方面在于章子之"不孝"较之"五不孝"尚属轻微，另一方面在于章子后来有悔过之举，孟子怜之哀之，并且有"欲渐摩诱化，使之改过迁善"[21]之用意，可见孟子之良苦用心。

第二种意见认为，既然孟子未曾以为章子之行为属"五不孝"，而只认定章子的行为属于"子父责善"，那么就说明孟子以章子为"孝"了。这在逻辑上似乎有些牵强，因为不以为属"不孝"，未必等同于以之为"孝"，"不孝"与"孝"之间还有一个中间层次——说不上"孝"，又不至于"不孝"。须知，要认定属"孝"，是有情感及行为上的条件限定的。这也正是朱子所批评的"后世因孟子不绝之，则又欲尽雪匡子之不孝而以为孝，此皆不公不正、倚于一偏也"。

于是有了第三种意见，即认为孟子以章子之责善"尚非不孝"（不同于认定章子之责善即属"孝"），近人陈大齐还提出了孟子所以"不视章子为不孝"的两点推测：

为子者不当责善于父，以免贼恩，若竟不慎而误蹈，卒至为父所不容，是否即此便成不孝之子？察孟子所说，责善虽属不当，尚非不孝……

匡章责善于父，为父所不容，全国的人皆斥其为不孝，而孟子竟与之交游，且礼貌不衰，公都子怀疑而问其故。孟子答称：社会上一般所斥为不孝的，共有五事，在列举其内容以后，作断语云："章子有一于是乎？"谓于此五条不孝的罪中，匡章未犯任何一条。孟子此语岂不明白表示：匡章之为人尚未可称为不孝，而以舆论所评为过于苛刻！下文又云："为得罪于父……其设心以为不若是，是则罪之大者。"虽认匡章的责善为得罪，继称其出妻屏子，以图减轻其罪，又颇透露宽恕之意。

子责父善以致伤恩，何故尚可不视为不孝，孟子未有所明言。试为推测，可有二故。其一，责善在本质上原属好事，是人人分内所应为，人人互相责善，道德始能维持；人人容忍恶行，社会无法安宁。责善的本质虽好，但其适用则有宜有不宜。不宜适用而适用，自属不当，不过虽足为罪，其罪究属不大。故为子而责善于父，仅属不当，未足斥为不孝。其二，匡章亦如常人，非不欲安享家庭团聚之乐，只因得罪于父，不得不"出妻屏子，终身不养焉"，牺牲毕生的幸福，以赎一时的得罪。悔过自苦，情颇殷切，原心略迹，非无可恕。故匡章虽得罪于父，尚未可因此便斥其为不孝。孟子之宽恕匡章而未以为不孝，究因何故，不可得知。姑作两种假设，以助说明。[10]

在陈大齐看来，孟子以为章子责善仅属"不当"，还达不到"不孝"的程度，况且章子后来有悔过行为，值得宽恕。其实从立意上来讲，这与朱子之以章子为"不孝"而轻微可谅之说，殊途同归。区别在于，子父责善之现象，在父子当中极为寻常，而为子者对于"不孝"之"罪名"，通常于道德上极为在意并以之为耻。以"责善"为"不孝"，于为子者之精神压力便甚巨大；以"责善""尚非不孝"，则可在一定程度上减轻为子者的"负罪感"，并有助于缓和父子之间的关系。

五　父子"之间"与"不责善"的界限

孟子所下的论断是"父子之间不责善"。那么，这里的"之间"，是父子双向，还是仅就其中一方而言？"不责善"，是针对天下父子普遍情形之"通论"，还是基于特殊状况的"有为之论"？孟子之论，是仅对上古特定时代有效，还是适用于悠悠万世？

（一）双向还是单向？

前文所引王安石之语，乃以《孝经》中的"父有争子"来解"父子之间不责善"。在他看来，父子之间当"不义"之时，应当做到"在子则争""在父则戒"，因而父子之间的责任是双向的。宋人辅广深赞王安石之说，云：

> 王氏最得孟子之正意。责善，谓责之使必为善也。责之使必为善，则便有使之捐其所能、强其所劣之意，故必至于相伤。至其所为，或背理而害义，则岂可坐视而不管？故在子则当争，在父则亦当戒，切之也。[22]

"双向"的另外一层意思是，"不但为子者不当责善于父，为父者亦不当责善于子"[10]，这是从父子之间"不责善"的角度来讲的。陈大齐云：

> 为子者不当责善于父，故在孟子言论中，未见有谏父的指示，亦未见有争子的赞许。为父者亦不当责善于子，而子又不可放任不教，故孟子主张易子而教，俾教与恩得以两全。[10]

宋人晁说之则将父子关系与君臣关系并提，认为：

> "君之视臣如土芥，则臣视君如国人"，此为君而言也，非为臣者所以责君。"父子之间不责善"，此为父而言也，非为子者所以

责父。[23]

照此说来，君臣、父子之间，就只有君对臣"视"、父对子"责"的单向活动了，且不可倒置。这一解说的用意，或在于强调君臣、父子之间的等级与尊严不容僭越，与"君虽不仁，臣不可以不忠；父虽不慈，子不可以不孝"[24]的观念似一脉相承。

（二）"通论" 还是 "有为之论"？

明人金瑶不太认同父子相处过程中"责善则离"情形的存在，认为当年周公之挞其子伯禽，乃属"责"之变，亦不符合"父子之间不责善"之论，因此认定"不责善"乃孟子"有为而发"，不属"通论"。金氏称：

> 孟子谓"父子之间不责善"，此言难认。直至于"责善则离"，然后始觉得责善不好处。然自"责善"以至"离"，中间情节相去尚远。人固有一责而遂善者，何尝离？有再三责而后善者，亦未尝离。至于离，必是子不受责，或反激而与我抗，然后始有离。安得要其极之如是，而遂先闭其入善之门，谓"父子之间不责善"？周公尝挞伯禽矣，挞又责之变。易子而教，此是集众子弟以便一人之教，不得以是而证父不责子善。孟子此章多是有为而发，有为之言，难以常义论。[25]

也就是说，金瑶认为世人日常生活中通常的情形当是"父责子善"，孟子所谓"父子之间不责善"，仅就"子不受责，或反激而与我抗"的特殊情形而言，属于有条件限定的"有为之言"。

明人毕木亦认为，孟子所谓"父子之间不责善"，并非针对世间寻常父子，乃特指"父之愎谏、子之非类"的情形。毕氏云：

> 父子之间不责善，子舆氏盖激于父之愎谏、子之非类者言之，非通论也。以责善，固至情之不容已者也，中才之养，几谏之事，

亦何莫非善用其责善者？况家庭隐慝，疏者不肯言，贱者不敢言。至父若子，而犹以不责善为解，则过何由闻？而善何由迁哉？[26]

所谓"愎谏"，意指刚愎自用，不听劝谏；所谓"非类"，意指志趣不投，难以沟通。"父之愎谏、子之非类"，意味着父子在性情及行为上皆有失当之处。在毕木看来，如此则即便"责善"，也未必能被彼此接纳，故此孟子才提出"父子之间不责善"。

（三）仅指"三代"还是包含后世？

清人盛大士以为，孟子所言"父子之间不责善"，"此为三代之时言之，非为后世言之也"[27]，意即这一命题其实有一个时代的限定，并非统包后世。缘由在于，后世与夏、商、周三代相比形势发生了变化，失去了"父子之间不责善"的条件：

《学记》云："家有塾，党有庠，术有序，国有学。"《郑注》云："古之仕焉而已者，归教于闾里，朝夕坐于门，门侧之堂谓之塾。"《孔疏》云："百里之内二十五家为闾，同共一巷，巷首有门，门边有塾。民朝夕出入，就教于塾。"《白虎通》云："古之教民，百里皆有师。里中之老有道德者，为里右师，其次为左师，教里中子弟以道艺、孝弟、仁义也。"由是而升之于庠，升之于序，升之于学，而又简不肖以绌恶。则不待为父者之督责而易子以教者，早严其董戒矣。

后世师之教弟，不过在章句之末，科名羔雁之资，无复以立身持己、孝弟仁义相为谆劝者。师道不尊，师范不立，师之视弟，无异于朋友。虽有荡检踰闲，绝未尝纠绳其阙失。为父者又纵其所欲，而托于"不责善"之说，其为害孰甚焉！即使"责善则离，离则不祥"，亦以尽为父者之心而有所不惜矣。子之于父，尚当几谏，且三谏而不听，则号泣而随之，乃为父而不以善责其子，是即不能字厥子也。

> 战国时，学校不修，遂至父子责善。然如匡章者，责善于父，父不能纳谏，而反见逐耳。若章之身有不善，父责之而不能改，乃怒而逐之，则孟子断弗与之游矣。[27]

在盛大士看来，夏、商、周三代之教学体制（"塾、庠、序、学"）及教学内容（"道艺、孝弟、仁义"），在很大程度上保证了子弟在学校教育中很好地完成德行诸科的教化。子弟之立身处世，不必再由"为父者之督责而易子以教"，亦即父子之间有条件做到"不责善"。至于后世，师弟之间关系大变（"师之视弟，无异于朋友。虽有荡检踰闲，绝未尝纠绳其阙失"），师长教授内容大变（"不过章句之末，科名羔雁之资，无复以立身持己、孝弟仁义相为谆劝者"），以致出现了"师道不尊，师范不立"的严重后果。因三代以后至于战国之"学校不修"，而带来了父子相处之道的根本性变化，由"不待为父者之督责而易子以教"，变为子责于父、父责于子，"父子责善"现象逐渐普遍。

简言之，盛氏认为，"父子之间不责善"只存在于夏、商、周三代特定的历史情境中，并不包含后世。

六　"父子之间"与"朋友之间"

《孟子·离娄下》中公都子与孟子之间的问答，讨论的是匡章对其父孝与不孝的问题。在这段问答中，孟子划定了"责善"适用人群之范围，他认为：

> 夫章子，子父责善而不相遇也。责善，朋友之道也；父子责善，贼恩之大者。

在孟子看来，"责善"不适用于"父子之间"，却适用于"朋友之间"。责善是朋友相处之道，"父子行之，则害天性之恩"[19]。陈大齐亦强调了"责善"适用人群之分别：

责善就其本身而言，原属一件好事，不是一件坏事，因为责善之为用，正是道德上的砥砺。能互相砥砺，定能益进于善。但责善虽是好事，却不宜施于父子之间，因为责善容易伤害感情而引起摩擦。常人有明知某事之为恶而不惮于为，有不知其为恶而乐于为，他人若指责其不当，定会招致其人的憎恶。又或有人虽知某事之当为，而不愿排除阻碍、努力以赴，他人若指责其怠忽，亦会使其人感到不快。受责的人若不甘示弱，或且反唇相稽，以引致双方的冲突，如孟子所说的"相夷"。[10]

问题是，为何父子之间担心并竭力避免这种因"责善"产生的"伤害感情而引起摩擦"的后果，朋友之间却不害怕？——须知，只要是"责善"，伤害感情就是必然的，无论是对于父子还是朋友。这便需要考察父子一伦与朋友一伦在结交性质上的差别。

东汉赵岐认为："父子主恩，离则不祥莫大焉。"宋人孙奭疏云："父子之恩，则父慈子孝，是为父子之恩也。"[1]这里的"父子主恩"，其义便同于孟子所说的本于血缘天性的"父子有亲"。宋人罗璧亦曾言："父子，情之至亲。"[28]

朋友一伦则与此不同，宋人胡宏强调对于"父子""朋友"要"明其职分"：

天地之间，人各有职。父子，以慈孝为职者也；朋友，以责善为职者也。故孟子谓"父子不责善"，以明其分。如曰中也养不中，才也养不才，有中和覆育变化之道，如雨露滋益草木之功。其效至使子弟于父兄，忻忻爱慕而乐生焉。此与朋友察言观行、切磋琢磨之义，相去远矣！夫岂必面诤犯颜、见于声色，然后为善哉？[29]

胡宏以为，父子之间即当讲"慈孝"，朋友之间即当讲"责善"；父子相处即当"忻忻爱慕而乐生焉"，朋友相处则需"察言观行、切磋琢磨"。而父子惧"离"，朋友不惧"绝"，恰恰缘于二伦在结交点上有本质差别。明人胡广引元代新安陈栎之语云：

> 父子间所以不责善，而惟朋友当责善者，盖朋友以义合，责善而不从，则交可绝；父子以天合，责善而不相遇，则贼恩而将至于离故也。[30]

朋友、父子，一以"义"合，一以"天"合。所谓"父子以天合"，其义正同前文所言"父子主恩"。陈大齐也说：

> 朋友，相结以义不以恩，故不患贼恩。朋友忠告善导，不可则止，故亦无惧于离。父子则不然，具有血统关系，无法断绝，朝夕相处，甘苦与共，唯有亲爱和睦，始能安度岁月，一旦父子相夷，便成家庭最大的不幸。[10]

可见，有无"血统关系"是父子、朋友之间最大的差别，也是在相处过程中是否"责善"、惧不惧"离"最关键的因素。① 基于此，元人朱公迁将孟子"父子不责善"之意向外推展，以为《论语·子路》乡党直者之"父子相隐"、《孟子·尽心上》天子大舜之"窃负而逃"②，与"父子不责善"一样，皆"主乎恩爱而言之"，并称："父子相隐，即孟子论大舜之心为可见。君子不亲教子，即孔子之于伯鱼为可见。"[31]

有学者以为，除去"父子"，五伦中的"兄弟"之间亦不可"责善"。清人刘宝楠云：

> 孟子言父子"不责善"，"责善，朋友之道也。父子责善，贼恩之大者"。合夫子此语观之，是兄弟亦不可责善，当时讽谕之于道，乃得宜也。[32]

明人郭青螺甚至认为，不唯父子、兄弟，包括君臣、夫妇、朋友在内的整个五伦，都不可"责善"，而应保持"一团和气"：

---

① 强调"血统"，乃是基于父子与朋友之间的对待而言。另有一种特殊情形，父亲既有亲生子，又有养子，现实中往往会对亲生子严厉而对养子有所顾忌，但二者皆属"家庭关系"前提下的父子关系，皆不可"责善"，只是教育过程中方式有别。
② 至于"窃负而逃"所带来的家庭伦理与政治生活的矛盾问题，可参见刘伟《论政治生活的有限性——以孟子"窃负而逃"为核心的考察》，《现代哲学》2014年第5期。

事父母几谏，事君讽谏，兄弟和乐，妻子好合，父子相隐不责善，朋友忠告必善道，即子弟不中不才，犹曰养而不弃，乃知古人于君臣、父子、兄弟、夫妇、朋友之间，只是一团和气，真心流贯，绝无严毅责望之意。[33]

需要注意，郭氏之论，并非与"责善，朋友之道"的论说相矛盾。孟子乃是将"朋友之道"放在与"父子之道"对举的语境中说的，并强调"责善"致父子相离伤恩，于朋友则不会有此后果。郭氏此处，则从人与人之间当讲和气的角度立论，强调和善相处，并非混淆了天伦（父子、兄弟）与人伦（君臣、夫妇、朋友）。

七 "父子之法"与"师弟之法"

公孙丑在《孟子》中提出的"君子之不教子"的命题，实际上包含了两重关系：一为"父子"，二为"师弟"。只不过通常的经验是，既为父子关系，便不可再充任师弟关系，因为若既是父子又是师弟，便会带来"父子相夷"的"恶果"。这一点，也为孟子所认同，而且是他"父子之间不责善"提出的重要依据。

孟子认为，君子之所以不教子，是因为父子之间只应当维护无间的血缘亲情，只应当保持纯粹的"家庭关系"，而不可掺入另外一种身份的"社会关系"——师弟关系便属于另一种社会关系。[34]而父亲若又以师长的身份教授子弟，父亲对于子弟的要求便不再相同，子弟对父亲的态度也与纯粹的父子关系有了很大差别。对于父亲来讲，"教者必以正，以正不行，继之以怒。继之以怒，则反夷矣"。对于子弟来讲，面对作为父亲的师长，亦会在某些时刻心中不服，从而说出这样的理由："夫子教我以正，夫子未出于正也。"（杨伯峻译为："您拿正理正道教我，您的所作所为却不出于正理正道。"）结果自然会导致"父子相夷"。"夷"字之义有二说，按赵岐解，一训"伤也"，"父子相责怒，则伤义矣"；另一训"夷狄"，"父子反自相非，若夷狄也"[1]。无论哪种训释，皆指父亲教子会伤害父子感情，故而一旦"父子相夷，则恶矣"，这也正是孟子所说的"势不行也"之所指。

可见，父子与师弟两种身份，很难叠加在一起，原因在于"父子之法"与"师弟之法"各有规则，不可易位。宋人张九成云：

> 余读此章，乃知父子自有父子之法，师弟子自有师弟子之法。父子以恩为主，师弟子以责善为主。易位而处，在父子则伤恩，在师弟子则伤义。此天理之自然，不可以私智乱之也。然能言则学，唯能食，则尚右手。六年教之数与方名，七年教之男女之别，八年学让，九年学数日，十年学书计，十三年学乐、学诵诗、学舞勺。成童时学象，学射御。二十时学礼、学舞大夏。三十时博学无方，孙友视志。四十时出谋发虑，道合则从，不合则去。自怀抱时，教固已行矣，乃云"不教子"，何也？盖教之者，父母之心；而所以教之者，则在傅姆与师耳。
>
> 呜呼！过庭之问，义方之教，圣贤亦岂得恝然无心哉？善教者必以正，师弟子以责善为正，父子以恩为正。教者必以正，师之正在责善，善或不勉，在师当继之以怒，继之以怒则谓之义。父子之正在恩，不在责善，倘或责善，则谓之不正。善或不勉，而继之以怒，继之以怒则谓之伤恩。夫教者必以正，父以恩为正，今而责善，是出于不正。盖父怒其子，则伤于慈；子违其父，则伤于孝。父子相伤在天性，岂不为大恶乎？惟师以责善为正，以正不行，师怒弟子，或榎楚以收其威，或鸣鼓以声其罪，则谓之义。夫在师谓之义，在父谓之不慈。父子、师弟子不可易位如此，古者所以易子而教之也。[35]

按张氏之说，父子之法在"恩"，师弟之法在"责善"；父子之法在"慈"，师弟之法在"义"。二者绝不可易位，若易位而处，在父子伤"恩"，在师弟伤"义"。正因如此，古人才会"易子而教"，以教导之事付诸师长。明人焦竑称："父子是绝不得的，故养恩于父子之际，而以责善付之师友，仁义便并行而不悖。"[36]

清人焦循亦认为，父子之间因"恩"而不可责善，然师弟之间因"教"而应当责善："孟子云，父子之间不责善，古者易子而教之，然则师弟之间不可不责善矣。父子无可离之道，而师则进以礼、退以义，责善可也。责善而不听，则去可也。"[37]

八 "事亲"与"事君"

在"五伦"中，与"父子"一伦形成特殊对应关系的是"君臣"一伦。《论语·颜渊》中就记载了齐景公与孔子之间的一则对话：

> 齐景公问政于孔子。孔子对曰："君君，臣臣，父父，子子。"公曰："善哉！信如君不君，臣不臣，父不父，子不子，虽有粟，吾得而食诸？"

这里，孔子便将君臣关系与父子关系对举，陈述君臣父子关系妥善安顿在政事推行过程中的极端重要性。之所以称"君臣、父子"间有特殊的对应关系，一方面，此乃"人道之大经，政事之根本"[19]，人伦与政事密切关联；另一方面，由《孝经·士章第五》"资于事父以事君，而敬同"可知，君臣关系可由父子关系推导而出，从一定意义上说，君臣犹如父子。

问题是，既然孟子讲"父子之间不责善"，那么君臣之间究竟该如何对待"责善"呢？

正如前文所讲，"朋友以义合，父子以天合"，君臣与父子相较，亦有各自不同的结交标准。在《孟子》文本中，至少有两处明确提及：

> 圣人有忧之，使契为司徒，教以人伦——父子有亲，君臣有义，夫妇有别，长幼有叙，朋友有信。（《滕文公上》）
>
> 仁之于父子也，义之于君臣也，礼之于宾主也，知之于贤者也，圣人之于天道也，命也，有性焉，君子不谓命也。（《尽心下》）

在孟子看来，君臣讲"义"，父子则讲"亲"、讲"仁"。这里的"仁"与"亲"几乎同义，即所谓"仁之实，事亲是也"（《孟子·离娄上》）。然而这里的"义"，却不同于与"仁之实，事亲是也"对举的"义之实，从兄是也"（《孟子·离娄上》）中的"义"。这体现了《孟子》文本中"义"之含义的多元性。"从兄"之"义"，讲究顺从；君臣之"义"，讲究的却是不仅不能"顺"，甚至还要"责善"。陈大齐称：

> 事君的义与事亲的仁相反，就顺而言，不要顺；就责善而言，要责善。不但要作温和的责善，且要作强烈的责善，亦即不仅要如朋友一般劝导其改过迁善，若有可能，要强迫其悔过自新。[10]

理解这点，需要弄懂孟子所阐说的"事君之道"。在陈大齐看来，孟子所说的臣对君的"恭""敬"，其义正是"责善"：

> 孟子论事君之道，固未尝将"责善"二字连用，但尝于上下二语中，在上一语内用"责"字，在下一语内用"善"字，合而言之，其义实等于"责善"二字的连用。《离娄上篇》云："责难于君谓之恭，陈善闭邪谓之敬，吾君不能谓之贼。"前二语所说是人臣所应为的，末一语所说是人臣所不应为的。

> 人臣所应为的是恭与敬。恭，要求其君做不易做的事情；敬，向君称扬善事而贬斥邪事。行善事如逆水行舟，较难；做邪事如顺流而下，较易。故所云"责难"，意即劝其为善而阻其为恶，因而事君的"恭敬"实与"责善"同义。人臣所不应为的，是贼。"吾君不能谓之贼"，即是《公孙丑上篇》的"谓其君不能者，贼其君者也"。所云"不能"，依据其上下文所说，谓有仁义礼智四端而不能扩而充之。"吾君不能"意即吾君未有居仁由义的能力，其辞好像为君预留脱罪的余地，其实则贼害其君，使其不思努力迁善。故"吾君不能"即是不责善，不责善即是人臣所不应为。[10]

也就是说，在孟子看来，"事亲"不可责善，而"事君"则应当责善。《孟子·离娄下》所谓"君有过则谏"之"谏",其义亦近于"责善",而不同于"事父母几谏"的"微谏"。臣对于君的"责善",可以是略为温和的,也可以是极为严厉的,君若不听,臣可以选择"去之",亦可以选择"放之",甚至可以选择"易位"。①

"事亲"与"事君",一般来讲,乃分别就父子关系和君臣关系而言,二者身份未有重合。然而历史上还有一种特殊情形——二人既是父子关系,同时又是君臣关系,双重身份重合。这主要是指皇帝与皇储之间,有时也指握有实权的太上皇与皇帝之间。"父子之间不责善"的伦理约束,在他们中间亦发挥重要作用。譬如乾隆皇帝即曾亲撰《慎建储贰论》,感慨皇太子的简拔教育之难,云:

> 夫建储立嫡,三代以下无不遵行。朕读书稽古,岂于此名正言顺之事轻议其非?昔我圣祖仁皇帝,曾以嫡立理密亲王为皇太子,并特选正人辅导。如汤斌、徐元梦,皆系公正大臣,非不尽心匡弼,乃竟为宵小诱惑,不能恪共子职,终致废斥,后遂不复册立。夫以尧、舜之圣,而有丹朱、商均之子,可见气禀不齐,即圣君而兼严父,日以敬天法祖,勤政爱民,面命耳提,尚难期其迁善改过。孟子所谓"父子之间不责善",盖实有见于此,何况一二辅翊之臣,安能格其非心、变化气质乎?是则继体象贤,惟赖天心眷佑,笃生哲嗣及嗣子之能承受与否耳。[38]

理密亲王,乃指康熙帝之次子允礽。允礽刚满周岁时就被册立为皇太子。后因康熙帝的骄纵溺爱,加之当时朝中党争纷乱,致使允礽到后来性情乖戾暴躁,被康熙斥为"不法祖德,不遵朕训"[39],后终被废。而之所以被废,一个很重要的原因是康熙帝既作为"父"又作为"君"的双重身份的窘境——为父,因"父子之间不责善",对太子便不可过

---

① 《孟子·万章下》云:"君有过则谏,反覆之而不听,则去。"《孟子·万章上》云:"太甲颠覆汤之典刑,伊尹放之于桐。"《孟子·万章下》云:"君有大过则谏,反覆之而不听,则易位。"

于苛责；为君，出于江山社稷大业之考虑，又不可不对太子在处理政事上提出严厉要求。而因"为君""为父"身份的重合，"为君"身份上的严厉要求（"责善"），自然同时会以"为父"的身份传达给太子，而这种"责善"一旦超越一定限度，便会导致"父子相夷""责善则离"。鉴于此，康熙父子之间的矛盾冲突，太子允礽被废，便是情理之中的事了。当然，乾隆此处以圣人尧、舜之子丹朱、商均皆不肖为例，似乎为了掩盖康熙父子之间激烈的"矛盾"，而将允礽之被废，归为天生之"气禀不齐"，则略略带有一种为先王"避讳"的味道了。

历史上另外一对因"责善"而引起严重冲突的君臣父子，是南宋的孝宗（太上皇，父亲）与光宗（皇帝，儿子）。光宗即位（1190年）之前，身体及精神状况尚属正常，但即位之后，身体状况逐渐糟糕，甚至严重到"噤不知人，但张口呓言"[40]的精神分裂状态。而这一状况的出现，直接源于孝宗退位之后，出于政治需要严格要求光宗履行"一月四朝"[41]（指一月中四次定期觐见太上皇）之礼，并在此场合严厉要求甚至当面斥责光宗，这便类似于父子"责善"了。带来的后果是，孝宗对光宗极其不满，光宗将孝宗视若仇敌。余英时先生曾对孝宗、光宗父子的交恶有细密考察，并"很负责地指出，光宗的精神失序主要是孝宗的压力逼出来的"[42]，"光宗即位后两三年，在'一月四朝'中所听到的训诲，大致都可划归'责善'的范畴之内"[42]，又言："自即位以来'一月四朝'，早已成为光宗定期接受太上皇'责善'的苦难时刻，这是他精神崩溃的根源所在。"[42] 孟子所谓"责善则离"，此可谓典型一例。

九 "君子不教子"与"君子远其子"

《论语·季氏》中有一则孔子弟子陈亢与孔子之子伯鱼的对话，里面记述了孔子就学习内容对伯鱼的教导：

> 陈亢问于伯鱼曰："子亦有异闻乎？"对曰："未也。尝独立，

鲤趋而过庭，曰：'学《诗》乎？'对曰：'未也。''不学《诗》，无以言。'鲤退而学《诗》。他日，又独立，鲤趋而过庭，曰：'学礼乎？'对曰：'未也。''不学礼，无以立。'鲤退而学礼。闻斯二者。"陈亢退而喜曰："问一得三：闻《诗》，闻礼，又闻君子之远其子也。"

陈亢之所以以"子亦有异闻乎"发问，表明他头脑中有先入为主的成见，以为父（孔子）对于子（伯鱼）一定有所偏袒，正如朱子所言："亢以私意窥圣人，疑必阴厚其子。"[19]而当听到伯鱼的回答后，知其并未受到特殊照顾，陈亢得出的结论是——"君子之远其子"，这便有进一步讨论的必要了。

（一）孔子是否"不教子"？如何教？为何不教？

照孟子所言，"君子之不教子""古者易子而教"，似以为包括孔子在内古之人皆然，无有例外。孙奭《孟子注疏》亦云："孟子又言古之时，人皆更易其子而教之者，以其父子之间不相责让其善也。"[1]然如前文所言，固然"父子之间不责善"，但父之于子并非"不谏不教"，并非"置之不问"，而是允许"教"的行为发生。那么，究竟该如何看待孔子之于伯鱼之"教"？

宋人杨时与其弟子之间曾有一场问答：

问："父子之间不责善，固是，至于不教子，不亦过乎？"曰："不教，不亲教也。虽不责善，岂不欲其为善？然必亲教之，其势必至于责善，故孔子所以远其子也。"曰："使之学《诗》学礼，非教乎？"曰："此亦非强教之也。如学《诗》学礼必欲其学有所至，则非孔子所以待其子，故告之。学则不可不告，及其不学，亦无如之何。"[43]

在杨时看来，孔子（父）对于伯鱼（子）并非不教，只不过这种"教"属于"不亲教"，即使过问其学习情况，亦属于"非强教"，不会导致"责善"的严重后果。父之于子,"学则不可不告",表明父子之间"教"的必要。

宋人真德秀亦肯定孔子对于伯鱼之"教":

> 此章言父子不责善,子之谏父已见前"几谏"等章,父之不教子独见于此。然则子有未善,一付之师友而父不问焉,可乎?曰:父未尝不教子也。鲤趋而过庭,孔子告之以学《诗》学礼,此非教而何?特不深责以善耳。[44]

真氏以为,孔子于伯鱼并非未教,并非"一付之师友而父不问",问《诗》问礼便是"教",只是这种"教"未"深责以善",与"不强教"意同。

明人方弘静则以为孔子之于伯鱼之教,属于"不屑之教其为教":

> 文王之事王季,朝者日三。曾晳每食,参必在侧。孝子晨昏左右,盖其常也,而过庭之训,仅闻《诗》礼,若以为远其子者。孟母三迁其舍,无所不用其教矣,乃孟子则曰"父子之间不责善",若以为不教其子者。周公之于伯禽,每见必挞,而桥梓之喻,必俟得之太公焉,此皆所可疑者。盖尝绎之,伯鱼之才,独有闻《诗》礼耳,性与天道,子思宜与闻矣而尚少,是以得之曾子也。不教其子,必有不屑教者,无至于不祥而离焉。是以俟其化也,中也养不中,才也养不才,不屑之教其为教也,深矣夫!岂其弃之云尔也。[45]

孔子对于伯鱼,并非不教,而所教止于"《诗》礼",不教"性与天道",原因在于伯鱼之"不肖",孔子"不屑教"。但这种"不屑教"并非放任"弃之",亦属一种"教",且不会到"不祥而离"的地步。"不屑之教"高深,表面"不屑",实则"俟其化",是一种"养"。

(二)情感"疏远"还是"接遇有礼"?

"陈亢问于伯鱼"章,南朝梁皇侃的解释是:

伯鱼是孔子之子,一生之中唯知闻二事,即是君子不独亲子,故相疏远,是陈亢今得闻君子远于其子也。[46]

朱子作《集注》,亦引宋人尹焞之语云:

孔子之教其子,无异于门人,故陈亢以为远其子。[19]

二家之注,皆以为孔子之教子,与门人无异,则于父子身份来讲,存在情感上的"疏远"。元人陈栎以为不然,云:

夫子固不私其子,亦何尝远其子?当其可而教之,教子与教门人一耳。兴《诗》立礼,《诗》礼雅言,与此之闻《诗》闻礼,平日教门人如此,教子亦不过如此。陋哉!亢之见也。[30]

陈氏认为从教学角度讲,孔子"当其可而教之",门人与子无异,因此不存在在父子情感上"疏远"伯鱼的问题,并以为陈亢之问鄙陋。

司马光则以为这里的"远",不可理解为情感上的"疏远",而应当从父子相处的"礼制"上去考察,在他看来:

远者,非疏远之谓也。谓其进见有时,接遇有礼,不朝夕嘻嘻相亵狎也。[47]

清人刘宝楠赞同此说,并从古代礼制上找依据:

古者命士以上,父子皆异宫,所以别嫌疑、厚尊敬也。一过庭须臾之顷,而学《诗》学礼,教以义方,所谓"家人有严君"者,是之谓"远"。《白虎通·五行篇》云"君子远子近孙",此其义也。[32]

"接遇有礼""别嫌疑、厚尊敬",是从礼制上父子身份有别的角度讲的,与血缘亲情角度的"父子有亲",不是同一视角。

（三）"不责善"与"爱之能勿劳"是否相左？

有学者注意到了"父子之间不责善"与《论语·宪问》中"爱之能勿劳乎？忠焉能勿诲乎？"之间可能存在的矛盾，清人沈起元称：

> "父子之间不责善"，是孟子特发，似与孔子"爱之能勿劳"意相左。然按之古圣贤，父子之间，却是如此。尧舜有子不肖，尧舜亦无如何，虽不授以天下，未尝不子之。夫子之于伯鱼，亦曰"各言其子"也。盖"欲其善"者，父子之情；"不责善"者，全父子之性。至父母有过，谏必曰"几"，岂可直谏？此种道理，非孟子不能言。以善养人，汤、文之事也。"养"字有涵育浸灌之意，与"服人"者悬殊。"善"亦非如服人者，以煦煦之仁、孑孑之义为善，其深仁厚泽，自有以入人深而使之心服耳。[48]

在这里，沈起元并没有解决"不责善"与"爱之能勿劳"的矛盾，他只是从尧、舜、孔子等古圣贤父子之间皆是如此来证明"父子之间不责善"的现实合理性。然而，"不责善"与"爱之能勿劳"若意义真正相左，则"劳"之解释当包含"责"之意味。朱子注此章，引苏氏之语云：

> 爱而勿劳，禽犊之爱也；忠而勿诲，妇寺之忠也。爱而知劳之，则其为爱也深矣；忠而知诲之，则其为忠也大矣。[19]

元人胡炳文《四书通》顺承朱子之意，解"劳"与"诲"，即释为"责"：

> 劳之诲之，是以成人责之也，爱之深、忠之大也。逸居无教，是以近于禽兽者待之也，忠爱何在焉？[49]

若如此解，则"不责善"与"爱之能勿劳"确乎存在矛盾之处。然而唐前古注，比如东汉高诱，却释"劳"为"忧"，二者意义就不一定是相左的了。刘宝楠在《论语正义》中云：

> 王说足以发明此《注》之义。然"劳来"与"规诲"意似重，窃疑"劳"当训"忧"。《淮南·精神训》："竭力而劳万民。"《泛论训》："以劳天下之民。"高诱注并云："劳，忧也。"又《里仁篇》"劳而不怨"，即"忧而不怨"。忧者，勤思之也，正此处确诂。[32]

若照高诱、刘宝楠之说，释"劳"为"忧"，则"爱之能勿劳"，恰恰是父之忧子，父之爱子，属"欲其善"，并非"责善"，如此语意上便不相左。

十 "不教子"与"势不行也"

在与公孙丑的对话中，孟子将"势不行也"解释为"君子之不教子"的原因。从字义上说，"势"为"情势"，历来解说并无多大差异，但"情势"之具体含义到底该如何理解？"君子不教子"的原因究竟包含哪些方面？

首先，从主体身份来讲，父母与师长有所分工，不可混淆。这正是前文所提到的"'父子之法'与'师弟之法'各有规则，不可易位"。"盖教之者，父母之心；而所以教之者，则在傅姆与师耳"，父母若替代傅姆与师行"所以教之"之职，则难免导致"以正不行，继之以怒"终而"父子相夷"的恶果。

其次，从维护"父子有亲"的"教之本"的角度讲，父不宜教子。宋人张栻云：

> 所谓教者，亦教之以善而已矣。善也者，根于天性者也。然则父子之有亲，岂非教之之本乎？今也欲教之以善，而反使至于父子之间或继以怒，则非惟无益，乃有伤也。何者？告之而从，则其可也；不幸而有不能从，则将曰："夫子教我以正，而夫子未尝出于

正。"为人子而萌是心，则不亦反伤其天性乎？是以"君子之不教子"。虽曰"不责善"也，然而养其父子之天性，使之亲爱之心存焉，是乃教之之本也。不然，责善之不得，而天性之或伤，尚何教之有？[7]

张栻以为，若父教子，情势的要求可能会导致有伤父子"天性"的行为，有违"教之之本"，教亦无存，故而"君子不教子"。赵岐解"君子之不教子"章时言："父子至亲，相责离恩；易子而教，相成以仁，教之义也。"[50]正是从维护父子天性的"教之本"的立意而言的。

再次，"不教子"非就圣贤教子言，乃就"不肖子"言。前文谈及"不责善"的界限时曾言，"不责善"乃孟子"有为而发"，不属"通论"，清人阎若璩认为，子为"不肖子"，亦属"君子不教子"之"势"：

> 古人文字简，须读者会其意所指，如君子之不教子，子谓不肖子也。犹《左传》叔向曰"肸又无子"，子谓贤子也。不然，当日杨食我见存。观孟子直承曰"势不行也"，则知丑所问，原非为周公之于伯禽、孔子之于伯鱼一辈子言矣。[51]

也就是说，孟子所谓"古者易子而教之"，是排除了一些情形而言的。若就周公之于伯禽、孔子之于伯鱼来说，则未必严格受"君子之不教子"之限。

另外，班固在《白虎通义》中论"父不教子"时称：

> 父所以不自教子何？为渫渎也。又授之道，当极说阴阳夫妇变化之事，不可父子相教也。[52]

颜之推在《颜氏家训·教子篇》中亦有类似表述：

> 父子之严，不可以狎；骨肉之爱，不可以简。简则慈孝不接，狎则怠慢生焉。由命士以上，父子异宫，此不狎之道也；抑搔痒痛，

悬衾篋枕，此不简之教也。或问曰："陈亢喜闻君子之远其子，何谓也？"对曰："有是也。盖君子之不亲教其子也，《诗》有讽刺之辞，《礼》有嫌疑之诫，《书》有悖乱之事，《春秋》有裏僻之讥，《易》有备物之象，皆非父子之可通言，故不亲授耳。"[53]

此二处，皆从教学内容不宜父子之间授受讲，与孟子立意盖有区别。从《颜氏家训》的论证逻辑看，"父子之严，不可以狎"，其意表明：君子所以"不亲教其子"，是为了维护父之威严，维护父子之间的等级关系。而这又可以从《礼记》《孝经》等典籍中找到理论根据，譬如"父子异宫"便出自《礼记》。①

十一 "善于责善"与"易子而教"

在面对"教"时，父子究竟该如何相处？如何才能做到"父子之间不责善"，从而维护自然之"天性"，不致"责善则离"？诸多学者均提出了自己的方案。

明人薛应旂试图解释"不责善"之真正义涵：

> 父子、兄弟之间不责善，然中也养不中，才也养不才，有过则几谏，有祸则相戒，此善于责善者也。[54]

在薛氏的观念中，所谓"不责善"，不可仅从字面意思上理解，"不责善"并非置之不问。于子而言，对于父"有过则几谏"；于父子、兄弟而言，彼此"有祸则相戒"，则既不伤天性，又促进提高。这也恰好符合孟子"中也养不中，才也养不才"（《孟子·离娄下》）的教育理念，所谓"贤父兄"之可贵，亦正在此。如此才是真正的"善于责善者也"。

---

① 《礼记·内则》云："由命士以上，父子皆异宫。"《礼记·曲礼上》云："父子不同席。"《孝经·圣治章第九》云："孝莫大于严父，严父莫大于配天。"参见汪文学《中国古代父子疏离、祖孙亲近现象初探》，《孔子研究》2001年第4期。

明人张自烈认为,父子之间不可泛言"教",应当强调"养":

> 某意朋友责善,虽忠告,不废善道。子诤父,必务几谏,宜如舜之烝乂厎豫,非一诤可以喻亲于道。子之不徒诤父与父之不徒教子,皆可例推。况教子弟必进求诸养,泛言教,则专执义方绳之,无贤父兄涵育成就意。后世惑于其说,未有不父子相夷者也。生平去取类如此,虽与执事小异,理不可苟同耳。[55]

"教"与"养"的区别在于,讲"教"讲"诤",往往以某些生硬的规范道理(即"义方")衡量之,便会在一定程度上失去温度,淡化亲情;讲"养",则有"涵育浸灌"之意,润物无声,可以在家庭中营造"烝乂厎豫"(孝德美厚,以致欢乐)之氛围。前文所引清人沈起元所谓"以善养人""与服人者悬殊",强调父子相处中"养人"与"服人"的区别,立意与张自烈相通。

如前所述,"易子而教"古来似乎为一通例,还可找到礼制上的某些规定,比如西汉刘向在《说苑·建本》中即称:"子年七岁以上,父为之择明师、选良友,勿使见恶,少渐之以善,使之早化。"不过在明人葛寅亮看来,仅有"易子而教"还远远不够,"易子而教"仅是"父教"之辅弼:

> 管东溟曰:父子相夷之说,孟子盖痛惩子之责善于父而言,父亦与有责耳。曾子,圣门之大贤也,耘瓜去根,被父一杖而毙,孔子不拒点而拒参。栾书,亦晋名卿也,其子钺述战功以对君,一日而掩三大夫于朝,遂肘责之。君子以为善教,亦概谓之责善乎?《传》曰:"爱子教之以义方,弗纳于邪。"古之为人父者类然也。易子而教,不过弼父教之所不及耳。父非瞍、鲧,子非舜、禹,而概言"父子之间不责善",亦不可以训后。[56]

这其实是对"父子之间不责善"所划定的另一种"界限"。管东溟(明人管志道)、葛寅亮以为,所谓"父子之间不责善"仅属单向,意指子不可责善于父，父却可以责善于子。曾子、栾书之强责于子，非但不受指责，反而被誉为"善教"。在他们看来，父子关系中，"父教"（或宽或严）依然为主导，"易子而教"不过是辅弼手段。"父子之间不责善"之说，不可通用于历世所有父子。

十二　孟子"遗意"与"言外之意"

从解释学理论上讲，经典原文有字面义、有原义，而字面义与原义未必吻合。这就需要透过字面，理析原义，挖掘字面背后隐藏的"遗意"或"言外之意"。当然，这一推导要以符合原文逻辑为前提。

宋人张九成曾强调"父子之法"与"师弟之法"的差别，主张二者身份不可叠加，以避免"责善则离"，从而引出"易子而教"之论。但他同时也指出，孟子所谓"不责善""易子而教"，并非等同于"父不教子"，只是教法别有讲究：

> 然而父虽不以教为正，亦安可不谨哉？呜呼！风声所传，气习所尚，其亦可畏也。李敬业乃绩之子，柳璪乃宗元之子，而李固，郃之子也，陈群，亦实之孙也，王祥之后有导，魏征之后有薯，是虽不以教为意，而言动之间，教固已行矣。此又孟子之遗意，余故表而出之。[35]

"言动之间，教固已行"，实则揭示出父之于子"身教"的重要。父子之间，不宜有"责善"之教，然而父亲本身亦当谨严，"风气所传，气习所尚，其亦可畏"，身正以为范，是家庭关系中对父亲的要求。真德秀亦认为："君子之教，以身不以言……岂必谆谆然命之而后谓之教邪？"[44]这是对父子之"教"做出的通达解释。此为孟子之"遗意"。

明人李东阳并不认为"父子责善"不是出于好意，只是要注意把握"责"之分寸，不可"过于激切"。父子之间，依然需要有"谏"有"戒"，此为孟子"言外之意"：

责善本是好意，其弊乃做出不祥的事来。古人所以不亲教子，务要交换相教，正为此也。然所谓不责善者也，不是全然不管，如路人一般。父之于子，当不义则从容训戒；子之于父，当不义则从容谏诤，只是不可过于激切耳。此又是孟子言外之意。[8]

不过，此"言外之意"是否符合孟子本意，亦值得探讨。至少在《孟子》文本中，确实找不到关于"子谏父"的相关表述。曾振宇先生认为，孟子的孝论，对孔子思想既有发展又有偏离。孔、曾均倡导"以正致谏"，孟子则强调子于父的"顺从"：

> "父子之间不责善"这一标新立异的命题，由于过于强调"顺亲"、"事亲"，过于彰显父子人伦亲情而漠视社会法律制度，孟子孝论在家庭伦理层面上已经削弱了孔子、曾子与子思的孝道精神。换言之，在儒家孝论发生与演变的逻辑性进程中，孟子"父子之间不责善"这一命题并不表现为哲学与伦理学意义上的进步。[57]

然而，若是注意到孟子"父子之间不责善"这一命题的提出，与其"性善论"有密切关系，其隐含的意义实际包括父子"教、戒"双向责任，父亲"身教""以善养人"等侧面，而且此语属于特定界限的"有为之论"，那么这一命题或许并非"不表现为哲学与伦理学意义上的进步"。这一命题，不仅具有儒家伦理形上学的意义，而且在现实世界中可以在一定程度上保障"父子有亲"伦常的实行。

十三　"权变"与"例外"

准确地说，这里所谓"权变"，也属孟子之"遗意"或"言外之意"；这里所谓"例外"，则突破了孟子"父子之间不责善"的家庭伦理界限。

新安陈栎认为，遇子不贤，父不可墨守"君子之不教子"之成规，亦当"自教"：

父之于子，正身率之，以责善望师友，固也。然遇不贤之子，不得已，亦当自教戒之。若惧伤恩而全不教戒，及其不肖，徒诿曰其子之贤不肖，皆天也。此所谓"慈而败子"矣。盖子之言，经也；此所云，权也。权以济经，非反乎经也。[30]

陈栎所言，在一定程度上突破了"父子有亲"的伦理前提。在他看来，若遇子不贤，从其成人角度考虑，即使伤恩，亦不可不自教戒，否则便是"慈而败子"。而这一做法，属于特殊条件下的"权变"，非但不会"反经"，反而可以"济经"。

明人蔡清在《四书蒙引》中则认为《孟子》本章之意，存在双重"经权"：

《蒙引》此章为常人之父子言，若父子俱贤，则不须易而教。是不易者，其经；而易者，其权也。据王氏《注》及辅氏、陈氏之说，则子不肖，虽不可责善，亦须戒之。是不责善而易以教者亦经，而戒之者又权也。是皆补孟子言外意也。[58]

第一重"经权"在于所谓"易子而教"，实际是出于不得已的权变——父子俱贤，不必易子而教（经）；常人之父子通常不可能父子俱贤，故须易子而教（权）。第二重"经权"在于所谓"父子之间不责善"亦非"不教"，通常的情形是为避免"责善则离"而"易子而教"（经）；而若遇子不肖，则"亦须戒之"（权）。此"经权"之意，亦为孟子"言外之意"。

清人陆陇其评价蔡清之论曰：

此章，《大全》、《存疑》皆概言父子，唯《蒙引》则主"常人之父子"说，看来《蒙引》似优。盖周公亦尝挞伯禽，则知父子贤圣者，亦不必不亲教也。[58]

这里提到了"周公之挞伯禽"，以此证明父子贤圣者，亦可亲教子。周公挞其子伯禽，《礼记·文王世子篇》有载：

> 成王幼，不能莅阼。周公相，践阼而治。抗世子法于伯禽，欲令成王之知父子、君臣、长幼之道也。成王有过，则挞伯禽，所以示成王世子之道也。

从"父子之间不责善"说，周公之挞伯禽可谓"权变"之例，理由是通常情况下，"挞"的行为极端严厉，远远超过一般的"责善"，但伯禽并非"不肖子"，照理不该承受如此严厉之"挞"，周公之所以挞伯禽，乃是为了教育年幼成王，以这样的变通行为，"示成王世子之道"。

但清人袁翼恰恰也是依据"父子之间不责善"，认为《文王世子篇》之记述不实：

> 甚哉!《文王世子篇》之附会也……且父子之间不责善，公虽圣父，不可挞无罪之子。伯禽乃贤子，必能仰体公所以挞之之心。万一成王疑公之不敢挞己，而假伯禽以辱之，芒刺在背，夺公之位，公又将不受命耶夫？武王惓惓于公之教其子，卒以不克自全，而开君臣之隙，则公之罪深矣。是以古之相臣受托孤之命，不必自教其君，择贤保傅以辅导左右，而以一身维持其间，然后可以远嫌疑而成王德。若汉儒所言，是霍光、张居正之所为，而岂周公之道哉？[59]

袁翼的根据是，"父子之间不责善"虽可讲权变，但父之责子，当针对"不肖子"而言。伯禽乃贤子，不应被挞。而且周公无法通过挞其子伯禽来达到教育成王的目的，反倒会引起成王之猜忌，导致君臣隔阂。在他看来，《文王世子篇》乃汉人之伪造，所言父子相处之道，并非"周公之道"。

至于春秋时期卫国石碏杀掉亲子石厚"大义灭亲"之举，唐代李璀密告其父李怀光叛乱之"英勇举报"，则突破了孟子"父子之间不责善"的家庭伦理范围，进入社会公共事务领域，需另当别论。清人孙奇逢亦云：

或曰，古人于君臣、朋友之交，到相离时固是不得已，然犹之可也。惟父子则无绝道，当防其端，慎其微。至如石碏、李璀之事，则又当别论耳。[60]

结 语

在《孟子·离娄上》中，面对公孙丑提出的作为共识的"君子之不教子"问题，孟子给出了合乎逻辑的回答，这一论证的逻辑前提，是其人性论。在孟子看来，君子之不教子，客观上缘于父子特定关系中"势"的不允可。从伦理学依据上讲，则缘于父子主恩，"父子之间不责善""责善则离"，而这些主张与其性善论密切关联。在孟子那里，"不责善"有一定界限，并非针对世间一切父子泛言，可能仅是针对夏、商、周三代的"有为之论"。孟子特意指出父子与朋友、父子与师弟、事亲与事君各有规则，不可移易。所谓"易子而教"，并非"不谏不教"，未必导致"疏远其子"的结果，父子有亲、父子天合的伦常观念，依然发挥了最重要的作用。有学者认为，在父子相处过程中，有过则谏，有祸相戒，才是"深于责善"。《孟子》文本字面之外，应当含有"遗意"及"言外之意"。孟子不但强调父子之"教"，而且强调"涵育浸灌"之"养"；并非主张"不教"，而是注重为父者之"身教"；亦非完全主张"易子而教"，遇子不贤，亦会"亲教"。这也是孟子"经权"思想在父子相处过程中的体现。

经典文本之字面义与原义之间，存在相当大的张力，我们需要认真研读经典文本本身以及历代注疏，并通过严密的逻辑论证，同时考之史实，在经典文义理解上，才可能更接近于逻辑与历史的统一。

参考文献

[1] 李学勤主编《十三经注疏（标点本）：孟子注疏》，北京大学出版社，1999，第205、206页。

[2]（汉）许慎：《说文解字》，中华书局，1963，第130页。

[3]（清）段玉裁：《说文解字注》（第2版），上海古籍出版社，1988，第102、281页。

[4]（明）蔡清：《四书蒙引》，文渊阁四库全书本，卷一二。

[5]（清）王夫之：《四书笺解》，清光绪刻本，卷八。

[6]（宋）晁公武：《郡斋读书志校证》，孙猛校证，上海古籍出版社，2011，第127页。

[7]（宋）张栻：《癸巳孟子说》，文渊阁四库全书本，卷四。

[8]（明）李东阳：《怀麓堂集》，文渊阁四库全书本，卷九五。

[9]（明）张居正：《四书集注阐微直解·孟子》，清八旗经正书院刻本，卷二〇。

[10]陈大齐：《孟子待解录·责善》，华东师范大学出版社，2012，第63~67页。

[11]杨伯峻：《孟子译注》（上），中华书局，1960，第179页。

[12]（宋）陈埴：《木钟集》，文渊阁四库全书本，卷一。

[13]（宋）陆游：《老学庵笔记》，明津逮秘书本，卷八。

[14]（宋）吕祖谦：《丽泽论说集录》，文渊阁四库全书本，卷七。

[15]（宋）司马光：《温国文正公文集》，《四部丛刊》景宋绍兴本，卷七三。

[16]（宋）余允文：《尊孟辨》，清守山阁丛书本，卷上。

[17]李学勤主编《十三经注疏（标点本）：孝经注疏》，北京大学出版社，1999，第48、49页。

[18]朱杰人等编《朱子全书》第24册，上海古籍出版社，2002，第1849、3515页。

[19]（宋）朱熹：《四书章句集注》，中华书局，1983，第73、136、173、174、150、284、299。

[20]（明）吕维祺：《孝经大全》，清康熙刻本，卷一〇。

[21]（元）陈天祥：《四书辨疑》，文渊阁四库全书本，卷一二。

[22]（宋）赵顺孙：《四书纂疏·孟子纂疏》，文渊阁四库全书本，卷七。

[23]（宋）晁说之：《晁氏客语》，文渊阁四库全书本。

[24]（宋）方寔孙：《淙山读周易》，文渊阁四库全书本，卷一。

[25]（明）金瑶：《金栗斋文集》，明万历刻本，卷一一。

[26]（明）毕木：《黄发翁全集》，清嘉庆刻本，卷三。

[27]（清）盛大士：《朴学斋笔记》，民国嘉业堂丛书本，卷一。

[28]（宋）罗璧：《识遗》，文渊阁四库全书本，卷四。

[29]（宋）胡宏：《五峰集》，文渊阁四库全书本，卷五。

[30]（明）胡广：《四书大全》，文渊阁四库全书本，卷七、卷八、卷一六。

[31]（元）朱公迁：《四书通旨》，文渊阁四库全书本，卷五。
[32]（清）刘宝楠：《论语正义》，中华书局，1990，第 549、560、669 页。
[33]（明）张萱：《西园闻见录》，民国哈佛燕京学社印本，卷一四。
[34]陈坚：《"父父子子"——论儒家的纯粹父子关系》，《山东大学学报》2010 年第 1 期。
[35]（宋）张九成：《孟子传》，《四部丛刊三编》景宋本，卷一六。
[36]（明）焦竑：《焦氏四书讲录》，上海古籍出版社，2002，第 282 页。
[37]（清）焦循：《雕菰集》，清道光岭南节署刻本，卷一四。
[38]（清）庆桂：《国朝宫史续编》，清嘉庆十一年内府钞本，卷一一。
[39]《皇朝文献通考》，文渊阁四库全书本，卷二四二。
[40]（南宋）阙名：《朝野遗纪》，（明）陆楫：《古今说海》，文渊阁四库全书本，卷八八。
[41]（元）脱脱：《宋史》，中华书局，1977，第 12942 页。
[42]余英时：《朱熹的历史世界：宋代士大夫政治文化的研究》（下），三联书店，2004，第 779、781、784 页。
[43]（宋）杨时：《龟山集》，文渊阁四库全书本，卷一三。
[44]（宋）真德秀：《西山读书记》，文渊阁四库全书本，卷一一。
[45]（明）方弘静：《千一录》，明万历刻本，卷二六。
[46]（南朝梁）皇侃：《论语义疏》，知不足斋丛书本，卷八。
[47]（宋）司马光：《家范》，明天启六年刻本，卷三。
[48]（清）沈起元：《敬亭诗文》，清乾隆刻增修本，卷六。
[49]（元）胡炳文：《四书通·论语通》，文渊阁四库全书本，卷七。
[50]（清）焦循：《孟子正义》，中华书局，1987，第 524 页。
[51]（清）阎若璩：《四书释地·又续》，文渊阁四库全书本，卷上。
[52]（清）陈立：《白虎通疏证》，中华书局，1994，第 257 页。
[53]王利器：《颜氏家训集解》，中华书局，1993，第 18 页。
[54]（明）薛应旂：《薛子庸语》，明隆庆刻本，卷四。
[55]（明）张自烈：《芑山诗文集》，清初刻本，卷一。
[56]（明）葛寅亮：《四书湖南讲·孟子湖南讲》，明崇祯刻本，卷二。
[57]曾振宇：《孟子孝论对孔子思想的发展与偏离——从"以正致谏"到"父子不责善"》，《史学月刊》2007 年第 1 期。
[58]（清）陆陇其：《四书讲义困勉录》，文渊阁四库全书本，卷三〇。

[59]（清）袁翼：《邃怀堂全集·文集》，清光绪十四年袁镇嵩刻本，卷一。
[60]（清）孙奇逢：《四书近指》，文渊阁四库全书本，卷一七。

Mencius on "No Harsh Demand for Good from Father to Son"

Zhou Chunjian

Abstract:"No harsh demand for good from father to son" is an important ethical proposition. Mencius believes that the phenomenon of "a gentleman does not teach his son by himself" is externally due to the forbiddance of some behavior based on the circumstances of the specific relationship between father and son. On the ethical basis, it is due to the affection of the blood relationship, and these claims are closely related to the theory of original goodness of human nature. There is a certain limit to "no harsh demand for good" in Mencius, not for all the fathers and sons in the world, but could be only for the "unscrupulous child" and the action – oriented concept of "doing" within Xia, Shang, and Zhou Dynastiesspecifically. Mencius specifically distinguish the differences of the relationship between father and son from the relationship between friends as well as the relationship between father and son from the relationship between Master and apprentice, and distinguish the relationship of serving relatives from serving monarchs. Mencius believes that each aspect has its own rules which cannot be changed. The so – called "exchange one's son and teach someone else's son" is not "no admonishing nor teaching", which not necessarily leads to "alienating your son". The moral concept of that Father and son have affections as well as bold relationships still plays an important role. In "Mencius", in addition to the text's surface meanings, there should also be implicit meanings between the lines. Mencius not only emphasizes that the father should "discipline" his son, but also emphasizes more on "raising children" by "fostering and irrigating". He did not advocate "no teaching", but supported "teaching by precept and example", and also did not advocate "exchanging one's son and teaching someone else's son". In case of a son with a contrary character, he should still do the teaching himself. This is also a reflection of the thought of Mencius on "norm" and "right" in the process of fathers and sons getting along with each other.

Keywords: Mencius, Father and Son No Havsh Demand, Ethics, Classical Interpretation

About the Author: Zhou Chunjian (1973 –), Ph. D., Professor in Department of Philosophy, Sun Yat – sen University. Research interests and specialties: Four Books, Book of Songs, philology and the magnum opus is *Four Books of the Yuan Dynasty*, etc. E – mail: chunjian66@ hotmail. com.

近百年来五伦思想研究述评

罗 彩[*]

【摘　要】　儒学是中国传统文化的主流；而五伦则是儒家道德的内核，是中国古代社会最基本的人伦关系。研究五伦思想有利于我们认识儒学的各个发展阶段和历史命运，理解儒家伦理思想在中国传统社会中的地位、作用，并为现代社会和谐人际关系的建立以及中西文明的对话提供有益的思想资源。近百年来，学界对五伦思想的研究大体经历了三个阶段：清末民初至五四新文化运动为五伦思想的批判与解构时期，五四新文化运动至20世纪八九十年代为五伦思想的正名与复兴时期，20世纪八九十年代至今为五伦思想的反思与重构时期。整体而言，思想史中的五伦思想研究、方法论上的五伦思想研究、比较视域中的五伦思想研究以及现代意义上的五伦思想研究是我们今后努力的方向。

【关键词】　五伦　解构　复兴　重构　新儒家

儒家学说是中国传统文化的主流；而五伦则是儒家道德的内核，是中国古代社会最基本的人伦关系。"五伦"指父子、君臣、夫妇、长幼、朋友五种关系，对它的完整表述最先源自孟子"圣人有忧之，使契为司

---

[*] 罗彩（1989～），博士，广东工业大学政法学院讲师。研究方向为中国文化与现代化，在《现代哲学》等重要期刊发表论文10余篇。电子邮箱：luocaizz@163.com。

徒，教以人伦：父子有亲，君臣有义，夫妇有别，长幼有叙，朋友有信"（《孟子·滕文公上》）。自汉代以来，"五伦"受到"三纲"的制约与遮蔽，内涵有所缩减，最典型的是把长幼关系狭隘化为兄弟关系。近百年来，学界对五伦思想的研究大体经历了三个阶段：清末民初至五四新文化运动为五伦思想的批判与解构时期，五四新文化运动至20世纪八九十年代为五伦思想的正名与复兴时期，20世纪八九十年代至今为五伦思想的反思与重构时期。今天，研究五伦思想有利于我们认识儒学的各个发展阶段和历史命运，理解儒家伦理思想在中国传统社会中的地位、作用，并为现代社会和谐人际关系的建立以及中西文明的对话提供有益的思想资源。

一 清末民初至五四新文化运动：五伦思想的批判与解构

近代中国，伴随着西方列强的入侵，有识之士不得不寻求富国强兵之路，并将中国长期落后的罪名归结到传统儒家的头上，于是将批判的矛头指向了代表传统儒家思想内核的"三纲""五伦"。因此，"三纲""五伦"往往被并列论之，在"旧礼教"的名下遭到摒弃。

（一）清末思想家对五伦的总批判

19世纪下半叶，在西方列强坚船利炮的攻击下，清朝统治者从天朝上国的迷梦中惊醒，一批受儒家传统熏陶的士大夫发起了向西方学习科技的自强求富的洋务运动。之后，以康有为、梁启超为首的维新派更是发起了向西方资产阶级学习政治制度的"戊戌变法"运动。由此，康有为、梁启超等思想家们展开了对封建纲常名教的猛烈抨击。

康有为在《实理公法全书》和《大同书》中，激烈地批判以三纲为核心的人伦关系，指出其压抑自然人性，甚至认为在未来的太平世中连家庭都可以废除。他说，"吾谓百年之后必变者三：君不专、臣不卑，男女轻重同，良贱齐一"[1]，从而实现人与人之间的平等、独立。

梁启超较康有为客观理性一些，他批判三纲而肯定五伦，并认为三纲不是儒家的思想。他从人的自然情感的角度出发指出五伦是一种对等的、相人偶的关系，描绘的是一种事实状态。他认为："五伦全成立于相互对等关系之上，实即'相人偶'的五种方式。故《礼运》从五之偶言之，亦谓之'十义'（父慈、子孝、兄良、弟悌、夫义、妇听、长惠、幼顺、君仁、臣忠）。"[2]当然，在梁启超看来，君臣一伦在民国建立后就转变为社会组织的师长、工厂经理与员工之间的长属关系了。

谭嗣同在《仁学》一书中明确指出："数千年来，三纲五伦之惨祸烈毒，由是酷焉矣。君以名桎臣，父以名压子，夫以名困妻，兄弟朋友各挟一名以相抗拒，而仁尚有少存焉者乎？"[3]他以"冲决网罗"的勇气对传统五伦中的父子、君臣、夫妇、兄弟四伦进行了逐一解构与批判，又以君臣一伦为首。

可见，清末思想家们主要基于对封建君主专制遗毒的痛恨而集中抨击要求单方面绝对服从、压抑人性、失去平等人格的三纲，而五伦亦受三纲之牵连，也多少受到批判。其中，对五伦的批判又侧重以君臣一伦为首，对最能够体现平等、自由思想的朋友一伦则持肯定态度。

（二）五四新文化运动对五伦的大解构

作为五四新文化运动发起者的陈独秀自是大力反对复古尊孔，对封建社会制度和伦理道德发起了暴风骤雨式的抨击，他认为要实现民主、自由，必须彻底消灭封建宗法制度和道德规范。陈独秀说："儒家三纲之说，为一切道德政治之大原：君为臣纲，则民于君为附属品，而无独立自主之人格矣；父为子纲，则子于父为附属品，而无独立自主之人格矣；夫为妻纲，则妻于夫为附属品，而无独立自主之人格矣……缘此而生金科玉律之道德名词，一曰忠，曰孝，曰节，皆非推己及人之主人道德，而为以己属人之奴隶道德也。"[4]他又说："自于吾国旧日三纲、五伦之道德，既非利己，又非利人，既非个人，又非社会，乃封建时代以家庭主义为根据之奴隶道德也。"[5]陈独秀反复强调三纲五伦为奴隶道德，而非主人道德，主要是因为他把批判儒家纲常道德作为反对封建制度的重点，并以此为提倡新时代民主政治开辟道路。因此，他进一步指出："所谓名教，所谓礼教，皆以维护此别尊卑明贵贱制度也。近世西洋之道德政治，乃以自由平等独立之说为大原，与阶级制度极端相反"，"盖共和立宪制，以独立平等自由为原则，与纲常阶级制为绝对不可相容之物，存其一必废其一"。[4]这里，陈独秀将以纲常为道德总目的封建等级专制与以独立自由平等为原则的共和立宪制完全对立起来，意在凸显其自由、平等的民主主义主张。

作为主张全盘西化代表的胡适，更是对作为封建道德总目的三纲五伦进行了大清理与大解构。他认为，随着时势、国体的变化，古时天经地义的"三纲五伦"现在变成了废话。他还说："有许多守旧的人觉得这是很可痛惜的。其实这有什么可惜？衣服破了，该换新的；这支粉笔写完了，该换一支；这个道理不用了，该换一个。"[6]

鲁迅作为白话文运动的代表之一，在文学体裁上反对传统的文言文。他在《狂人日记》等小说中更是言辞激烈地指出了以三纲五伦为核心的传统礼教是吃人的礼教，把人变成非人。吴虞也直接说道："吃人的就是讲礼教的，讲礼教的就是吃人的。"[7]

五四新文化运动对传统文化的彻底打倒，也就意味着对儒家传统道德总目之三纲五伦的全盘否定，这是对汉代以来视纲常名教为金科玉律的一种大颠覆，也是受近代以来西方民主、自由、平等思想不断冲击的必然结果。

二 五四新文化运动至20世纪八九十年代：五伦思想的正名与复兴

五四新文化运动将以儒家为主流的传统文化彻底扔进了旧纸堆，对象征儒家传统道德的"五伦"思想更是进行了大批判与大解构。伴随着现代化的到来，港台新儒家怀着乡愁的冲动与寻根的意识，对五四新文化运动以来否定儒家传统文化、提倡全盘西化的主张表示出极大不满，并企图通过为五伦等思想正名的方式来复兴儒家文化，找到能与现代科学、民主接轨的思想因子，实现中国传统文化的现代化。

港台新儒家对五伦思想的研究始终绕不开贺麟这个人。虽然港台学者因为贺麟后来改变政治立场和哲学信仰,把他排除在当代新儒家①之外,但是大陆有学者认为说他是"新儒家"似乎有点不恭。但我们应该尊重历史,贺麟前期的思想构成了现代新儒学思潮发展的一个重要环节,承认不承认都是客观存在的。[8]正当"五伦"思想差不多被彻底抛弃时,贺麟于1940年抗日战争之际发表了《五伦观念的新检讨》一文,全面而深刻地对五伦观念进行了梳理和总结,并指出我们不能一味地对五伦思想进行否定。贺麟的这一观点纠正了当时社会思潮之偏谬,鼓舞了民族之士气。

贺麟对五伦的历史作用、实质内涵、五伦与三纲的关系以及五伦的现代转化作了系统的总结与阐发。就五伦的历史作用而言,贺麟一针见血地指出:"五伦的观念是几千年来支配了我们中国人的道德生活的最有力量的传统观念之一。它是我们礼教的核心,它是维系中华民族的群体的纲纪。"[9]这就直接点明了五伦观念与中华文化的紧密联系,以及它在整个中华民族历史发展中的重要影响。

贺麟认为,我们应汲取西方思想的精华,着重从旧五伦观念中阐发其新的时代精神。他指出,传统的五伦注重人与人之间的关系,现在的五伦要拓展其中人的内涵,须从广义的人的定义来更多地拓展人与物(科学)、人与神(宗教)的关系;传统的五伦等同五常,维系人与人之间的正常永久关系,代表普遍性、绝对性、恒常性的道德规范要求,现在的五伦须更多地发挥个人的独立和自由精神;传统五伦强调以亲属关系为准则的差等之爱而善推之,现在的五伦应补充以物为准则的差等之爱和以精神契合为准则的差等之爱;三纲说是五伦说

---

① 方克立曾说:"界定现代新儒家的标准主要不是看师承出身,也不是看本人声明,而是要看他的思想、言论、著作所表现的基本学术立场。现代新儒家不仅是中国文化本位论者,而且是儒学复兴论者、儒学现代化论者,即认为儒学在中国文化中居于主导或核心的地位,以继承、阐扬传统儒学中所包含的哲学和人生智慧为职志,并通过吸纳、融合、会通西学来使它取得现代形态,以期在现在和将来的中国文化中继续保持主导地位。"具体参见方克立《现代新儒学的发展历程(代序)》,载方克立、李锦全主编《现代新儒家学案》(上册),中国社会科学出版社,1995,第41~42页。

发展的必然结果，是对五伦关系的绝对化、固定化、片面化、权威化。自汉以来，传统的五伦强调以常德为准而竭尽片面之爱或片面的义务，现在的五伦应基于意志的自由。

贺麟对五伦观念的澄清与"正名"为港台新儒家对五伦价值的正面阐发奠定了基础。牟宗三发挥了贺麟将"五伦"所标识的道德（五常德）看成像柏拉图理念式的永恒真理与意义的观点，并说："礼乐、伦常之为日常生活的轨道，既是'圣人立教'又是'伦民成俗'，或'为生民立命'，或又能表示'道揆法守'……此中有永恒的真理、永恒的意义。"[10]足见，在新儒家看来，儒家传统道德不是为专制主义辩护的帮凶，而是与专制主义相抗衡的力量。同样，在现代社会，代表儒家道德的三纲五伦也能有效地解决现实的矛盾，避免因科学知识泛滥而导致的人的异化等问题。而"儒家伦理所包含的善恶是非之心、良知良能、人心道心、反躬自省、贵乎力行恰恰可以弥补西方伦理仅仅注重自然知识探讨、忽略道德心灵、疏离个人日常生活等方面的弊端"[11]。另外，新儒家还认为，五伦与三纲不一样，它象征的是父子、君臣、夫妇、兄弟、朋友之间相互的责任与义务，代表的是人格的独立、平等与道德主体的尊严，能为中国社会现代化提供合理的价值导向。因此，新儒家对五伦的评价甚高。

20世纪80年代，随着经济的快速发展，新儒家逐渐开始思考如何汲取五伦中合理的思想资源来建构新的伦理道德规范，以解决当代工业社会中面临的现实问题。于是，台湾学界展开了一场关于在现代工业社会中建立新伦理道德的大讨论。

作为台湾"科技之父"的李国鼎针对台湾经济飞速发展过程中出现的一些问题，最先提出了建立群己关系的"第六伦"。他在《经济发展与伦理建设》一文中指出："台湾地区经济的快速发展，使群己关系受到私德败坏的影响，致形成经济进步、道德落后的现象，亟需建立五伦之外的'第六伦'群己关系的社会公德。第六伦的作用，在维护社会的稳固、调和与成长，使其成为国民人格不可分离的部分，进而促进生活素质与社会的健全发展。"[12]在李国鼎看来,五伦代表的是私德,第六伦是陌生人之间的伦理关系,代表的是公德。这种把五伦完全归入私德的范围并将公德与私德完全对立的观点显然有片面之处,因为五伦的理念中也有客观、普遍的生活因素。

韦政通在李国鼎思想的基础上指出:"'伦理'不只是关系,还应包括使这种关系合理化的'理'"[13],"一个社会既工业化、现代化,在家族亲友之间又保持适合的感情,是可能的;一个社会既讲求法律、制度、契约,又讲求人伦、亲情,不但可能,而且必要,只是各有其有效范围,不得任意扩展"。[13]可见,韦政通将"伦理"的范围扩大了,并认为广义的伦理不仅包括人伦关系,还包括使这种人伦关系合理化的法律。较之李国鼎,韦政通的看法更具全面性,但他也把公德和私德对立起来,并把五伦看成特殊主义,把第六伦看成一般主义,没有意识到五伦在今天的普遍价值与意义。

余英时虽没明确提出第六伦,但想法与韦政通类似。余英时认为,传统的五伦包括了人类社会中最基本的人际关系,但是还不足以规范和解决现代社会中所有的人际关系。因此,他主张辅助以法律和制度,并将政治从人伦秩序中分离出来。[8]这里,余英时所说的人伦就相当于韦政通的"伦",而法律与制度保障就相当于韦政通的"理"。但余英时的高明之处在于,他并没有将"五伦"完全看成代表特殊主义的"私德",而是主张将政治从人伦秩序中分离出来。

杜维明则从文化心理认同的角度出发,指出三纲五伦塑造的内在文化模式与生活方式既不同于个体主义,又不同于集体主义,而是有着共同社会价值的社群主义。他认为五伦的实质不是依赖,而是"报",这种"报"是一种同等优越的互惠关系,所有人都具有顺从、忠诚与献身于社会的共有价值观念,是对人际关系的积极参与、充分认可与自觉维护,注重的是自我内在修行。[14]另外,杜维明还认为三纲虽有剥削性、单向性等弊端,但三纲之中的等级、年龄、性别三项原则所塑造的权威模式以及承担意识形态背景作用的五伦所带来的仁爱精神仍能够为现代家庭及社会的稳定提供一种文化心理根基和动力,并进一步指出三纲五伦所象征的社群主义的儒家生活方式经过具体转化后不仅能够与现代性相容，还可以消除个人主义和集体主义所带来的种种冲突与不和谐的弊端。[15]

三 20世纪八九十年代至今：五伦思想的反思与重构

除港台新儒家以外，20世纪八九十年代以来，伴随着"国学热"的兴起，大陆学术界也开始重新关注和重视对作为儒家传统道德总目的三纲五伦的研究。整体而言，大陆学界对五伦思想的研究呈现出系统化、立体化、多样化的特点，即从单篇论文的发表到专著的问世、从部分内容的阐释到整体内容的概括、从单一视角的审视到多元视角的把握。到目前为止，学界已对五伦的内涵、演变、特点、原则、作用等方面进行了系统梳理与总结，关于五伦思想讨论的焦点则主要集中在以下四个方面：五伦与三纲的关系、五伦的顺序、五伦的历史作用与评价、五伦的现代转化与重构。

（一）五伦与三纲的关系

关于五伦与三纲的关系，学界观点大体分为三类，一类认为五伦与三纲是同一个系统；另一类则认为五伦与三纲是两个完全不同的独立系统；还有一类认为五伦与三纲是同一个系统，但二者的本质不同。

1. 五伦与三纲是同一个系统

吴杰首先对道德话语与法律话语两个概念进行了区分，他认为道德话语是有我之境，法律话语是无我之境，三纲五伦只能限定在道德文化秩序范围内，一旦上升为法律秩序，就会产生消极负面效果。在此基础上，他指出"三纲与五伦相承一脉，都体现了儒家'反躬求己'的文化精粹"[16]。因此，若从三纲与五伦双方相合且各自都要"反躬求己"的道德语境角度而言，体现的的确是人伦关系的"相互性"；若从三纲与五伦双方都以道德本身为目的的角度言，体现的又是人伦关系的"绝对性"。樊浩从五伦的实质内容出发，指出权威主义是五伦与三纲具有内在一致性的体现。他认为，在五伦实体以及实际生活中，父慈君惠只是求得子孝臣忠的手段，它遵从的是人情机制，体现的是权威主义，权威主体虽履行了一定的道德义务，但这种行为本身只是手段而不是目的。因此，"五伦的实质内容仍是服从性、权威性的，这为五伦向三纲的过渡提供了内在可能性与伦理的前提"[17]。

2. 五伦与三纲是两个完全不同的独立系统

持这种观点的学者大多认为，五伦源于儒家的孟子，三纲则源于法家的韩非。五伦象征的是一种双向的、相对的、互动的关系，三纲象征的则是一种绝对的、单向的、强制服从的关系。因此，二者是两个完全独立的系统。冯天瑜从三纲与五伦的主旨和成说时期的差异来阐明二者分别代表了我国传统伦常观念的两种走势，他说："大体言之，酝酿于战国、定型于秦汉的'三纲'说是皇权时代的产物，体现了君主集权制下的垂直式独断，强调的是上对下的等级权威以及下对上的无条件服从。而形成于先秦的'五伦'说较多保留了氏族民主依存和分权之义，蕴蓄着血亲温情……其中包含着人际间的温馨、理解和信任，包含着发乎人心的骨肉之情，讲究的是'情理'和人际关系的对称性、和谐性。"[18]此外，徐儒宗还指明了三纲与五伦的思想基础不同，他认为，五伦是建立在仁学的人性论基础之上的，而三纲则是以法家的绝对专制统治思想作为理论指导的。[19]

3. 五伦与三纲是同一个系统，但二者的本质不同

唐文明认为："五伦说中的伦理关系，亦是绝对的关系……五伦说中的伦理关系，之所以是绝对性的关系，是因为背后有一个天命的观念；与此相似，五伦说中对伦理关系中的各方所提出的伦理要求，可以说是出于各方自身之存在的内在要求，也可以说是来自上天或天命的终极要求，因为天命对人的终极要求无非就是人自身的存在。"[20]"五伦说到三纲说的一个重要转变，其实是使儒家伦理思想从以美德为核心转变到以义务为核心……三纲说实际上是儒家思想法家化的后果。"[20]

关于五伦与三纲的关系，认为二者属同一系统的学者侧重从二者的相通性来论证，认为二者不属同一系统的学者则侧重从二者的相异性来论证，可谓仁者见仁，智者见者。笔者认为，持五伦与三纲是同一个系统的观点大多倾向于从历史层面来阐述二者发展的内在必然性；持五伦与三纲不是同一个系统的观点大多倾向于从理论层面把五伦视为源自儒家的思想，把三纲视为源自法家的思想。因此，我们要做的是坚持历史与逻辑的统一，不能只看到二者相通性的一面，也不能只看到二者相异性的一面。总体而言，五伦与三纲之所以长期被人们视为一体，是因为二者确有内在的紧密联系，当是同一个系统。但二者又有本质的不同，五伦代表的是双向互动的关系，三纲则基于专制政治需要将五伦双向互动的关系转变成了单向服从的关系。

（二）五伦的顺序

历史上，五伦的排列顺序是随着社会的发展而不断变化的。大体而言，从上古三代到先秦，主要受宗法血缘的影响，着重强调代表自然情感的"亲亲"，因此五伦排序以夫妇、父子两伦为首。秦汉及以后，大一统局面的需要及中央集权专制制度的进一步加强，主要受政治地缘的影响，着重强调代表政治权力的"尊尊"，因此五伦排序以君臣、父子两伦为首。对五伦顺序问题的探讨，学界大致分为两类说和三类说。

1. 两类说

景海峰从人伦产生的自然性和社会性角度出发，将五伦的顺序主要划分为两类。他认为，在早期的人伦系统建构中，强调"亲亲"的血缘基础，因此从人伦关系的自然产生秩序来看，当以夫妇为先。到了战国晚期的法家及秦汉大一统封建专制的建立，则强调"尊尊"的政治权力，因此从人伦关系的社会性来看，当是以君臣为先。[21]

2. 三类说

章启辉以古典文献为依据，分别从人伦的自然性、社会性和政治性角度将五伦的顺序划分为三类，她说："如论人伦的自然性，依据人伦的自然秩序而始于夫妇；论人伦的社会性，依据人伦的社会秩序而始于父子；论人伦的政治性，依据人伦的政治秩序而始于君臣。"[22]徐儒宗从人类社会发展的逻辑出发，将人伦顺序的演变分为三类。他认为，孔子根据社会关系发展的历程将夫妇之伦放在首位；孟子大力宣传王道而将父子之伦放在首位；《中庸》和荀子为了顺应大一统趋势而将君臣之伦放在首位。[19]

（三）五伦的历史作用与评价

与港台新儒家对五伦推崇备至的乐观态度不同，大陆学术界对五伦的评价可谓众说纷纭。大体而言，有肯定为主、否定为主与一分为二三种观点。

1. 肯定为主

张若甲肯定了五伦思想在历史上的价值与作用，他说："五伦思想不但适应了中国古代宗法等级制度的需要，也是从道德上总结了夏商周秦直到汉代多种学说流派的结晶。从此，不但古代中国伦理道德有了最高的权威说法，而且也极大地整合了社会秩序，保障中华民族独立强盛地发展了两千余年。"[23]另外，他认为，五伦思想中的双向性观念、秩序观念以及处理人际关系方面的和谐人文思想结晶对我们今天构建和谐社会有很大的启示。针对今天社会上因个人身心失调导致的人际关系疏离和情感扭曲、因家庭解体导致的婚姻问题和养老问题、人与人之间交往的唯利是图和拜物主义、个人与社会利益之间的极端个人主义和利己主义、民族与国家之间的争斗和战争等人伦失和的现象，徐儒宗在总结了五伦以仁为道德本体、以中庸为道德准则、以礼为行为规范、以大同为社会理想的基础上，阐明五伦对当下个人身心的健康与安宁、家庭的和睦与幸福、社会的协调与稳定、国家的统一与世界和平有重大意义。[19]

2. 否定为主

樊浩从五伦设计、五伦实体内部存在的家与国、天伦与人伦、自我与家族、熟人与生人、血缘与伦理及政治之间的五种矛盾出发，指出五伦容易产生使我们在道德主体上缺乏公民意识、社会意识、理性的普遍意识、平等意识以及在政治生活中缺乏民主意识等弊端。[17]以一生"反封建"著称的蔡尚思颇具代表性，他发起了对中国传统文化的总批判。在他看来，以三纲五伦为中心的儒家传统道德是从根本上与现代社会崇尚共同的、平等的、相互的、广大的道德相背离的，它是专制主义的产物，当全部铲除。因此，蔡尚思发起了对儒家传统道德的抨击，他说："就家庭来说：是重幼辈道德而轻长辈道德；就社会来说：是重家庭道德而轻社会道德；就国家来说：是重国民道德而轻政府道德；就性别来说，是重妇女道德而轻男子道德；就阶级来说：是重农民道德而轻地主道德。不但如此，甚至于是：只有幼辈道德而无长辈道德，只有家庭道德而无社会道德，只有国民道德而无政府道德，只有妇女道德而无男子道德，只有农民道德而无地主道德。儒家所有道德既然过于片面，过于自私，也就几乎等于根本不知'道德'为何物，而以'不道德''非道德'为'道德'了！"[24]

3. 一分为二

周兴茂认为要一分为二地看待并批判继承五伦思想。他将五伦需要批判的方面总结为三点，即"重人伦而不重自然、差爱思想、特权观念"。同时，他充分挖掘五伦的现代价值，并总结道："五伦思想有利于社会的稳定与和谐，有利于社会主义精神文明和思想道德建设，有利于提高人伦价值和增强人们的道德义务以及道德责任感。"[25]冯天瑜在肯定五伦作用的同时，主张对其批判继承。他说："'五伦'说讲究的是上下各守职分，各尽义务。这一思路包含了'互动'与'双向要求'的合理因素，既是对专制独断论的一种抑制，也是对无政府及民粹倾向的一种防范，有助于我们今日正确处理社会人际关系，特别是政府与民众关系、劳资关系、家庭关系、医患关系、民族关系、国际关系，以建构和谐社会……但传统的'五伦'说作为宗法等级社会的产物，侧重强调'义务'，尤其是下对上的义务，而基本没有涉及'权利'问题，没有对民众享受权利和运用权利（所谓'民享'与'民治'）给予肯定，故中国传统社会不可能充分实现社会和谐。"[26]因此，冯天瑜认为，在建设社会主义和谐文化的今天，关键要实现五伦说在权利与义务统一下的双向良性互动。张书既指出了需继承五伦中双向义务、各守职分、差异性人伦原则的合理内核，同时又指出了需否定五伦中重公德轻私德、重义务轻权利的部分。[27]另外，他还认为，五伦对家庭的重视、互惠互动的特性、自觉自愿的责任意识对现代社会中个人思想道德的建设、家庭生活的稳定、国家的和谐发展等都有重要意义。[27]

（四） 五伦的现代转化与重构

关于五伦思想的现代转化与重构，学界主要有"旧瓶新酒"说和"添砖加瓦"说。

1. "旧瓶新酒"说

张岱年指出："现代社会建设新道德过程中，'三纲'是应该加以彻底否定的，'五伦'则应加以分析。五伦之中，君臣一伦已经消灭了，代之而起的是领导与群众的关系和国家民族与个人的关系。父子、夫妇，过去是不平等的，现在都转为平等关系了。"[28]他接着说："在现代社会，'父子有亲'强调父母有教养子女的义务，子女也有孝敬父母的责任；'夫妇有别'意谓夫妇分工以及行为要求有别；'君臣有义'即指群众接受干部领导，干部为人民群众服务，以及个人热爱国家，国家保护个人；'长幼有序'意谓年幼者对于年长者应有一定的尊敬，年长者对年幼者有爱护之心；'朋友有信'意谓人与人之间有最基本的起码的诚信道德。"[28]樊浩通过实际的问卷调查，得出结论："与君臣、父子、夫妇、兄弟、朋友的传统'五伦'相比，在父子、夫妻、兄弟姐妹、同事同学（或个人国家）、朋友的'新五伦'中，父子、夫妻、兄弟姐妹、朋友四伦与传统一致，只有君臣一伦为同事同学或个人与国家的关系取代。"[29]徐儒宗则将传统五伦中的君臣一伦改造为官民关系、上下级关系与同僚关系，而将朋友一伦改造为师友关系。[19]

2. "添砖加瓦"说

郭齐勇将旧有五伦中的君臣关系改造为同事关系中的上下级关系，变为同事一伦，在此基础上还增加了群己一伦，建构起现代新型的伦常关系——新六伦，即"父（母）子（女）有仁亲、夫妻有爱敬、兄弟（姐妹）有情义、朋友有诚信、同事有礼智、群己有忠恕"[30]。胡成广则在六伦的基础上提出了第七伦，即"科学发展观明确提出的人与自然的关系"[31]。但这里有个问题值得我们注意：实现第六伦、第七伦的情感基础在哪里？因为五伦是以自我为中心向外推的，第六伦、第七伦却不一定能由自我推出来。姜广辉则提出了九伦说，针对信息化网络化高度发达的今天，他把伦理关系从现实世界延伸到虚拟世界，形成了第八伦的"网际伦理"，强调人们要善于区分真实世界与虚拟世界，在网络世界中具备分辨真伪、善恶、是非的理性能力，建构起一套网络道德规范。同时，针对目前纷繁复杂的国际形势，他又把伦理关系从国内关系延伸到国际关系，形成了第九伦的"国际伦理"，主要用于调节国与国之间的关系，强调弘扬中国传统的"协和万邦""亲仁善邻"的美德，确立"邦交有礼"的伦理规范以及和平共处的方针原则。[32]笔者认为，前五伦与第六伦的划分标准为私德与公德；前六伦与第七伦的划分标准为人与人、人与自然。然而第八伦、第九伦与前面几伦的划分标准又是什么？所以，这种添砖加瓦的形式应选定好划分标准，以避免与五伦内容重叠。

五伦的这两种重构"范式"是适应时代的需要而产生的，是对传统五伦的反思与超越，是对传统人伦关系的现代性转化。"旧瓶新酒"说赋予了传统五伦崭新的时代意义，同时也改造和拓展了传统五伦的内涵，比如将君臣一伦改造成领导与下属的关系、干部与群众的关系、同事与同学的关系、社会与个人的关系、国家与个人的关系，将朋友一伦扩展为师友关系。"添砖加瓦"说则扩大了人伦的外延，将之延伸到传统五伦关系之外，涉及范围更加广泛。有学者说："就'添砖加瓦式'来看，'第六伦'之说，认为'五伦'忽视了群己关系，忽视了陌生人问题。实际上，儒家伦理以'个体'为参照标，以'爱有差等'为原则，以'推己及人'为方法，去扩充与延伸人伦关系。陌生人看似不在'五伦'之内，实际上它很容易转化为五伦之内的关系。"[33]这种说法虽不是很全面（因情感基础和原则不同），但多少也指出了添砖加瓦说应注意扩展人伦外延的边界性、有限性和内容的重叠性问题。因此，"旧瓶新酒"说更为可取。

可见，学界对五伦思想的讨论经历了清末民初至五四新文化运动的批判解构期、五四新文化运动至20世纪八九十年代的正名复兴期以及

20世纪八九十年代至今的反思重构期。近百年来,学界从整体上理清和总结了五伦的内涵、本质、演变、原则、特点、历史作用、现代价值等,取得了颇多成果,但仍然存在一些不足,主要表现在以下四个方面。第一,对五伦与三纲、五常、五德、六纪的关系讨论较少,仍值得进一步辨析。第二,对五伦的内涵、实质、发展阶段、建构原则、传播机制、特点影响、现代价值等的研究大多只是从整体上进行概括,系统详细的研究较少。第三,五伦所代表的文化心理模式、思维方式、道德规范、价值取向、文明形态与西方伦理的比较研究是值得学界努力的方向。第四,对五伦现代性转化与重构的具体路径研究仍是比较薄弱的环节。这些都是需要我们进一步厘清的问题和继续深入探讨的地方。

参考文献

[1]《康有为全集》第1集,中国人民大学出版社,2007,第108页。

[2]《梁启超全集第12卷:先秦政治思想史》,北京出版社,1999,第3641页。

[3]《谭嗣同全集》(增订本)下册,中华书局,1981,第314页。

[4]《独秀文存》,安徽人民出版社,1987,第34~35、41页。

[5]常乃惪:《记陈独秀君演讲词》,《新青年》第3卷第3期,1918年。

[6]《胡适文存》第2卷,上海亚东图书馆,1921,第101~102页。

[7]吴虞:《吃人与礼教》,《新青年》第6卷第6期,1919年。

[8]方克立:《现代新儒学的发展历程(代序)》,方克立、李锦全主编《现代新儒家学案》上册,中国社会科学出版社,1995,第12~13、36页。

[9]贺麟:《文化与人生》,商务印书馆,2002,第13页。

[10]牟宗三:《作为宗教的儒教》,刘志琴编《文化的危机与展望——港台学者论中国传统文化》(上),中国青年出版社,1989,第213~214页。

[11]张君劢:《儒家哲学之复兴》,中国人民大学出版社,2006,第111~128页。

[12]李国鼎、郭国藩、吴忠吉:《富裕的伦理》,台北"行政院文化建设委员会",1991,第6页。

[13]韦政通:《伦理关系的新突破》,中国人民大学出版社,2005,第187、190页。

[14]杜维明:《儒家思想新论——创造性转化的自我》,江苏人民出版社,1996,第147页。

[15] 杜维明：《东亚价值与多元现代性》，中国社会科学出版社，2001，第199页。
[16] 吴杰：《五伦与三纲的再检讨》，《人大法律评论》2015年第2期。
[17] 樊浩：《儒家人伦关系设计的特点与内在矛盾》，《社会科学家》1990年第3期。
[18] 冯天瑜：《儒家"五伦"说辨析》，《人民日报》2014年5月30日。
[19] 徐儒宗：《人和论——儒家人伦思想研究》，人民出版社，2008，第11～13、16、438～481、577～596页。
[20] 唐文明：《五伦观念的再检讨——再读贺麟〈五伦观念的新检讨〉》，载《近忧：文化政治与中国的未来》，华东师范大学出版社，2010，第79、80页。
[21] 景海峰：《五伦观念的再认识》，《哲学研究》2008年第5期。
[22] 章启辉：《五伦五德源流》，《河北师范大学》（哲学社会科学版）2015年第3期。
[23] 张若甲：《再论五伦思想与和谐社会》，《道德与文明》2008年第5期。
[24] 蔡尚思：《中国传统思想总批判》，上海古籍出版社，2006，第79页。
[25] 周兴茂：《孟子"五伦"的历史演变与现代价值》，《湖北民族学院学报》（哲学社会科学版）1999年第1期。
[26] 冯天瑜：《"五伦"说与和谐文化》，《今日中国论坛》2007年第9期。
[27] 张书：《"五伦"及其现代价值探微》，东南大学硕士学位论文，2008，第21～22、27～31页。
[28] 张岱年：《论五伦与五常——传统伦理的改造与更新》，《传统文化与现代化》1997年第4期。
[29] 樊浩：《伦理道德现代转型的文化轨迹及其精神图像》，《哲学研究》2015年第1期。
[30] 郭齐勇：《新时代"六伦"的新建构》，《孔学堂》2014年第1期。
[31] 胡成广：《从"五伦"、"第六伦"到"第七伦"》，《哈尔滨师范大学社会科学学报》2012年第3期。
[32] 姜广辉：《九伦》，《光明日报》2007年8月23日。
[33] 杨铮铮：《传统"五伦"的现代建构》，《湖南师范大学社会科学学报》2009年第3期。

The Doctrine of the Five Cardinal Relationships in the Last Century

Luo Cai

Abstract：Confucianism is China's mainstream traditional culture, while the five ethics are the core of Confucian morals and are the most basic human relationships in ancient China. Research on five ethics helps us understand different developmental stages and the historical destiny of Confucianism thought, understand the status and roles of Confucian ethics in traditional Chinese society and provide useful ideas for the harmonious relations in modern society as well as for the communication between Chinese and Western civilizations. Over the past century, academic study of five ethics thought has gone through three phases: it is the period of criticism and deconstruction of five ethics thought from the beginning of Late Qing Dynasty to the new culture movement; it is the period of rectification and renaissance of five ethics thought from the new culture movement to the 80's or 90's of the 20th century; it is the period of reflection and reconstruction of five ethics thought from the 80's and 90's of the 20th century up to now. Overall, research on ideological history and methodology of five ethics thought, research on comparing the thought from the perspective of five ethics and research on the five ethics from modern perspective are our future interests.

Keywords: Five Ethics, Deconstruction, Renaissance, Reconstruction, Neo – Confucianism

About the Author: Luo Cai (1989 –), Ph. D., Lecturer in Guangdong University of Technology. Research interests and specialties: Chinese culture and modernization. She has published journals such as *modern philosophy* more than 10 papers. E – mail: luocaizz@ 163. com.

症候分析

"炒作经济"与当代低俗文化生产[*]

陈占彪[**]

【摘　要】 低俗文化产生的总根源在于文化生产的"唯商业逻辑"。在"唯商业逻辑"的支配下,当代中国社会出现了一种为追名逐利"疯狂炒作"的现象。这种炒作分为两种情形:一种是我们熟知的靠挑战公序良俗来获得悖德经济的"丑陋炒作";另一种是我们鲜为关注的靠"挑拨"社会热点和"标举良善美德"来获得普遍关注的"高尚炒作"。追求"炒作经济"必然带来低俗文化,而低俗文化对文化生态环境造成了严重的污染,这表现在两个方面:一方面,它犹如"文化苍蝇",袭扰人们;另一方面,它犹如"精神雾霾",毒害人们的心灵。

【关键词】 唯商业逻辑　炒作经济　低俗文化生产　文化生态污染

正如达文波特在其著作《注意力经济》中所说的那样:"在新的经

---

[*] 本文为国家社科基金年度项目"当代娱乐文化的伦理危机研究"(10CZX054)。
[**] 陈占彪(1976~)博士,上海社会科学院文学所研究员。研究领域为近现代思想文化研究、当代文化研究、汉文化圈国家与中国关系研究。专著有《五四知识分子的淑世意识》《自由及其幻象:当代城市休闲消费的发生》。编有《清末民初万国博览会亲历记》《思想药石:域外文化二十家》《五四事件回忆(稀见资料)》《三岛蜷伏,日月重光:抗战胜利受降现场》《四一七国耻:马关谈判实录》《从琉球国到冲绳县:琉球亡国史料辑录》《清季琉球悬案始末》,整理了《琉球国志略》,主编了"琉球文献新辑"丛书。电子邮箱:chenzb1911@126.com。

济下，注意力本身就是财产，金钱将与注意力一起流动。"[1]在唯商业逻辑下的文化生产中，注意力的有无、多寡与财富的有无、多寡成正相关。于是，网站追求点击率、电视台追求收视率、演出追求上座率、电影追求票房、书籍追求发行量，为了赚取"注意力"，就出现了我们以前并不多见，现在已不陌生的"炒作"现象。为了出名，为了获利，一些人不择手段。这包括两种炒作：一种是利用"丑陋"来炒作，另一种是利用"高尚"来炒作，前者我们习以为常，后者我们尚未重视。

一 "低俗营销"与"悖德经济"

获得"注意力"的最便捷、最通用的手法莫过于以大胆言论、出格行为来挑战公序良俗、道德伦理。

（一）负面信息的强大传播力

就传播效果而论，负面信息传播速度远快于正面信息。"寻找乡村最美教师""评选全国道德模范"与北京优衣库试衣间不雅视频①、故宫裸体摄影②相比，哪个更具传播力是显而易见的。"这个年代你要全做正面的新闻歌功颂德，没有人会相信的，名气也做不大，负面的可以做得很大。"[2]当记者问"干露露"的母亲为什么想到用"拍裸浴征婚视频"这一形式宣传"干露露"时，这位母亲回应道："与其让女儿在电视剧里当'死孩子'、'打酱油'，不如这样来得直接。"[3]俗话说，"好事不出门，坏事传千里"，这对母女正是利用不雅手段求得更大的名声。

负面信息的传播力取决于两个因素。一是数量上的"极少数"。因为在一个社会里，敢于"公然"违背绝大多数人所认同、遵循的道德准

---

① 2015年7月14日晚间，一对青年男女在北京优衣库试衣间内的不雅视频在网上流出，引发广泛关注。
② 2015年，一名名为王动的摄影师，在故宫博物院内拍摄"人体艺术"照，故宫方面随即报警，引起社会极大争议。

则并加以炫耀的人,毕竟是"极少数"的。显然,这些人的所作所为都是一般人不愿做、不敢做、做不来的,他们敢冒天下之大不韪,便成为社会的焦点。二是道德上的"真下流"。要说低俗者是"极少数",那道德模范也是"极少数",同样是极少数,二者的区别在于:前者是突破"道德底线"的伤风败俗者,后者是超越"道德均线"的高风亮节者;前者与道德伦理相对,后者与道德伦理相向。显然,"相对者"带来的"刺激感"要强于"相向者"。

可是,一个有"传播力"的败德劣行,会面临"千夫所指"的风险(他们不正是追求这样的效果吗?),只是这又有什么关系?在为唯商业逻辑所统治的社会里,利益追求成为首先要考虑的问题。关于社会利益与经济利益孰先的问题,从道义的角度来看,当然是"社会利益第一,经济利益第二";但在实践中,常常会出现"经济利益第一,社会利益第二",甚至靠牺牲社会利益来获得经济利益的现象。也就是说,如果不改变文化生产的唯商业逻辑,文化生产就不会走上"社会效益第一,经济利益第二"的正途,就一定会走上"经济利益第一,社会利益第二"的歪路。

于是,我们就会看到这样一些现象:不管是"名垂千古"的美名,还是"遗臭万年"的臭名,只要有"名",就有"利",只要有"利",便"无不可"。我们将这种靠"炒作"败德丑行而产生的社会普遍关注,称为"低俗营销",我们将从"低俗营销"中获得的经济收益,称为"悖德经济"。

丑闻,不再让人羞愧不安,不再让人声名狼藉,反而成为一种提升人气、获得眼球的"珍贵资源"。每当一部电影即将上映,一台演出即将开演,相关影星的绯闻、婚变、吸毒等负面信息就被有计划地放出,这被视为一种有效的"广告"。而有些不甘寂寞的艺人,也不惜制造丑闻、绯闻以刷存在感。有的"公关"公司甚至找到知名时事评论员"求骂""讨骂",希望借其义愤之笔促使宣传成功。即使不靠丑闻来求得关注,也要靠"故意跌倒"来赢得视线。今天,当代中国文化的伦理危机很多是"低俗营销"和"悖德经济"的产物。

(二) 低俗策划者、表演者、嗜好者

低俗文化的产生是三种人群合力作用的结果：一曰策划者，二曰表演者，三曰嗜好者。三者"同流合污"，低俗文化遂大行其道。

策划者是低俗文化的"始作俑者"。低俗意味着收视率，收视率意味着广告，广告意味着金钱，在经济利益的诱惑下，娱乐节目制作方自然离不开低俗："有时候不是主持人要低俗，而是台里的要求，不低俗，不搞笑，收视率就上不去。"[4]主持人王刚在评价台湾的《康熙来了》时说得更直接："它成功的秘诀就在于格调低下。"[5]"以低俗取胜"逐渐成为一些电视娱乐节目的重要法宝。

2012 年 11 月 24 日，江苏教育电视台综艺节目《棒棒棒》邀请极具争议的"红人"雷女士、干露露、干毛毛参加此档竞猜节目。面对现场观众关于她们系"娱乐边缘人"的提问，干露露母女情绪激动，在现场撒泼大骂。①干露露母女的"精彩表演"再一次迅速占据了网络、报刊的显著位置，吸引了众人的目光。只是这次表演动静太大，影响太坏，以至于江苏教育电视台受到自 2012 年 11 月 30 日零时起停播整顿的处理，真是"玩火自焚"。

有了策划者和表演者的低俗表演，倘若没有低俗的嗜好者，他们的目的何以能够达到？低俗嗜好者是滋生低俗文化的土壤。低俗节目的收视率居高不下，不正说明了一些民众很是欢迎这样的节目吗？正如哈特利所云："与物质产品的消费不同，意义的消费不是一次性的，在媒介再生产的流通过程中，意义的生产和再生产并不完全来自电视台和制片人。"[6]在很大程度上，策划者、表演者的低俗化，是为了迎合观众低俗化的口味。

令一些人困惑的是，这个社会固然有许多"追腥逐臭"者，可是，

---

① 现场有观众问："在外界看来你不是靠演戏唱歌出名的，而且你也只是一个娱乐边缘人，怎么能帮到你妹妹？"干露露说着说着就骂了起来："不能别人让你死你就死，那些骂你的人就是傻 X！我们姐妹就是要做大小 S 那样的人，不管别人说什么，我们就是要做自己！他们阻止不了我们成功！"随后其母亲和妹妹也加入与观众对骂，现场一度失控。

从道理上讲绝大多数人对这种"低俗营销"是存在反感并加以抵制的，这对欲获得悖德经济的低俗营销者来说有着得不偿失的风险，可是，这其中的悖论又在于，如果没有低俗文化的反对者、厌恶者，低俗文化的策划者和表演者刻意冒犯的对象也便不复存在。

"以消费为特征的文化所启动的文化市场，在极大地推动大众文化业发展的同时，也构成了对精英文化或严肃文化的巨大冲击；它在强化文化的娱性功能的同时，也使人的欲望得到了没有遏制的膨胀。"[8]在商业利益的驱动下，低俗文化的策划者、表演者与嗜好者三方互相利用，使低俗文化大行于世。"于是，我们看到了这样一种景象：由以名利为目的的暴露癖者、各种大众文化媒体和作为窥伺者的公众，三位一体地互相刺激彼此的感官。他们互相依赖，彼此满足，并陷于持久的病态迷狂。"[9]

二 "高尚炒作"

唯商业逻辑的力量是强大的，它不仅利用丑陋、低俗、悖德来逐利，而且还利用正义、善良、爱心来获益。我们且称之为"高尚炒作"。人们对"低俗炒作"（炒作者有时也称之为"推广"）深恶痛绝，可是，还有一种"高明的""炒作"，它不是借"低俗"吸睛，而是借"高尚"取胜，这一点鲜为人注意。我们可以说，凡是能产生经济利益的东西，就没有什么不能加以利用。

（一）借助"公共话题"制造公共事件

正如网络"推手"夫子自道："很多炒作，之所以成功，可能因为它使用了一些小技巧、小智慧，但是最根本的是因为它触到了社会的痛点。"[10]说白了，就是借用一个社会可能普遍关注的公共话题制造事件，以期引起舆论的关注，从而收获个人的名利。

2009年，网上北外"香水女生"和"贾君鹏"的炒作就是两个"成功案例"。

2009年3月16日,北外德语系学生王亭亭在博客上发表题为《妈妈,我被北外强制退学了》的帖子,声称"外语绑架了中国人的一生"。于是,长期以来对中国外语教学之痛苦感同身受的人们顿时给予被"强制退学"的弱者"香水女生"以关注和同情,北外成为众矢之的。正当网友为"香水女生"抱打不平,对中国外语教学口诛笔伐的时候,却曝出该事件系该女生的"网络炒作"。这次炒作和此前"天仙妹妹""最美深山女教师"的炒作手法异曲同工,炒作者不再走低俗路线,而是走了条"高尚路线",利用了"社会热点",迎合了国人对外语教学不满之情绪。

2009年7月16日,百度贴吧魔兽世界吧发表的"贾君鹏你妈妈喊你回家吃饭"的仅12字的帖子走红,让人感到意外且疑惑。有人分析这是"无聊文化"下无意识的走红,但显然这并不是此帖走红的原因,随后,专事炒作的黄亮华称这是他的一场策划。他称,"此举是为了帮助一款游戏在进入运营停滞阶段,依然保持住关注度。这一创意让他们赚了'6位数'"。[11]而这次策划"总计动用网络营销从业人员800余人,注册ID(账号)两万余个,回复10万余帖"。如果没有炒作,再精彩的帖子也很难瞬间出现如此高的点击量,当帖子炒热推到网友的面前后,炒作者便全身退出,剩下的就是网友的狂欢,当然也有人认为这是他在"借势摘桃",有人认为他从游戏运营商中得到的6位数费用不可证实,或许他就是借炒作而炒作。

诚信问题,也成为炒作的好材料。2015年6月6日芝麻信用在北京、杭州两地试验中国首个"无人超市"。超市里没有营业员,购物、付款全部由顾客自助完成。付不付钱、付多少钱全部由顾客自己决定,就算拿了东西就走人也不会受到任何阻拦。芝麻信用负责人表示:"希望通过这个小实验帮助大家感受信用的力量与被信任的感觉。"这是用微博发布的消息。随后的实验结果是这样的,在北京:"有三名女性拿走昂贵的货物,没付钱;还有人往返好几次,拿走价值不菲的烟酒,只支付了十元钱。组织者表示,由于是一次诚信测试,不会对这些人追责。"[12]当人们谴责这些不付钱或少付钱的购物者——如果真的存在这样的购物行为的话——的时候,那就中了芝麻信用的招了,他们需要的正是你的愤怒。这个企业的负责人实在应当这样表示:"通过这个小实验,我们以较少的损失(如果这也不是编造的话)成功地取得了令人满意的宣传效果。"一家名为"信用"的企业以"不讲诚信"的方式借"诚信"话题进行炒作宣传,真是自打耳光。

再如,在中国人民群众对腐败现象深恶痛绝,对腐败分子的落马自然拍手称快,于是就我们就可以看到"资深调查记者"靠"高调反腐"来"博眼球"。"63小时,秒杀正厅职官员重庆原北碚区委书记雷政富"的"战功"归结于"资深调查记者"纪许光的网上爆料。当应重庆纪委之约协同调查时,他在微博上进行全程直播。"纪许光的'高调'引发了不小的争议。质疑者认为,他的这种'高调'并不是为了调查也不是为了揭露真相,更不是新闻理想,而是为了'出位',一路直播的'悲壮'有'个人炒作'的嫌疑。"[13]在这里,我们看到,媒体人将自己变成了新闻当事人,或者说他是借爆炸性新闻的东风来推销自己。

2015年微信朋友圈一条"拐卖儿童应判死刑"的信息,牵动了几乎每一个家庭、每一个人的心。出于对儿童被拐的恐惧和痛恨,人们毫不犹豫地转发起来,形成了强大的舆论压力,以致官方都不得不出来对"拐卖儿童应判死刑"问题予以回应。可是不久,我们才恍然大悟,借拐卖儿童挑拨和刺激人们敏感神经的是"珍爱网"的营销人员。①

在这里,我们可以看到,编造耸人听闻的谎言,利用人们的善良和同情牟利,已经到了不择手段的地步。谎称"狼来了"的小孩是为了"捉弄人",而谎称"狼来了"的谣言发布者则是为了金钱。

(二)"良善经济"

除那些借炒作社会公共话题获取关注获取利益外,只要细心观察便

---

① 蒋之光:《呼吁人贩子死刑?我们被营销了》,《都市女报》2015年6月19日,第A5版。这条微信内容如下:"接力,我在济南。我坚持建议国家改变贩卖儿童的法律条款!我坚持拐卖儿童判死刑!买孩子的判无期!无任何附加条件立即执行!不求点赞,只求扩散!"

会发现当代中国一切"良善美德"几乎都能被炒作者开发和利用。

"爱国"亦不例外。2012年9月11日日本"购买"钓鱼岛激起中国全国上下同仇敌忾之心,就在10月20日第25届东京国际电影节开幕前两天,唯一一部闯进主竞赛单元的中国电影《万箭穿心》在国内召开新闻发布会,由于日本在钓鱼岛问题上伤害了中国人民的感情,片方宣布退出东京电影节。随后,该片艺术顾问、著名导演谢飞发表公开声明斥责该片总发行人一手导演的这场"退赛秀"完全是为了商业炒作,是为了启动发行人的所谓的"百城万幕十万场预售"的营销计划。在群情愤激之际,高调爱国当然没错,只是当"爱国"成为"爱钱"的遮羞布,民众成为一场"营销"中被欺骗、被耍弄的对象时,这就不是爱国,而是无耻了。有评论说得好:"事实上,临阵违约退赛已不道德,再举起'爱国主义'、'民族情感'的招牌来煽动'不明真相'的群众,从而达到商业炒作的目的,俨然已突破了社会道德底线。他们不是爱国分子,而是爱国投机分子,他们只是关注自己的钱袋子,所谓'爱国'只是一句应景的广告语。在爱国投机分子眼里,民众的爱国情感只是他们消费的道具。"[14]

除了爱国还有慈善。2008年汶川地震后,加多宝集团慷慨捐款1亿元一下子赢得了国人的尊敬和好感,此后,由于"王老吉,你够狠!捐一个亿",网上随即出现了"封杀王老吉"的热帖,帖子号召大家"买光超市里的王老吉,上一罐买一罐,让它从大家面前彻底消失!"这样的帖子其实正是王老吉所在公司的大手笔,被视为成功营销的范例,该企业正是适时利用了国民的赞赏和感动,才使得各超市的王老吉饮料需求大增,供不应求。这是一次无私的捐助,也是一次成功的商业运作,如果只看到前者,而看不到后者,我们所得出的结论将是不全面的,这其中的"炒作"(比如,还有人以种种饮料罐来演绎"王老吉"急于救灾被其他饮料所阻的故事)所表现的"急公近义""一方有难、八方支援"的高尚精神又何尝没有商品操纵的味道呢?

当然,并不是说炒作者的炒作唤起了大众关注社会上一些痛点、热点、敏感点、良善、美德(如外语教学、网瘾、诚信、反腐、爱国、拐卖儿童、献爱心、农民工就业等）的热情就有功了。有网络推手说这类炒作客观上能"针砭时弊，引人思考"，"有什么不好呢？这也没有伤害什么，无伤大雅"。[10]确实一个卑劣的动机可能会产生良善的效果，但不能因为效果的良善而原谅动机的卑劣。他们利用了网民的信任，玩弄了网民的感情，"善良的人们在不经意间为他人免费做了嫁衣"。[15]还能说"没有伤害什么"吗？

可是，为什么他们不能光明正大地做一些良善的事情以引起社会的关注并在促成问题解决的同时，达到推广、营销、宣传而不是"炒作"的目的？比如为什么"珍爱网"不能光明正大地发出严惩拐卖儿童者的呼吁，而非要采取"炒作"手段达到营销的目的？原因无他，炒作者只在乎自身的经济利益如何实现，如何最大化，至于社会利益他们并不在乎，你要他们将社会利益摆在第一位，将经济利益摆在第二位，这岂不是有违文化生产的唯商业逻辑吗？

三 文化生态污染：文化袭扰与精神毒害

唯商业逻辑中的文化生产，"炒作"层出不穷的低俗文化，得益的是炒作者。但低俗文化严重污染了健康的文化生态环境，这表现在两个方面：一方面，它犹如"文化苍蝇"，袭扰人们；另一方面，它犹如"精神雾霾"，毒害人们的心灵。

（一）"文化苍蝇"的袭扰

桑德尔谈到无处不在的广告时说："侵略性的、干扰性的广告，长久以来一直是文化抱怨的主题。"[16]低俗文化与那种富有侵略性、干扰性的广告相似，犹如"苍蝇"，看似无大害于人的肌体，人们却不得不去应付这些成群结队的苍蝇的袭扰。我们的日常生活、文化生活中正充斥着那些犹如苍蝇的低俗文化，人们的注意力、精力和时间都为其分割和吸收，不管愿意不愿意，都躲不开。

1929年，邹韬奋称："每天报纸，差不多有五分之二是与男女问题有关的事：奸淫诱骗，婚娶离弃，闹得乌烟瘴气，一塌糊涂。我想社会上的婚姻问题，如果解决，非但可以减少许多无谓的争斗，就是报章也可以省下多少篇幅。（也许是报馆所不赞成，但至少可以经济阅者的时间）"[17]邹韬奋所称的媒体的这种情形于今更烈。为了说明我们每天看到的"新闻"到底都是些什么样的，以及这样的"新闻"在网络上所占的比重有多大，我们且看2015年8月5日百度搜索页面上新闻类的搜索风云榜中的全部内容：

> 北京地铁两女撕衣；刘亦菲疑恋宋承宪；少女遭父亲猥亵；买绿萝孵出小蛇；李允美水中分娩；传章子怡怀孕两月；官员与两女生开房；李晨范冰冰疑同居；佟大为晒毁容造型；ti 5开幕；广州地铁不雅视频；纽约机场现UFO；张檬被骂"小三"；世界上最悲伤作文；哈林指甲发黑掉落；何炅晒与汪涵合影。

今天我们被这些"毫无益处"的文化垃圾所填充，除白白浪费注意力之外，这些信息可有"一分钱"的价值？我们每天睁开眼面对的正是这些"文化垃圾"，我们每天最钟爱和享受的正是这些"文化垃圾"。卢梭说："大城市里必须有戏剧，而精神败坏的观众必须有小说。"[18]同时，我们也被那些文化垃圾制造者忽悠和戏弄。今天你才看到一篇以现场记者的口吻写的新闻，什么清华毕业季韩国学姐旧被子遭哄抢，售价堪比奢侈品，甚至还有现场卖被买被图。可是，当你还没缓过神来的时候，第二天，清华大学就辟谣，此消息是一款二手物品交易平台App恶俗炒作，当事人亦承认所谓"韩国学姐的被子"的"创意"只是一个广告。[19]我们就这样不得不把大量的时间花在这些无聊信息、垃圾信息上。波滋曼云："信息的失控、泛滥、委琐化和泡沫化使世界难以把握，人可能沦为信息的奴隶，可能会被无序信息的汪洋大海淹死。"[20]只有将这些娱乐八卦、低俗炒作等信息都打扫打扫，才有可能将我们从信息汪洋中拯救出来，"至少可以经济阅者的时间"。

（二） "精神雾霾" 的毒害

通常人们会认为低俗文化所体现的那些伤风败俗，有违道德伦理的观念和行为当然具有"负面影响"，有害人心、有害社会，这也是我们"反低俗"的前提。可是接触低俗文化与犯罪二者的关系似乎众说纷纭。"让一个人去接触色情制品究竟在多大程度上会诱使这个人的性犯罪，这个关系一直不清楚。毫无疑问，观看黄色制品的确会使某些人产生性冲动，但是，白日梦也会有同样的效果。冲动在男性中要比女性普遍，它会引发什么样的后果，目前尚无定论。一些学者认为，通过色情制品来得到性满足，可以缓解一下对社会有害的性犯罪。另一些人则反驳说，它们正刺激了性犯罪。也许最令人头疼的问题还在于，色情制品，尤其是那些性暴力色情制品，会使接触过它的人们变得麻木。"[21] 除"低俗有害论"外，还有两种不同看法，分别是："低俗无害论"和"低俗有功论"。

无害论者认为，"大多数娱乐的内容对人们思考方式的影响不大"。史蒂文·约翰逊说："我想我们是过于严肃地夸大了媒介能传递核心价值的程度。大部分人知道屏幕上的人物是虚构的，他们是让我们来取乐、欢悦的，而非给我们什么伦理教导。"[21] 他以娱乐的眼光，而非伦理的眼光看待这一问题。他以大众文化中的暴力而论："大部分电视观众明白，这些当代电视剧的暴力是虚构的；他们还明白，不应该从《黑道家族》中寻找道德指导；现实中开车时也不应该仿照《侠盗飞车》的旅程。"[21] 的确，我们看完一部伦理片后，在现实中可能仍是"谦谦君子"；我们看了一部暴力片后，在现实中可能仍"彬彬有礼"。这时，色情、暴力对人们来说只是一种"娱乐"，而不涉及"伦理"问题。

除"低俗无害论"之外，还有一种看法"低俗有功论"。低俗文化不必然导致犯罪行为，甚至还有助于减少犯罪，比如，色情制品有助于减少性犯罪，暴力文化有助于减少暴力犯罪。因为人的性冲动、暴力冲动在欣赏此类文化的过程中得以释放，从而使现实世界的性冲动、暴力冲动得以缓解。有人认为，暴力影片可以将有暴力倾向的人吸引到电影院里去，这样他就不会到酒吧酗酒，然后四处滋事，暴力犯罪就会减少。"[22]"沉浸于媒介暴力，尤其是具有参与性的游戏媒介，对孩子来说也许是一种安全阀门。如若不然，孩子们也许就到现实世界中发泄自己的冲动了，这何尝没有使暴力减少呢？"[21]

关于淫秽色情品，著名的"丹麦实验"常为人提及，1967年和1969年，丹麦分两步放开淫秽色情文学和视觉产品市场，色情品合法化后会出现什么样的结果？"第一，合法化后，淫秽色情品的制售经过一个短暂的高潮之后急剧下降，大多数公民对淫秽色情品产生了厌恶感。第二，犯罪率下降。1967年的犯罪率比上年下降了25%；1968年又下降了10%；到了1969年淫秽色情品彻底解禁后，犯罪率下降了31%。其中猥亵儿童罪下降了80%；露阴癖的犯罪率和报案率下降；观淫癖只剩下很小的比例；暴力侮辱妇女（包括强奸和猥亵）的犯罪率也大幅度下降了。"[24]

表面上看这两种说法皆有道理，但有两个问题值得讨论。

第一，它们从"犯罪"层面而不是"精神"层面来检讨低俗文化。

在他们看来，似乎只要与犯罪关系不大，甚至有助于犯罪的减少，就无害。可是，文化的"功过"并非以是否导致"犯罪"来衡量的。"文以化人"是文化的一大功用，它的意义不在于诱导犯罪与否，而在于它之于人的精神的熏陶、养成和提升，可是，一个有违道德伦理、低俗不堪的文化究竟能将人"化"成什么样？

低俗文化的危害在于精神层面的污染，而不在于法律层面的犯罪。"精神污染"这个词盛行于20世纪80年代初，如今几乎成了一个"负面"词，但如果不考虑它的特殊含义，用在这里可谓恰如其分。低俗文化对人的影响正在于其对人的精神的污染。"人们担心，观看色情制品会使观看者对于他们所观看的犯罪行径见怪不怪。这种担心是有道理的。在一项对大学在校生所做的调查中发现，在观看过强奸镜头的男学生中，有70%的人承认，有可能的话他们自己也会去强奸（Pittsburgh Post Gazette，1984）。绝大部分描写暴力和堕落的色情制品里的'牺牲品'都是女性，而在大众传媒中介绍的暴力事件中，受害者大多是男性。电视里终日演出着不计其数的谋杀案,有真实的,也有虚构的,它们给人们造成多大的心灵污染呵!"[23]

低俗文化固然不一定是刺激犯罪、诱导犯罪的唯一因素,但它透露出的庸俗不堪的价值取向与社会普遍认同的价值标准相冲突,而这是人们之所以不能认同低俗,对低俗视而不见,甚至纵容低俗的理由。

调查显示,95.3%的人认为当前互联网对孩子有负面影响。[25]中国关心下一代工作委员会在四川、重庆等地未成年犯管教所的调查显示,"93%以上的未成年犯阅读、浏览过宣扬凶杀暴力、淫秽色情等方面内容的书刊、录像带、碟片、网页等不良出版物。攻击型、暴力型犯罪分子占全部在押犯的85%。这些未成年人违法犯罪大多有预谋,一些在报刊影视上学到的反侦查手段也被不断使用,使得未成年人犯罪具有明显的成人化、智能化特征。"[26]

我们还能忽视低俗文化与未成年人犯罪之间的联系吗?

第二,它们的立论对象是价值观、是非观已经定型的"成熟人"。

的确会出现这种情形,有时观看一部价值观混乱,甚至反人类、反社会的电影,我们只是作为旁观者"看看"而已,并不会认同,更不会受其影响。但只是对价值观已经成型,有是非感、判断力的"成熟的人"来说才是如此。因为他们能够分辨是非、判断美丑,正是这成熟的价值观对低俗内容起到免疫功能,使得他"百毒不侵",甚至"化毒药为美酒",化低俗为娱乐。但是对价值观尚未形成,自制力尚薄弱的"未成熟人"(不是指年龄成熟与否,而是指价值观成熟与否),特别是尚处于受教育阶段的未成年人来说,他们正处于身体、心理、人格、价值观的成长期,具有一定的好奇心和模仿性,对"低俗化"缺乏一定的免疫力,低俗文化侵袭足使他们"中毒"。我们开展反低俗化运动的很大理由正是低俗文化已经对今天的未成年人的成长造成了严重的负面影响。

低俗内容对青少年的影响程度不能说不大。有研究认为接触暴力信息会影响并改变青少年的行为,"该领域的大量研究已经表明,反复接触电视中的暴力人物形象将引发儿童和青少年的攻击行为,尤其是对于那些之前已经出现过暴力行为的儿童和青少年而言更是如此"。[27]关于低俗文化之于未成年的影响,美国国会通过调查得出了这样几个结论:

  频繁收看有关性爱节目的青少年,在随后一年中发生性行为的可能性较收看此类内容较少的青少年要高出两倍。
  美国凯瑟家庭基金会2002年报道,72%的青少年认为,电视上的性描写"在某种程度"或"在很大程度"上影响了他们同龄人的性行为。
  少年儿童持续收看淫秽、下流和性描写的节目,以及收看无缘由暴力或过度暴力描写的节目,会对全国社区的公共卫生和社会安全造成危害。[28]

  而这也是美国限制电视这个人人都能无条件收看的媒介中淫秽、下流、暴力和性内容节目,以及对该类节目违反道德底线加以惩罚的部分原因。

  而在英国,一些组织也在努力抵制低俗文化对孩子造成的影响。1960年,(英国)全国老师协会(NUT)通过了一项决议,中有:"大会认为必须坚决抵制因新闻、广播、电影和电视的滥用而导致的标准降低……特别呼吁那些使用和控制大众传媒的人,呼吁孩子的父母亲,支持广大老师为防止课堂上谆谆教诲的价值观与那些年轻孩子在外面世界所遇到的价值观之间经常发生冲突所作的努力。"[29]

  从以上分析可知,低俗无害论和低俗有功论之说,其立论在于犯罪,不在于精神;在于"成熟人",不在于"未成熟人",特别是未成年人。它们淡化和抹杀了文艺的教育引导功能,文艺不应当只是迎合大众(媚俗),而应当提升大众(引导)。低俗文化中所包含和体现的"违理悖德"的价值观成为一种精神雾霾,毒害着低俗文化消费者。

  综上,低俗文化产生的总根源在于文化生产的"唯商业逻辑"。在此"唯商业逻辑"的支配下,当代中国社会出现了一种为追名逐利"疯狂炒作"的现象。这种炒作分为两种情形:一种是我们熟知的靠挑战公序良俗来获得悖德经济的"丑陋炒作"。就传播效果而论，负面信息的传播速度远快于正面信息。丑陋炒作之所以能够成功在于策划者、表演者和嗜好者三方"同流合污"。另一种是我们鲜为关注的靠"挑拨"社会热点和"标举良善美德"来获得普遍关注的"高尚炒作"。一个卑劣的动机可能会产生良善的效果，但不能因为效果的良善而原谅动机的卑劣。追求"炒作经济"必然带来低俗文化，而低俗文化对文化生态环境造成了严重污染，这表现在两个方面：一方面，它犹如"文化苍蝇"，袭扰人们；另一方面，它犹如"精神雾霾"，毒害人们的心灵。

参考文献

[1] 孙音：《从"超级女声"看新娱乐经济》，《沪港经济》2005年第10期。

[2] 吴虹飞：《娱乐至死》，江苏文艺出版社，2008，第241页。

[3] 《干露露母亲回应在电视台爆粗，有人给钱才开口骂人》，http://ent.ifeng.com/idolnews/mainland/detail_ 2012_ 11/29/19638647_ 0.shtml。

[4] 张贺：《当前广播电视文艺娱乐节目低俗风究竟谁之过？》，《人民日报》2005年8月29日。

[5] 袁蕾：《他说：它成功的秘诀就在于格调低下》，《南方周末》2005年7月21日。

[6] 萧萍：《制造快感》，《社会科学报》2006年2月9日。

[7] 《干露露谈走红：反正我火了走到哪里都受尊重》，http://ent.ifeng.com/idolnews/mainland/detail_ 2012_ 04/28/14212664_ 0.shtml。

[8] 孟繁华：《众神狂欢——当代中国的文化冲突问题》，今日中国出版社，1998，第67页。

[9] 张闳：《芙蓉姐姐的"S"与暴露癖》，《文学报》2005年7月7日。

[10] 温泉：《网络推手辩白：我们不是洪水猛兽》，《中国青年报》2009年4月9日。

[11] 朱光：《假"君鹏"重创网络公信力》，《新民晚报》2009年8月3日。

[12] 《"无人超市"测诚信是商业宣传噱头》，《烟台晚报》2015年6月8日。

[13] 陈方：《"秒杀"雷政富与媒体人的角色定位》，《中国青年报》2012年11月28日。

[14] 陈方：《这一场"文化砸车"令人万箭穿心》，《中国青年报》2012年10月23日。

[15] 王俊秀、庄庆鸿：《"香水女生"动摇了网络力量的根本》，《中国青年报》2009年4月2日。

[16]〔美〕桑德尔:《金钱不能买什么:金钱与公共的正面交锋》,邓正来译,中信出版社,2012,第217页。

[17] 邹韬奋:《韬奋谈爱情、婚姻、家庭》,学林出版社,2000,第28页。

[18]〔法〕卢梭:《新爱洛依丝》,郑克鲁译,上海译文出版社,1997,第1页。

[19] 张静雅:《"清华男卖学姐被子"竟是炒作》,《北京晨报》2015年6月3日。

[20]〔美〕尼尔·波兹曼:《技术垄断》,何道宽译,北京大学出版社,2011,第7页。

[21]〔美〕史蒂文·约翰逊:《坏事变好事:大众文化让我们变得更聪明》,苑爱玲译,中信出版社,2006,第134~136页。

[22]《暴力影片可抑制暴力犯罪?》,《参考消息》2008年1月9日。

[23]〔美〕杰弗瑞·戈比:《你生命中的休闲》,康筝译,云南人民出版社,2000,第277页。

[24] 李银河:《性文化研究报告》,江苏人民出版社,2003,第230页。

[25] 黄冲:《调查显示72.4%的人赞成网络分级》,《中国青年报》2010年1月8日。

[26] 刘声:《93%以上未成年犯浏览过暴力书刊》,《中国青年报》2008年12月2日。

[27]〔美〕劳伦斯·斯滕伯格:《青春期:青少年的心理发展和健康成长》,戴俊毅译,上海社会科学院出版社,2007。

[28] 中国广播电视年鉴编辑部编《世界各地广播电视反低俗化法规资料选编》,中国传媒大学出版社,2008,第10页。

[29]〔英〕约翰·斯道雷:《文化理论与通俗文化导论》,杨竹山等译,南京大学出版社,2006,第62页。

The Hype Economy and Contemporary Production of Low Culture

Chen Zhanbiao

Abstract: Low culture is originated from the cultural production based on the emphasis of business. At the mercy of "the emphasis of business", the phenomenon of "crazy hype" for the sake of chasing after fame and wealth becomes prevalent in contemporary China. There are two types of hype: one is the familiar "ugly hype" that wins economic status by challenging public orders to violate morals; the other is the "noble hype" that is relied on the often ignored behavior of drawing public attention and faking good morals. Seeking for the hype economy will lead to low culture, which may make contaminate the cultural ecological environment. It has two main features: one is to disturb people like "cultural flies"; the other is to ruin mind like "mental haze".

Keywords: Emphasis of Business, The Hype Economy, Production of low Culture, Cultural Ecological Contamination

About the Author: Chen Zhanbiao (1976 –), Ph. D. , Researcher of the Institute of Literature in Shanghai Academy of Social Sciences. His research interests and specialties are Chinese modern and contemporary ideological and cultural study, contemporary cultural study, study on the relationship between countries in the Chinese culture circle and China. He has taken charge of one national research project and has the following two monographs: *Intellectuals' Emotions of Saving Society in the May 4th Period* and *Freedom and Vision*: *Emergence of Contemporary Urban Leisure Consumption*. Besides, he has complied the following seven books: *Present at the World's Fair in the Late Qing Dynasty and the Early Republic Period*, *Ideological Medicine*: *Twenty Ideologist of Exotic Culture*, *A Memoir of the May 4th Event (Rare Materials)*, *Concealed within Japan Before, Revealed to the World Now*: *the Scene of the Surrender Ceremony after the Victory of Anti – Japanese War*, *National Humiliation of the April 17th Event*: *A Memoir of Shimonoseki Negotiation*, *From Ryukyu to Okinawa*: *Complies of Historical Records on How Ryukyu was Perished*, and *The Whole Story of Ryukyu's Case of Pendency during the Qing Dynasty*. He has also collated *A Brief History of Ryukyu Kingdom* and has been the chief editor of *Collections of Ryukyu Documents* Series. E – mail: chenzb1911 @ 126. com.

关于"文化研究"的文化研究[*]

臧　策[**]

【摘　要】 文化研究传入中国，这本身就是一个值得进行文化研究的课题，因为中国的语境与西方完全不同。对于西方来说，文化研究的崛起是出于对传统学科的不满，是对现代主义圭臬的一种超越；而在中国学术界，文化研究则是一种比结构主义、解构主义等更新的西方理论，犹如学术时装的最新款式。问题的关键是，文化研究在西方并非凭空出现的，而是继"语言学转向"之后"文化转向"的结果。但是在中国，"语言学转向"尚未真正开始，何谈"文化转向"？有鉴于此，笔者针对中国的特定语境，提出"超隐喻"理论和"元影像"理论，试图通过对文化逻辑的深层研究，来突破当下文化研究业已沦为"政治上正确"八股的局面。

【关键词】 文化研究　中国语境　超隐喻　元影像

一

其实，文化研究作为又一西方理论传入中国，这本身就是一个值得

---

[*] 本文为中国文联 2013 年部级项目课题成果（CFLAC - BJKT2013009）。
[**] 臧策（1962 ~），天津人民出版社副编审、山东工艺美院及大连医科大学艺术学院客座教授。从事文学与摄影两个领域的"元理论"研究，创立"超隐喻"理论与"元影像"理论，获国家级最高个人成就奖——中国摄影金像奖（理论批评奖）。著有《超隐喻与话语流变》《超隐喻与诗学》等。电子邮箱：815388273@qq.com。

进行"文化研究"的课题。众所周知,在相当长的一段历史时期里,中国对西方"理论",一直处于"不知有汉无论魏晋"的状态。直至20世纪80年代才开始"吃螃蟹"。但这并不是一种时空对等的传播和接受,而更像是经过了"时空隧道"的科幻旅行。随着从西方到东方的空间转换,时光便神奇地倒退了半个世纪。弗洛伊德、索绪尔、普罗普这些20世纪初的大师,早已成为西方经典的"古人",在中国却"时光再现"重新焕发了青春。他们仿佛从"时空隧道"被抛回了20世纪初,重新成为"先锋"和"异类"。为此他们还要时不时地被当时的"学术界"批一批。这些现在看来或许有点滑稽,却是一个真实的过程,也可以说是一个必然的过程。在学术界,精神分析、新批评、结构主义、符号学、阐释学、解构主义、新历史主义……这些彼此相差了几十年,有的甚至相差近一个世纪的理论,却几乎是前后脚地一下子进入了中国,在80年代"各领风骚一两年"。就在人们还在目不暇接地生吞活剥这些理论时,后殖民主义、女性主义、文化研究又赫然登场……

一方面,知识的背后是权力的运作,其中的"拿来"与拒斥、凸显与遮蔽,非一言所能尽;另一方面,也应看到,一种文化理论的形成、发展是有特定渊源的。无法想象不懂弗洛伊德而精通拉康,不知索绪尔而谙熟罗兰·巴特。而中国语境中的文化研究则是十分复杂的,从背景到现实都与西方大相径庭。在西方,文化研究之所以成为自"语言学转向"以来,继文本研究之后的又一次新的"转向",其中不可忽略的一个因素就是:后结构主义(在美国尤其是解构主义)理论,为新历史主义、后殖民主义、女性主义等,或提供了理论依据或提供了理论方法。"转向"之初,保罗·德曼就曾在一篇文章中说:"从最近的各种出版物判断,时代精神之风已不是吹往形式主义和内在批评的方向了……由于文学形式诸问题已经一劳永逸地得到了解决,由于结构分析的技巧已经臻于完美,所以说,我们似乎可以'超越形式主义'而走向那些真正令人兴致盎然的问题,并最终收获对技巧的苦行僧式关注所产生的成果了。而正是此种关注,为我们迈出关键性的这一步作了准备。凭借文学的管理井然的内在法则和秩序,我们现在可以满怀信心地致力于外部的事情,即文学的外部政治问题了。"[1]

虽说当年德曼说这话时口气不无揶揄,但就有关语言学研究作为日后"转向"的重要的知识背景这一点,似无疑义。所以,与其说文化研究是从关注文本到关注社会,还不如说是将"文本"扩大化,走出了昔日仅仅关注"文学性"的狭小视野,而把历史、文化、社会亦视为一种"文本"来加以解读,并寻求其背后的"深层关系"。文化研究不是抛弃了结构主义以来"文本研究"的成果,而是将其作为一种知识背景在更为广阔的领域里加以运用。从不满于实证批评、历史批评、印象批评、新人文主义批评,到关注文学自身研究的新批评,以及后来结构主义、后结构主义鼎盛一时,可以说是从不关注文本的极端到只关注文本的极端的转换。然而解构主义对"中心"的巨大的颠覆性,又注定要为居于"边缘"的性别、种族、阶级、文化提供一种理论思想上的"尖端武器",而由此展开的各类文化研究又势必会走出文学,面向文化。这一看似反反复复的过程,绝非物极必反式的简单重复,而是一个必不可少的深化的进程,而中国语境中的文学或文化研究所缺失的恰恰是这一进程。这无疑是中国许多学人的一种先天不足。

与文学研究的这种状况相映成趣的是国内有关艺术史学科的研究。在艺术史方面,西方的艺术史研究,在当今的文化研究语境中开始转换成视觉文化研究。然而国内的艺术史研究领域,却从未出现过类似潘诺夫斯基、贡布里希那样的大家。这其实也正是国内的所谓当代艺术面临的问题——未经过现代主义阶段的中国艺术界,真的能越过现代主义而直接迈向当代吗?美国艺术批评家布莱恩·沃利斯在其主编的《现代主义之后的艺术——对表现的反思》一书中说:

> 对当代艺术和批评的任何理解都有必要与对现代主义的考虑结合在一起,因为现代主义是一种文化标准,即使到今天它仍然支配着我们对艺术的认识……今天的现代主义已经精疲力竭,它那曾经带有挑衅性的或蛮横的产品现在正如被埋葬了一般躺在它们一度威胁和冒犯过的文化制度中。毕加索、乔伊斯、劳伦斯、布莱希特、

波洛克和萨特是我们当代的古典人物……现代主义已成为官方文化，成为新保守主义的审美避难所。

接着他又说：

> 自20世纪60年代初以来，艺术和艺术批评的中心目的就是拆解现代主义的单一神话，消解其压制性的伟大理念和大师的序列。作为现代主义后期主要文化产品的抽象表现主义、新浪漫主义、存在主义、先锋电影和新批评等都逐渐被置于一旁，代之而起的恰恰是那些明确反对现代主义理想的艺术形式和批评样式。[2]

然而对于中国而言，西方的这种文化语境根本就是不存在的，从接受的维度上看，欣赏和理解现代艺术是需要经过学习和训练的，并不是仅靠着人们本能的对于"美"（其实是"漂亮"）的天然感受就能读懂并喜欢的。然而现代主义的文化艺术观念，在中国却从未得到过系统的普及，更不要说成为权威性的文化制度了。中国大陆的学院教育背景是受苏联式的写实主义体系影响的"苏联模式"；而中国传统的审美又被极大地"民俗"化了，最后蜕变为历久不衰的高大全、红光亮，以及前现代审美与后现代消费混搭出来的视觉奇观——土豪金。此外现代主义在中国，还关乎政治语境的问题。20世纪30~40年代，现代主义在中国也曾经有过短暂的繁荣，但随即被"时代洪流"所湮没。而在改革开放以后，又被当成"精神污染"而遭受批判……所以现代主义与后现代主义（都属于不是一眼就能看得懂的艺术）在中国的特定语境中，非但不是冤家对头，反而是一对命运坎坷的难兄难弟。在这样的中国语境里，如果只是简单地"拿来"西方当代艺术批评，来颠覆在中国尚未建构起来的"现代主义"的话，则无异于唐·吉诃德式的风车之战。沈语冰教授在《二十一世纪现代艺术批评》的前言中就阐述了这样的观点：中国大陆从观念、潮流到艺术语言形态都全方位地借鉴了西方，却忽视了对自身问题的分析。自身的现代主义文化结构、文化价值都尚未确立，却学习借鉴了对现代主义进行批判和反思的后现代主义艺术，于是内在的不成熟反而被一种表面丰富的艺术语言所覆盖了。

其实，现代主义与当代艺术并非"一刀切"式的，而是彼此咬合相互嵌入的。从总体走向上看，现代主义是在解决"现代性"的问题，而当代艺术也依然是在解决"未完成的现代性"的问题。从相反的角度看，中国语境也恰好为西方的后现代批判提供了现实版的答案，那就是未经现代主义历史阶段的艺术发展到底是什么样子的。在西方，后现代主义也好，当代艺术也好，都是基于现代主义的，其批判也好颠覆也好，归根结底不过是以反"现代"的方式所进行的更现代，是对现代主义的修正和超越，而绝不是退回到前现代的语境中去。而未经现代主义历史阶段的中国式视觉奇观，却被铺天盖地的糖水片以及形形色色的恶俗人造景观所充斥。中国的现实经验告诉我们，现代主义不是万能的，但没有现代主义是万万不能的。

二

在今天的"文化研究"语境中，已不再那么前沿了的语言符号学研究对于我们还重要吗？中国学界能够超越"语言学转向"而直接在"文化转向"中有所作为吗？

与德曼所戏言的"文学形式诸问题已经一劳永逸地得到了解决"，"结构分析的技巧已经臻于完美"等情形相反，中国学界从未对"技巧"进行过"苦行僧式关注"，"语言学转向"在中国不仅还没有完成，甚至可以说尚未真正开始。海外学者高辛勇先生曾言："虽然中国的政治体制彻底改变，但语言以及刻铸在语言上的价值观与意识形态并没有完全变换。五四运动使白话代替了文言成为文学创作语言，但根据大多数研究，文言里的修辞格，大部分仍旧保留在白话里……这些改革并没有完全破除传统帝制的价值、意识形态与行为模式。因为价值与意识形态是由语言来夹带，是刻铸在语言里的，而语言并不能一下子换新，它所夹带的价值也一直被内化、被我们接受为自然的一部分，因此也比较难以破除。"[3] 与已被种种"后学"解构殆尽的西方文化（话语）相比，中国文化（话语）倒更是亟待"解构"，然而很少有人对此加以留意（高辛勇先生的研究也未引起国内学人应有的重视）。德里达在中国虽也曾大热特热，但谁又能真正回答类似于西方"逻各斯中心主义"的东西在非"语音中心"的汉语中究竟为何物（虽然张隆溪先生有过可贵的探索）。窃以为如果不能将那些千百年来潜藏于汉语之中的"超验隐喻"意识形态编码滤出，并加以质疑、解构的话，那么中国语境中的一切文化批评都注定徒劳无功。

此外就文论而言，由于缺少相关的知识背景，缺乏基本的文本分析训练以及对相关理论方法的掌握，中国学界的许多"研究""批评"往往仅停留在对西方某些名词术语的简单套用上，知其然不知其所以然。就其观念和方法而言不过是那种僵化的传统文学批评的翻版。不要说后结构主义的诸多理论方法，即便结构主义初期最基本的语言学、符号学原理在中国的知识界也未普及。有人认为，今日中国学术也已超越文学研究而到了文化研究的时代。笔者以为这种看法未免过于乐观。中国在文学研究方面直至今天也还只是处于"初级阶段"，我们还从未像欧美学界那样在语言学、符号学方面进行深入研究，没有在文学形式的诸多方面详加探讨。多年来，唯一能聊以自慰的便是抬出中国传统的"诗学"来壮门面。然而我们对自己传统诗学到底知道多少？在缺乏现代语言学方法，不做话语深层分析的情况下，真的能够对传统诗学有现代意义上的把握吗？不过是拿几条中国的古代文论去套西方文论，再比较一下异同，以为便是融会中西诗学了。用这样的"理论"能研究中国20世纪的文学吗？文学研究如此，文化研究能创造奇迹吗？虽然近年来国内在文化研究方面也出版了一些水平较高的学术成果，但终属凤毛麟角。

在某些研究中，由于不懂话语分析的相关方法，无法进入文本的深层加以解析，只好听任已有的"中心意义"（此种中心意义的建构过程，往往背景复杂）的摆布。其结果是不仅无法揭示其背后深层的权力关系，反而为这种权力关系所役使，不是"除幻"而是"制幻"。比如，中国的许多女权/女性主义者（少数学术精英除外），由于缺乏在语言学方面尤其是解构主义以来话语研究方面的相关知识背景,其研究长期以来始终在低水平层面徘徊。他们还不太懂得,男权观念恰恰就隐匿于语言之中,在言语活动或曰修辞过程中,被不断地加以编码、复制。女权/女性主义批评,如果不能深入话语层面并将隐匿其中的男权观念加以过滤、分离、剖析、解构的话,就无法真正颠覆男性话语霸权,甚至会陷入某种吊诡式的可笑境地,更有可能糊里糊涂地充当了男权的"共谋"而不自知。比如,一些所谓的女权主义小说,在故事的表层仿佛颠覆了男权,却不知其故事的深层结构恰恰是男权观念的,其叙述话语也充满了男权隐喻。而"女性主义"者就常把这些在故事层面讲述女人故事,但在话语层面显然是男权观念的文本当作"女权"文本。这实在无异于女性/女权主义的自我解构。

德曼曾说:"在法国文学批评的实践当中,符号学既硕果累累,又不可逆转。"[1]可以说自西方的"语言学转向"以来,符号学研究始终是这一领域里坚实的知识背景和理论中坚,即便是在"文化转向"之后的今天,其作用仍不容忽视,特别是对于中国学界而言。其实,在今天的文化研究的语境里,在迈向经济全球化的消费狂欢中,"符号"对于我们来说,更是无处不在。法国学者让·鲍德里亚的有关学说表明,在现代消费社会中,随着商品的使用价值与其交换价值的完全脱离,符号也与其所指物完全脱离了。当符号的所指意义和所指物都被放逐后,代码变得不再指涉任何主观的或客观的"现实",而只指涉其自身。符号的能指变成了它自身的所指物,符号只是为了转换和交流而存在,而生产也成为为生产而生产的"生产",除此之外便没有任何其他目的和价值。这些理论无疑为当今的文化研究提供了新的视野。虽然文化研究最初主要来自英国而不是法国,但没有人怀疑鲍德里亚的相关理论已成为当今文化研究中的一个重要组成部分。其实,鲍德里亚所运用的基本方法仍是符号学的。他说:"消费和语言一样,或和原始社会的亲缘体系一样,是一种含义秩序。""流通、购买、销售、对作了区分的财富及物品/符号的占有,这些构成了我们今天的语言、我们的编码,整个社会都依靠它来沟通交谈。这便是消费的结构,个体的需求及享受与其语言比较起来只能算是言语效果。"[4]

比如：市场经济给人的假象之一就是，消费者是"上帝"，生产者是按照消费者的"需求"进行生产的。对此，鲍德里亚说："承认消费者的自由和主权只是个骗局。这种把个体满足和选择维护得严严实实的神秘主义，就是工业体系的意识本身。"[4]消费者的"需求"其实是被"生产"出来的，是被以符号系统的方式"制造"出来的。所以既不能说生产是需求的结果，也不能说需求是生产的结果，正确的说法应该是"需求体系是生产体系的产物"。再如，在今天这个"读图时代"，在"老照片""x镜头"风靡之时，很多人会被图像的"真实感"所迷惑，从而相信其"真实性"，相信那就是"现实"。这样就遮蔽了隐匿于图像背后的意识形态编码。笔者曾撰写《摄影·批评·文化研究》系列文章，对中国的摄影批评、后摄影、女性人像摄影、长城摄影、《俺爹俺娘》等一一加以分析，而这些如果没有符号学理论方法的支持，根本是不可想象的。

三

在所谓的文化研究已成为学术界的某种口头禅的今天，我们还应该意识到这样几个问题：今天的"文化批评"，是否正在沦为"政治上正确"的八股文；是否已经成为一套陷入固有逻辑而难以自拔的语言游戏；其对于现实世界还有多少实际意义可言；现代主义时期的经典名作汗牛充栋，后现代时期的文本花样翻新，还不是从以"现代性"为圭臬的各种语言游戏，渐次转换到了以"政治正确"为诉求的"主义"八股。从美国的"9·11"事件到巴黎恐怖袭击，每次出现世界性的大事件知识分子都会迫不及待地在第一时间站出来说话。"9·11"时德里达说了，巴黎遭到恐怖袭击时齐泽克又发声了。可笔者注意到了他们的共同特点，就是既不逾越"政治正确"的底线，又要在辞令上说出点新花样，还要借机证明自己在学术上一贯的高瞻远瞩。他们的逻辑是严密的，话语分析更是熟练的，但这些并没有让他们发现新的逻辑关系，而只是支撑着他们在固有的逻辑中去玩一轮新的语言游戏。当语言成为语言的障碍，当逻辑走进逻辑的死角，我们还能期待什么呢？这样的语言系统早已无力拯救世界，而其自身却亟待被救赎。写作《语言的囚笼》的杰姆逊，他自己走出过"语言的囚笼"吗？

不同种族地域的文化，本是所处不同生存环境地理场域的人群，面对差异性的自然规定性所表达的言语，各自具有自足性与合理性，无所谓优劣之分。但随着人类文明的高度发展，以及工业化、现代化乃至全球化进程的加快，处于历时性进程中的不同文化，在"地球村"时代乃呈现为共时性的并置状态。不同文化间的差异性越来越演变为源自传统生活方式的"习俗"，而在核心价值观方面则开始趋同，那就是文明替代野蛮、法治社会替代丛林法则、自由民主替代专制独裁。在"全球化"时代，人类所面对的已经是共同的问题，而不再是各自面对不同自然环境时如何刀耕火种、狩猎放牧捕鱼等的原始性生存的问题，所以人类文化的走向以及不同文化间的冲突，就变得日益集中而且激烈。由于标志着"现代性"进程的工业社会源于西方，西方文化于是自然而然地成为现代文明的引领。后殖民主义理论批判这种"西方中心"的话语霸权，但批判之后又如何？除了留下众多学术口水以及少数族裔的种种怨念之外，并不能让他们想象中的"东方"摆脱日益被符号化的命运而真正成为当今人类文明主流价值观中的一种。难道我们真的需要颠覆现代文明的既定秩序吗？现代文明如果真的可以"去西方化"，那么我们还剩下什么？现代文明之所以会"西方中心"，其根本原因是东方文明在人类"现代性"进程中的缺席与失语。在今天的后现代语境中，与其像后殖民主义者那样喋喋不休地批判"西方"，还不如将东方文明中的最高智慧通过"现代再阐释"而使之成为可以与西方智慧形成良性互补的人类智慧。其实，在所谓文化的背后，是文化逻辑在起作用。真正意义上的文化研究，应该是以整个人类文明为背景的文化逻辑研究，而不只是把研究的视野从文学抑或艺术领域转移到政治与意识形态领域。

四

为了从中国的具体文化语境出发,并在文化逻辑的深层进行研究,笔者先后创建了"超隐喻"理论[5]和"元影像"理论[6]。

超隐喻理论是针对汉语言文化特征而独创的中国本土理论。因为德里达理论中所解构的"语音中心主义",只适用于拼音文字,并不完全适合中国的汉字文化。超隐喻理论就是以此为起点而另辟蹊径进行研究的,指出汉字文化与西方的"逻各斯中心主义"不同,"超隐喻"才是东方专制主义意识形态编码的"元结构"与"元叙事"。而"超隐喻"式的思维方式也同样会渗透到文学与艺术的编码中去,从而成为艺术语言背后的一种元语言。正如著名学者赵毅衡所指出的那样:"超隐喻这个概念,比李奥塔的'元叙述'或'宏大叙述',比德里达的'逻格斯中心',都清楚明白,植根于中国语言的历史,更适合中国文化,很值得好好深思展开。既然西方的拼音文字,系词,名词变格,导致西方一连串的理论症结,那么中国的'指事会意'文字,每个字包含隐喻,就应当催生自己的理论。"[5]

超隐喻理论的研究发现,在超隐喻修辞中,意识形态(特指宗法制社会的专制主义意识形态)与话语形式(俗套)完全是同一的,犹如生物的基因图谱,基因排列(形式)与物种(内容)是完全同一的。当然,超隐喻作为一种特殊的意识形态修辞,还必须具有普通修辞所不具备的重要特征,那就是其所携带的话语权力,那是貌似神圣的、强制性的、不容置疑不可追问的话语暴力。比如:"天地君亲师""天不变道亦不变""一句顶一万句"等。超隐喻最大程度地利用了话语暴力,将本属于自然界的天地与本属于国别的行政划区,再加上本属于家庭血缘关系的父与子等,统统以天理人伦的方式扭结在了一起,从而在国、族、家以及君臣、父子之间构成了一种极端伦理化的关系,于是"君要臣死,臣不得不死;父要子亡,子不得不亡"成为天经地义之事。超隐喻的这三个特征,是三位一体的,就如那些迥异于正常基因的某种特殊变异被称作癌变一样，超隐喻就是话语中变异了的特殊修辞，凡是具备了三位一体特征的，就必定是宗法制社会的专制主义意识形态，其内容决定了形式，而形式也同时决定了内容。

"元影像"理论则对东方智慧与传统文化做出了严格的区分，认为东方智慧并不等于传统文化，而恰恰是可以超越传统文化的地域性与时间性，进而成为整个人类文明的组成部分的。不论哪一种文明，都是由原始文明进化而来的。原始文明是人类原始思维方式下的产物，可以说人类文明的进步，就是人类从原始的思维方式中不断地逐步开化的进程。而在这样一种开化的过程中，逻辑关系的建立以及对新的逻辑关系的发现，无疑是最重要的。这也正是西方文明中理性与科学精神的理路所在。然而华夏文明在思维开化的方式上却与西方有所不同，华夏文明更多的是倚重直觉乃至"内证"方式来进行的。正如国学大师梁漱溟认为中国文化其实是一种"早熟"的文化，就"共时性"的维度而言，其在智慧的高度上，不仅不逊于以"逻各斯"为中心一路前行的西方理性，而且在今天尤能凸显其破解"逻各斯"中心的可能性。但如果从"历时性"的维度看，无疑又过于"早熟"了，略去了不可或缺的发育乃至逐步成熟的必经阶段——理性精神的正常发展。而这种"早熟"文化的一大"后遗症"就是思维方式上的逻辑缺失，尤其是以类比性思维来替代逻辑思维的现象最为突出。以儒家最著名的人生信条"修齐治平"为例：修身、齐家、治国、平天下这四者之间，其实只是纵向聚合（联想）轴上的修辞递进关系，并不存在必然的逻辑关系。一个修身的人，就一定可以齐家吗？就必然能成为一位模范父亲吗？史上那些独身的圣哲怎么说？再说一位好父亲，就一定能够治国平天下吗？可见，这种貌似自然而然一气呵成的人生大道理，其实是建立在似是而非的类比关系而非严谨的逻辑关系上的。再看，当这种似是而非的人生信条成为一种信仰、一种铁律之后，又会怎么样？很显然，就会造成人生理想的模式化和单一化。生命的意义是多种多样的，绝不是仅有"修齐治平"一种模式。儒家把父权家庭的一种理想模式作为所有人的人生模式，这就会将其他不同的抵达人生智慧的路径边缘化。其实，往往恰是有缺憾的人生，才能通向超越之路，理想的完美模式反而会通往平庸。

　　这种尊于一端的理想人生模式，不仅压抑了其他形式的人生之路，而且让这种单一的理想模式因陷入俗套而堕落。所有体制性的僵化与变质，也同样与此有关。人生抵达最高智慧的路径多种多样，将其定于一端，其结果只能是偏离智慧，这就是思想禁锢的起源。而被压抑的部分因未得到充分的发展与分化，久而久之则堕入民间化为暴戾之气。而这也正是中华文化与西方文化的迥异之处：西方的理性主义虽然自身也有诸多的局限，如陷入语言的囚笼，却也正因如此才是可以言说的；而中华文化的至高境界（诸如道家的老子）却是超越语言、不可言说的，是"道可道非常道"的。就古圣先贤自身而言，固可凭借一己的身心修为，超越"可道"的逻辑与理性，在内心深处抵达澄明之境，但同时也正因其是不可言说的，对于普罗大众来说也就不具启蒙性了。于是圣愈圣而愚愈愚，圣贤投下的阴影则成为未经开化的反智。直到今天，以固化的类比思维替代严谨的逻辑思维，仍是国人在思维方式上的一大痼疾。超隐喻思维不啻为一种思想之癌。

　　所以元影像理论提倡的"回归东方智慧"，绝不是简单的复古，更不是要回到中华文明的"早熟"阶段——那是绝对没有前途的，而是以东方文明中可以超越西方"逻各斯中心"的智慧，来破解当下文化上的后现代困局，从而为今天的文化、艺术探寻出新的文化逻辑。正如《金刚经》所言："所言一切法者，即非一切法，是故名一切法。"《金刚经》中类似的句式还有很多，这完全超越了形式逻辑。当然佛学不是不讲逻辑，而是超越了形式逻辑，进入了元逻辑的层面。正因为其智慧的高度已经洞察了逻辑的虚幻、语言的虚幻及自我意识的虚幻，所以也就避开了如西方智慧那样沿着逻各斯中心一根筋追问到底的路径。那么东方智慧对于逻各斯的超越，是否可以替代解构主义的解构呢？进而言之，其对于现代性的超越，是否可以替代后现代主义的"颠覆"呢？这乃是"元影像"理论所思考的核心问题。具体到文化艺术领域，我们说语言是靠逻辑作为支撑的，艺术，尤其是观念艺术，表面上看是发现了新的语言方式，实际上则是发现了新的逻辑关系。回归东方智慧可以给我们的艺术创出一个新的文化逻辑维度——元逻辑的维度。

参考文献

[1] 〔美〕保罗·德曼：《解构之图》，李自修等译，中国社会科学出版社，1998，第50页。

[2] 〔美〕布莱恩·沃利斯主编《现代主义之后的艺术——对表现的反思》，宋晓霞等译，北京大学出版社，2012，第6页。

[3] 高辛勇：《修辞学与文学阅读》，北京大学出版社，1997，第56页。

[4] 〔法〕让·鲍德里亚：《消费社会》，刘成富、全志钢译，南京大学出版社，2012，第31页。

[5] 臧策：《超隐喻与话语流变》，天津人民出版社，2006。

[6] 臧策：《重建文化逻辑——想象另一种可能》，《艺术广角》2016年第3期。

A Cultural Study on "Cultural Studies"

Zang Ce

Abstract: The spread of cultural studies in China is a topic worth doing the research from the perspective of cultural studies, as Chinese academic context is definitely different from the western one. For western academic circles, the rise of cultural studies is originated from the dissatisfaction of traditional disciplines, which exceeds the belief of modernism. Instead, for Chinese academic circles, the theory of cultural studies is the latest western theory compared with structuralism and deconstructionism, which is more like the latest style of academic clothes. Actually, the fact is that the theory of cultural studies doesn't emerge out of void, but is the result of the "cultural turn" after the "linguistic turn". However, the "linguistic turn" has not really started in China, so how can Chinese academic circles move on to the "cultural turn"? Based on the specific Chinese academic context, the writer puts forward the suprametaphor theory and the meta – image theory, attempting a break – through via in – depth research on cultural logic against the "politically correct" propaganda.

Keywords: Cultural Studies, Chinese Context, Suprametaphor, Meta – image

About the Author: Zang Ce (1962 –), Associate Senior Editor of Tianjin People Publishing House, Guest Professor of Academy of Fine Arts of Shandong, Guest Professor in School of Arts, Dalian Medical University. Research interests and specialties: meta – theoretical study on literature and photography. He has created suprametaphor theory as well as meta – image theory, and has been awarded China Golden Figure Award (Theoretical Criticism Award) which is the national highest award of personal achievement. Magnum opuses: *Suprametaphor and Evolution of Discourse*, *Suprametaphor and Poetics*, etc. E – mail: 815388273@ qq. com.

文化创意产业核心在于审美文化[*]

——以景德镇浅绛彩文人瓷画的兴衰为例

陈健毛[**]

【摘　要】　大力发展陶瓷文化创意产业对于当今的景德镇而言是至关重要和迫在眉睫的问题。实质而言，发展陶瓷文化创意产业的核心在于把握住时代的审美文化思潮。这在清末民初景德镇浅绛彩文人瓷画的兴衰上得到集中体现。程门开创的浅绛彩文人瓷画从根本上而言是由清中后期文人画引书入画的审美文化思潮促生的。研究清末民初景德镇浅绛彩文人瓷画的传承与创新可以帮助我们明晰近现代陶瓷文化产业的发展规律，对于发展景德镇陶瓷文化创意产业有重要启示。

【关键词】　文化创意产业　文化创意　浅绛彩文人瓷画　文人画引书入画思潮

景德镇作为千年瓷都，如今如何重现其辉煌可以说是迫在眉睫的问题。近些年来，产业单一的景德镇千方百计地探索文化创意产业以赢得市场。当今的改革者和创新者往往按照明清辉煌成就的思维定式进行自

---

[*]　本文为江西高校人文社会科学基地项目"景德镇陶瓷世家的谱系研究"（GD14105）。
[**]　陈健毛（1973～），博士，广西艺术学院副教授，景德镇陶瓷大学中国陶瓷文化研究所特聘陶瓷艺术批评中心主任，主要从事绘画理论与批评研究。电子邮箱：jianmao0223@163.com。

我拯救，虽有所收获，但偏离了景德镇陶瓷产业自身发展的规律。离开景德镇陶瓷产业自身发展规律去寻求重振之路无疑是缘木求鱼。其实，景德镇的发展历程有其内在规律性，尤其是清末民初曾经发生过自我的裂变、自我的突破。最主要的标志就是浅绛彩文人瓷画的兴衰。浅绛彩文人瓷画的兴衰并非种种外在原因所致，我们回到具体的历史语境，就会发现其与清末中国绘画的审美文化密切相关，可以说是当时中国绘画审美文化在陶瓷工艺美术上的反映。不了解当时中国绘画审美文化对浅绛彩文人瓷画兴衰所起的作用，就无法揭示出浅绛彩文人瓷画自身发展的规律，也就无法明晰近现代景德镇陶瓷绘画的发展脉络。当今我们可以正本清源，厘清景德镇百年来发展历程中的裂变和突破，并按其自身发展规律指明其发展的方向。这不仅可以为当今景德镇陶瓷文化创意产业的发展提供理论资源，而且可以使景德镇在未来的发展中不入歧途。

一

"目前，文化创意产业正在中国崛起，如何理解文化创意关系到文化创意产业的定位。"[1]文化创意产业是景德镇的热门话题，但迄今为止，作为陶瓷文化创意产业理论核心的陶瓷文化创意还没有令人满意的界定，这直接影响到陶瓷文化创意产业的发展。在当今景德镇，陶瓷艺术是文化创意产业的核心，陶瓷艺术的创新直接关系到对陶瓷文化创意的界定。因此，对当代景德镇陶瓷艺术的创新进行研究，对于我们理解陶瓷文化创意和促进文化创意产业的发展无疑是有益的。国务院在批准的《鄱阳湖生态经济区规划》中明确提出："瓷都景德镇要'培育瓷文化创意产业'。"目前虽然许多有识之士认识到文化创意产业是景德镇经济发展的推手，但对文化创意产业的认识模糊不清。文化产业经济效益的突破其实并不在产业的创意上，而在艺术和文化的创意上。文化创意可以理解为艺术原创。艺术创新是景德镇陶瓷文化创意产业发展的核心所在。对于千年瓷都而言，陶瓷艺术文化的确需要创新来推动其发展，景德镇许多陶瓷艺术家也为此做了不懈的努力，并取得了辉煌的成就。

近些年来，景德镇充分利用陶瓷文化遗产资源，着力于文化创新和艺术创新。但整体而言，在路径和方式上存在一些误区，其中最大的误区就是将明清历史时期的成就作为当今陶瓷文化创意产业的明灯。当今所谓的改革者和创新者往往按照明清辉煌成就的思维定式进行自我拯救，虽有所收获，却使景德镇偏离自身发展轨迹。景德镇在资源稀缺和皇权至上的年代虽然形成了独特的陶瓷产业基地，但这一基地在从清末皇权解体至今超过百年发展中，终究因皇权的消除而在全国陶瓷行业竞争中失去其优势地位。虽然一时的成就随时代而变迁，但中华民族审美文化的内核一直在时代变迁中起主导作用，所以陶瓷文化创意要在中华民族审美文化的基础上来进行。

当我们苦苦寻求重振景德镇陶瓷产业辉煌再现的路径之时，不得不先对景德镇千年陶瓷历程进行审视。在这一审视过程中，笔者发现景德镇其实在千年发展过程中曾经发生过自我裂变和自我突破。这一裂变发生在清末民初之际，景德镇陶瓷艺术在中国文化转型时期，所发生的由工艺向艺术转型的路径，而这一转型路径最主要的标志就是浅绛彩瓷的兴盛和其继承者新粉彩的出现。许多研究者也意识到这一突破，但对文人瓷画兴盛和衰变做了许多似是而非的解释，没有真正把握住景德镇千年发展中的文化动因和艺术潜能，对浅绛彩瓷文人瓷画文化研究的缺少使我们对百年来景德镇陶瓷文化产业发展的研究陷入歧途。这一时期文人瓷画的兴起、兴盛到衰败与中国绘画整体的审美文化是密切相关的，可以说是当时中国绘画审美文化在陶瓷工艺美术上的反映。元明清是文人画全盛时期，但景德镇陶瓷绘画在这一时期一直偏重工笔画而非文人画，而恰恰清末民初这一社会变革时期，文人画和陶瓷工艺美术发生了交融，而这一交融得益于清末民初绘画界引书入画的思潮，而绘画界引书入画思潮是中国绘画审美文化发展的必然潮流，也就是说随着这一思潮所发生的文人画和陶瓷工艺美术的交融是历史发展的必然，文人瓷画从兴起、兴盛到衰败都与中国绘画整体的审美文化密切相关，可以说是当时中国绘画的雅俗观在陶瓷工艺美术上的反映。

具体而言，清末民初景德镇浅绛彩文人瓷画的兴起与"海上画派"

的出现是这一审美文化在不同领域的表现。明清时期占中国画主流的是以董其昌、清初四王为代表的保守派画家，他们之所以重模仿而脱离生活和情感，其实是与明清封建专制的文化意识形态相呼应的。其实，即使在中国画领域，文人写意画的审美意识也只是在明清保守、传统势力下的自我突破，文人思想情感在明清时期是被压抑的，而这种压抑得到释放对于中国绘画而言，在明清徐渭、石涛、八大山人时期就已萌芽，而在清代又被"扬州八怪"和"海上画派"发扬光大。"扬州八怪"和"海上画派"文人画家和画工都以引书入画为时尚，高雅的文人写意画与世俗的画工画之间的界限发生了消解。正如陈师曾在《文人画之价值》中所说的："文人画终流于工匠之一途，而文人画特质扫地矣。"[2]

清末社会动荡与革新思潮的涌动使民众的个性意识逐渐觉醒，以张扬个性为特征的文人山水瓷画的崛起正是清末社会思潮的真实反映。正是这样的艺术商品化浪潮和个性解放思潮，为原本是工艺美术的陶瓷绘画走向艺术化奠定了基础。明清景德镇陶瓷绘画受到皇家的严格控制，对于所画图象都有严格的规定，但随着清末御窑厂的衰败和管理的松弛，官窑瓷器走向衰亡。从清嘉庆朝开始，景德镇御窑厂已没有专职的督陶官而改由地方官监管。清咸丰年间太平天国御窑厂被烧毁，虽然李鸿章拨银重建，但除在皇帝大婚和慈禧寿诞时大规模生产瓷器外，皇家对御窑厂的管理很松弛。所以御窑厂内文化层次高的画师能够创作宫廷并不喜欢的浅绛彩瓷，彩瓷享用者的主体由宫廷权贵逐渐转为文人士大夫和巨商豪绅。

与"海上画派"同时兴起的，还有属于陶瓷工艺美术的景德镇浅绛彩文人瓷画。这看似偶然，其实有必然性。这一必然性就是清中后期文人画引书入画的审美文化。本来在传统文化底蕴深厚的中国，陶瓷工艺美术作为装饰画一直不受文人画家待见，画纸绢的文人不屑画陶瓷装饰画，画陶瓷装饰画的陶瓷画工又不能画文人画，这二者本很难产生交集，但清末民初文人画引书入画的审美文化消解了文人画与画工画的区别，改变了陶瓷工艺美术的历程，将陶瓷装饰转变为陶瓷艺术。

二

程门之所以能够开创浅绛彩文人瓷画,外在而言是历史的机缘,内在而言是近现代景德镇陶瓷绘画自身发展规律。在清末文人画引书入画的审美文化中,文人画与画工画、雅与俗、写意与工笔相互交融。来自徽州,受"新安画派"影响,在家乡创作文人画并有一定名气的程门,于同治四年(1865年)御窑厂重建之时来到景德镇,但程门并非一到景德镇就开创了浅绛彩文人瓷画,而是经历了曲折的过程。程门曾为雅号为"小仙"的县令创作了仕女人物和一对花鸟青花瓷板,但由于他初到景德镇,对陶瓷釉性不熟悉,用笔滞碍,不能流转自如。他在景德镇待了约四年,都没有赢得陶瓷艺术市场,大约于1869年(同治八年)到了文人画家汇聚之地南昌。

南昌游历在程门的艺术发展历程中至关重要。程门在南昌时与众多文人画家交游,文人画家的绘画理念和表现形式对其有所影响。程门在南昌与文人画家的交游极大地改变了他的艺术追求,使他走上了浅绛彩文人瓷画的道路。1872年同治皇帝大婚之前程门回到景德镇挂籍御窑厂,可能参与了御窑厂的皇家瓷器制作,但其个人署名作品并不多见。1873年后就出现了他和原是"御窑厂两支笔"之一的金品卿合作的山水、人物、花鸟大方瓶。说明这一时期程门与御窑厂的画师进行了合作和交流。后来的十多年里浅绛彩文人瓷画作逐渐成熟,数量和精品增多,一直持续到1889年前后。这十多年程门陶瓷绘画作品80%是受官员、文人雅士叮嘱所作。"有些官僚、文士、商贾甚至还亲自在瓷胎上作画或请人代笔,并订烧浅绛彩瓷器以馈赠友人或亲属。"[3]他创作浅绛彩文人瓷画的技术日益成熟,同时受到一大批名人雅士称颂鼓吹,遂成为一代浅绛彩文人瓷画的宗师。

程门的浅绛彩文人瓷画接近渐江、查士标的画风,即运用渴笔枯墨皴擦勾勒大写意山水画,这一大写意式的山水画用传统的粉彩工艺是无法表现出来的。传统粉彩的工艺是比较琐碎的,不利于画家自由发挥。

浅绛彩文人瓷画的工艺比较简单，它所用的被称为"粉料"的黑料是钴土矿中加入铅粉配制而成的，粉料含铅，纹样画出后不用"雪白"覆盖便能烧成，浅绛彩文人瓷画也不用"雪白"覆盖就使笔墨可以随心勾勒点染，浅绛彩文人瓷画不用玻璃白打底而是将淡矾红、水绿等釉料直接画上瓷胎，故粉彩有渲染，浅绛彩文人瓷画则无，粉彩色层厚而浅绛彩文人瓷画色层薄。所以可见，浅绛彩文人瓷画之所以简化工艺是为了最大程度表现文人画的笔墨表现形式。在瓷板上作画并不像在纸绢上那样能随意皴擦，工笔画瓷者一般不用偏锋而仅以较细的中锋勾勒方法画石。程门则运用偏锋连勾带皴，近于文人画的写意效果。程门在浅绛彩山水瓷画中运笔用墨的功夫在瓷画界是无人能及的，其画完全表现出文人山水画中以笔墨取胜的特征。但瓷器毕竟不是宣纸，瓷器表面光滑不易皴擦，所以程门早期的浅绛彩文人瓷画多运用浅赭、淡草绿干擦勾勒，为了附着瓷画，大力干擦勾勒的笔痕很明显，所画山体、树木较板滞，尤其是明显地在山体中大量地运用了版画般概括爽利的线条和"新安画派"简淡疏逸之法。[4]后来运笔用墨逐渐与所画景色结合得完美，勾勒擦染随着山势山形起伏有致。笔墨的虚实顿挫完美地表现了树木的摇曳生姿，后期所画的山水瓷画，笔墨灵动有致，尤其是多用点染，使色彩过渡得更加自然，景象更加完整。

在程门的带动下，同是徽州籍的当时在御窑厂被称为"御厂两支笔"的瓷绘名家金品卿、王少维也能创作浅绛彩文人瓷画。但金品卿的山水画显然比程门匠气：一是他的笔墨章法比程门凌乱，运笔的力度也不够。原本是工匠画师的他在表现景物时运笔还是为了绘形，还不能完全把笔墨的趣味独立出来。他所表现的景物还是很准确形似的，但由于笔墨不灵动，难生象外之象，难以触发观众情思。二是他运用笔墨时还是着力表现山水本身的质感，虽然比传统的粉彩在质感方面生动许多，但还是通过彩的方法来擦染山体和树木的躯干，以表现景物的真实质感，这使他的浅绛彩文人绘画有些匠气。但总体而言，程门、金品卿、王少维掀起了浅绛彩文人瓷画的创作高潮。许多御窑厂的画师、御窑厂外的画工、文人雅士，甚至一些文化修养较高的官员也加入其中。清末至民国初的70多年里，能创作浅绛彩文人瓷画的人数为200左右[5]，形成了浅绛彩文人瓷画鼎盛的局面。

程门是公认的浅绛彩文人瓷画第一家，他所开创的浅绛彩文人瓷画在陶瓷艺术发展史上具有重大意义。他改变了官窑瓷器那种严格依照内廷发样绘瓷的状态，画家可以在瓷胎上任意作画，可以自行设计与独自创作，可以自由发挥创作意图与绘画技巧，画家的艺术风格得到淋漓尽致的展现。他将陶瓷工艺美术的创作理念、审美追求和艺术形式等方面从工匠之气中脱离出来，赋予陶瓷工艺美术极大的艺术价值和文化价值。浅绛彩文人瓷画从清末兴起到民国初期衰败的70年左右的时间里成为当时景德镇陶瓷工艺美术的主流，是近代景德镇陶瓷史上最具特色的装饰形式，在景德镇陶瓷工艺美术的发展历程中具有极其重要的地位。刘新园认为："毫无夸张地说，晚清浅绛彩艺人是景德镇现代彩瓷风格的开创者。"[6]

三

浅绛彩文人瓷画虽然盛极一时，但在民国初期走向了衰败，很多研究者将衰败之因归于釉面易脱落、磨损等工艺上的缺陷。的确，由于浅绛彩文人瓷画所用的粉料没有运用雪白覆盖，也没用玻璃白作为填色的打底，时间一长，釉色就会脱落。这其实只是表面现象，不是根本原因，根本原因还是近现代陶瓷绘画自身的发展规律。浅绛彩文人瓷画的兴盛与清末文人画引书入画的思潮密切相关，但明清盛行的文人画在民国初年遭到消解，因为民国初年，整个社会的思想文化状况发生了翻天覆地的变化，在西方艺术思潮的冲击下，要求对传统思想文化进行革命和改革的呼声此起彼伏，当时革命家和改革家猛烈抨击传统文人画，留学西方的画家也批评传统文人画，多主张以西方再现写实的方式来改造文人画。清王朝被推翻后，文人阶层逐渐退出历史舞台。引书入画的文人画不再成为绘画的主流，浅绛彩文人瓷画也日渐衰落，文人画画风的瓷绘艺术也受到影响。浅绛彩文人瓷画的根本在于引书入画的笔墨功夫和文人画的意境追求。如果没有这两个方面的驾驭能力，仅仅模仿文人画的外形便无法达到文人画的艺术表现形式。工艺是为绘画的表现形式服务的，而不是相反。

民国初年随着许多景德镇红店艺人纷纷加入浅绛彩文人瓷画的队伍，浅绛彩文人瓷画的质量日益降低，至民国初期浅绛彩文人瓷画多数是粗制滥造之作。"早期浅绛彩画更接近纸绢画，瓷画往往无光滑的釉面，手触摸略有毛糙感，极富传统纸绢画的灵气……而晚期浅绛彩瓷画开始光滑，浅绛彩特征不甚明显，彩料已有变化，瓷表面开始略施薄釉。"[5]许多出身画匠的画家没有掌握浅绛彩瓷画的文化内涵和艺术精神，仅仅模仿浅绛彩瓷画的艺术表现形式，多运用版画的排线和平涂填色的形式来进行，文人画引书入画的笔法、笔意几乎不见，文雅之气全无。他们的书法功力不够，不能像程门等人那样引书入画来创作。因此，浅绛彩文人瓷画走向衰败也就成为历史的必然。

引书入画的浅绛彩文人瓷画虽然走向衰败，但并不是完全销声匿迹，而是以适应新时代的审美文化的艺术形式表现出来。程门的门下弟子汪友棠传承了浅绛彩文人瓷画诗书画印四位一体的艺术表现形式和高雅的审美追求，他的浅绛彩山水瓷画的勾勒更加细致，染色更加艳丽。但他的笔墨功力明显不强，所画的线条缺少书法的笔法笔意，有些瓷绘中运用干笔皴擦的轻重缓急不到位，往往运用短促的排线来绘制，这与传统粉彩工艺相似。后来他将粉彩的工艺与浅绛彩瓷画的笔法笔意结合起来，创造了工笔与写意相结合的新粉彩瓷画。汪友棠既是浅绛彩瓷画的集大成者，又是新粉彩的奠基人。汪友棠名重于光绪中后期，许多绘画名家如周筱松、叶巽斋、仙槎、马庆云、胡仲贞纷纷向其学艺。其中仙槎的成就最大，他也是浅绛彩瓷画的重要传人和新粉彩的大家。仙槎出身举人，曾是县令，瓷绘作品的笔意苍润秀雅。清末他的瓷绘作品大都为浅绛彩文人瓷画，民国初期的作品则主要为新粉彩。在他的身上体现了浅绛彩文人瓷画到新粉彩瓷画的转型。几乎与仙槎同时期的潘匋宇、汪晓棠等民国陶瓷画家在这一过程中也起到了重要作用。潘匋宇是民国初年由浅绛彩文人瓷画转向新粉彩的重要画家。他被专家认为民国初年水平最高的浅绛彩文人瓷画家,民国时期的"珠山八友"中的刘雨岑、程意亭、汪野亭均出自潘氏门下。"珠山八友"中的很多人在早年曾画过浅绛彩文人瓷画,但后期亦都转绘新粉彩瓷画了。

随着民国初期商业城市市民阶层的壮大,鲜活谐俗的新粉彩瓷代替了淡雅文气的浅绛彩文人瓷画。以"珠山八友"为代表的新粉彩瓷画传承了晚清浅绛彩文人瓷画的表现形式,将文人画与陶瓷绘画结合起来,进一步推进了陶瓷绘画从陶瓷装饰中独立出来。这些新粉彩的开创者采用了清中期的粉彩工艺,运用雪白覆盖所画的线,运用玻璃白作为填色的打底,也就是他们在传承浅绛彩文人瓷画诗书画印四位一体的艺术表现形式的同时,采用了传统的工笔线条和粉彩功夫。所以,民国初期出现的新粉彩瓷画是适应新时代的审美文化而替代浅绛彩文人瓷画的艺术形式,新的审美文化需要新的艺术形式。新粉彩成为20世纪景德镇陶瓷绘画的主要艺术形式。

结　语

通过研究清末民初浅绛彩文人瓷画的兴衰之路,可以看出其与当时画界的审美文化紧密相关。浅绛彩文人瓷画随着清中后期文人画引书入画的审美文化潮流而兴起,但也随着民国初年文人画引书入画审美文化思潮的消解而衰落。陶瓷文化创意产业有其发展规律,其发展也离不开每一个时代的审美文化思潮。

当今我们要寻求景德镇陶瓷工艺美术文化创意产业的发展路向,就要顺应景德镇陶瓷工艺美术的审美文化潮流的内质和规律,从审美文化潮流的内质和规律出发进行改革和创新,激发出景德镇陶瓷艺术新的生命活力,从而促进景德镇陶瓷文化创意产业的快速发展。所以,我们在探究如何发展文化创意产业问题之时,要紧紧把握住这一历史的审美文化内核,而不仅仅从形式技巧出发,只有这样才能真正促进文化创意产业的发展。

参考文献

［1］ 王旭晓：《试论艺术思维的特征》，《艺术百家》2011年第1期。
［2］ 陈师曾：《文人画之价值》，载陈师曾、徐书城《中国绘画史》，中国人民大学出版社，2004，第145页。
［3］ 王铁柱：《浅绛彩瓷器辨伪与收藏》，中国书店，2011，第13页。
［4］ 安徽博物院：《新安画派》，文物出版社，2013，第19页。
［5］ 子午源：《瓷器上的文人画——晚清民国浅绛彩瓷》，浙江大学出版社，2006，第4、5页。
［6］ 高士国：《民国瓷器》，广陵书社，2013，第16页。

Aesthetics and Ceramic Art: A Case Study of the Literati Paintings of Pottery with Shallow Purple Color of Jingdezhen

Chen Jianmao

Abstract: The development of ceramic cultural and creative industry is a priority for Jingdezhen. In essence, the core of the development of ceramic cultural and creative industry is to seize the aesthetic culture of different eras, which was fully embodied in the rise and fall of literati paintings of pottery with shallow purple color of Jingdezhen in Late Qing Dynasty and early Republic China. The literati painting of pottery with shallow purple color created by Cheng Family was fundamentally influenced by the aesthetic culture of scholars through their painting in Mid – to – Late Qing Dynasty. The study of the inheritance and innovation of literati paintings of pottery with shallow purple color in Jingdezhen's in Late Qing Dynasty and early Republic China can help clarify the development of modern ceramic cultural industry, from which some important enlightenment could be gained to promote the development of today's ceramic cultural and creative industry in Jingdezhen.

Keywords: Ceramic Cultural and Creative Industry, Cultural Creativeness, Literati Paintings of Pottery with Shallow Purple Color, The Aesthetic Culture of Scholars Introducing Words into Painting

About the Author: Chen Jianmao (1973 -), Ph. D. , Associate Professor of Guangxi Art Institute; Dean in Art Criticism Center, China Institute of Ceramic Culture of Jingdezhen Ceramic University. Research interest and specialties: painting theory and criticism. E - mail: jianmao0223@163.com.

热点聚焦

对流行影视中文化价值观的审视*

牛学智**

【摘　要】　当下中国影视剧创作价值观极其混乱，原因很多，但就最突出的而言，主要有两个方面。一是对狭隘的文化传统主义特别信奉，二是对当前中国突出的社会问题采取有意回避的态度。本文通过对近年来十分流行的"韩剧"以及《致青春》《小时代》《港囧》《夏洛特烦恼》，包括中国电视节目《爸爸去哪儿》等的分析，指出正是由于狭隘的文化传统主义，造成了影视剧制作者只注重消费传统的道德伦理而忽视了对人的现代化、现代社会机制的艺术表现，才导致了大众文化艺术一边倒的消费性倾向，也因此从根本上歪曲了文化自觉的本意。

【关键词】　流行影视剧　文化传统主义　社会问题　文化危机　文化重建

　　文化危机与文化重建，是现阶段文化研究的关键词，可以写一些宏观大文，但就影视剧创作所暴露的文化症候而言，它既是个体潜意识的

---

* 本文为国家社科基金一般项目"文化自觉视野下的西部村落化人文现状与现代性研究"（13BZX016）。
** 牛学智（1973～），宁夏社会科学院副研究员。研究方向为中国当代文学、文化研究，代表作有文学理论专著《当代批评的众神肖像》《当代批评的本土话语审视》等。电子邮箱：1442945479@qq.com。

反映，同时也是某种集体无意识的反映。需要首先考虑一些细节，才能明白危机产生的原因和重建所需的努力。

一 "韩流"内外与狭隘的文化传统主义

任何事物只要构成"流"就不是该事物本身了，它便变成了某种突出的形象符号，或者流行风。韩剧大量充斥于中国荧屏，正可以如是观。无论是2003年的《大长今》、2012年的《拥抱太阳的月亮》、2013年的《伟大的隐秘者》，还是2014年的《来自星星的你》等，当它们构成某种强劲的叙事潮流之时，已经不是哪个具体的故事、人物、情节乃至细节如何感人的问题了；讨论某部具体韩剧的构成元素和市场定制也变得不那么重要了。重要的是在当前中国，为什么是韩剧及"韩流"大行其道？如果不剖析背后深层原因，而盲目看票房或盲从以"喜爱"论成功，无异于取消大众文化的价值功能。

首先，在诸多拥抱韩剧的理由中，"断裂"中的情感认同起主导性作用，这是中国当代历史所造就的一种文化现象。要细加分析此现象，必要的文化背景不可忽略。概括而言，一是在"五四"反传统文化运动中，我们的语言、人际关系、家庭观念都遭到了非常大的冲击，但那时朝鲜因变成了日本的殖民地，受"五四"的影响反而很弱；二是中国大陆如火如荼地开展"文革"的时候，韩、朝特别是朝鲜虽然也建立了社会主义制度，但没有介入"文革"，所以朝鲜半岛传统文化的东西还相对完整地保留着。有了这两个深层次情感断档及历史文化背景，朝鲜半岛的文化从我们中国人的角度来看，就特别有亲和力。这种文化上的亲和力，是韩剧成为"韩流"的主要情感认同原因。这时候，当朝鲜半岛传统文化生成的文化产品进入中国后，中国观众自然会有一种久违之感，这样一种很亲切的感觉，尤其在跟中国特殊历史阶段相重合的时候，就容易形成互补，因而也唤醒了当代中国人伦理领域一直被迫沉睡着的集体无意识。缺什么就恶补什么，说的就是这个道理。历史地看，情况亦如此，当时中国的"文革"电影或革命电影，里面都强调斗争、强调政治，表演上也确实有很多生硬的东西，对家庭、对人与人之间的感情表现不多。但朝鲜电影就比中国"软"得多，像《卖花姑娘》不用说了，电影《鲜花盛开的村庄》也有兄弟之间的关系、恋人之间的关系等，里面很多很细腻的情感处理，正是中国当时所忽视或者有意回避的。这其中最难以被观众立即消化的一点还在于，"文革"或革命故事的镜头叙事模式，非但没能被大多数影视导演进行反思性处理，反而有强化乃至突出之势。如此一来，造成了一个什么错位呢？简单地说，就是大家普遍感觉实际的日常生活逻辑与镜像化日常生活差距非常之大，简直不可理解。那么，从预期观众的角度看，"喜欢"韩剧中的所谓传统文化，其实变成了受众对一种文化模式的反感和反叛，即先寻找替代品，再来表达自己反感和反叛的对象，替代品越是暗合理想形象，观者的主体性便越是迷失。家庭伦理叙事成为转移人们视线，进而构成人们几乎全部精神价值寄托的避风港。在温柔曼妙却无时无刻不植入心术玄机的旋律中，在絮絮叨叨却并无大碍的吵嚷中，在一招一式看起来温柔敦厚实则诡计多端的人际关系权衡中，向外探究根源的视角没了，向外求解的视野没了，向外打开的普遍性反思力量没了。被凸显出来的是家庭、老人、孩子、门第、饭菜乃至能否怀孕、怎样怀孕的问题，这些仿佛成了全国人民的头等大事。

  影视价值观是现实在大众文化心理的突出投射，也是时代普遍社会意识观念的反映。在朝鲜半岛的家庭里，女孩不但自然而然听父亲的话，而且自己行为处事也非常含蓄，跟中国女孩子没羞没臊仰天大笑的形象反差巨大。这是中国观众觉得韩剧比较亲切的另一具体文化心理补偿。逆向而推，今天观众的这个普遍性反应，实际上是上一代观众及其所期望但又不可得的家庭伦理依现实而生的变异品种，这种品种的突出特征是分裂。对内讲究，对外随势俯仰；或者反过来，对内捂着抑着，总要表现得优雅、温顺；对外则毛毛躁躁，甚至怨气冲天。这个内与外的长期存在，最终造成了功利性社会机制与个体意义期许之间的落差。要解决它通过个体道德自修绝不能办到，非得把过去的"革命性"与今天的"断裂"作为一个整体来考量，只能致力于现代社会机制及现代文化建设。

其次,韩流进入中国的时候,与中国传统文化热开始兴起产生了共振,这是韩剧在中国受欢迎的一个原因。

在中国年轻人中间流行一种说法,即外部世界的意义在塌陷,我们只能到家庭当中去寻找人生的价值。现在家庭的价值被提到无与伦比的高度,在这方面韩剧比中国影视剧表现得充分,这大概是韩剧在中国受欢迎的直接情境原因。不仅如此,韩剧里的年轻人无论是穿着还是使用的各种电子产品,以及他们的消费方式、生活方式都是非常时尚的,并且这些非常时尚的人和传统价值观结合得非常完美。可是在中国影视作品里,秉承传统价值观的或者是一些老朽,或者是大叔级人物。年轻人,男的特别痞,特别江湖;女的又特别风尘,特别异想天开,特别不靠谱①,严重的错位感反方向促进了韩剧的深入。为内心世界预留一块纯净之地,或者用理想的境界来释解心里的不堪,韩剧暂时成了那个替代物,自然有了强大的现实支持,它是政治意识形态在个体内在性生活的折射,也是文化政治诉求不得而导致政治疏离感的一般表现形式。

由此可见,经过中国观众尤其是城市中国人的转化处理和消化吸收,从汹涌的"韩流"中生成的其实是一种既不同于中国传统文化,又绝非原汁原味朝鲜半岛文化的怪异观念,我们不妨暂时称之为"狭隘的文化传统主义"。

第一,生活方式、政治经济导向与意义期许的严重分裂,迫使人们的焦虑情绪经历了二度转换。即由略带思考的反感反叛第一次转换成了棱角收敛、面向小家庭的伦理世界;再由小家庭伦理的缺席第二次转换成了对纯粹个体物质性得与失的算计。最后二者合起来,生成了逃避现实的极端个人主义。与普遍的经济主义价值导向一起,反复灌输并坚定践行类似于物质"成功""幸福""快乐"的神话,并通过该神话加固、凝固"感恩"的等级制——弱对强要感恩,小对大要感恩,下对上要感

---

① 关于韩剧的讨论,笔者引用了郭松民先生在"第四十一期青年文艺论坛"上的一些观点,特此说明。

恩等。在这个"感恩"文化运行中，中间夹杂了无数的"泥腿子"、"知识分子"及其他普通民众。他们或自愿，或不自觉，或被裹挟，情况不等，但都被告知如此做便是"不忘本"，便是"中国本土经验"，这才是既得利益集团最可怕的"成功"秘诀。而所谓"回到传统""回到传统文化"，实则是希望回到有利于确保并维持赢家通吃的现代法治秩序缺位的"文化氛围"。应该说，影视剧中的这一普遍性价值构造，是与当前反腐败力度极不匹配的，大一点说，这应该也是一种文化腐败行为。

第二，狭隘文化传统主义实际上是宗法文化模式的变种，它排斥现代文化。无论是以物质丰裕、物质成功为整个幸福叙事的价值观，还是把大众文艺的旨归仅仅规定为对自我内心遭遇、得意、亏欠等个人事件为表达对象的人生观，实际上都是对"传统文化"的借用，其实质是十足市侩主义、流行主义。反映到影视剧中，是封建礼教的复燃；次一级是宣扬人的动物性和物质性，成为马克思主义意义上的"拜物教"；再理想一点看是自己无限自恋自大，对他人却变成一个无处不在的道德审判者。当然，出于对既得利益阶层的维护和周全考虑，也出于对自我小恩小惠的保全与维持，这种东西反映到为人处世上和社会关系上，是抱团、拉关系、行人事，甚至是哥儿们义气、江湖做派、帮派主义、宗派主义的直接温床，可谓庸俗、低俗、媚俗文化意识形态的生产者和巩固者。

一句话，狭隘文化传统主义及其影视剧，并不是真的热爱传统文化，而是觉得传统文化安全，进而消费传统文化也适逢其时罢了。如果真热爱传统文化，故事的编制中，叙事的信息中，以及细节的镜头处理中，不可能不蕴含传统文化元素如何遭遇当前流行主义阻断，并且怎样才能使传统文化元素变得有效的努力。显而易见，后者考验的是使传统文化真正发挥作用的社会机制，而非肤浅的具体道德伦理方式方法。

二 "某某去哪儿了"与当前尖锐社会问题

当"某某去哪儿了"这个反思式问句，成为近年来许多大众文艺标题、电视节目和影视剧名称，甚至作为高考材料作文出现之时，或许表明了一个严肃问题的产生，即今天是否已经进入了全面重视理性反思的阶段，或者人们已经自觉意识到了所缺之物。

2013年，一档名为《爸爸去哪儿》的电视节目异常火爆，一个重要原因就是它探讨的是爸爸在家庭中的角色归位。它也让人反思，东奔西走的爸爸，什么时候才能停下脚步，陪伴子女、关爱家庭？在我们的价值谱系中，亲情、家庭应该放在什么位置？2014年，一首《时间都去哪儿了》的歌曲，让无数人感动。歌曲让人动容的不仅仅是父母之爱，也是一种对青春的反思、对生活的追问。它让人深思：过去的日子，你是留下了痕迹、记忆、价值、亮点，还是蹉跎复蹉跎，白白走一遭。2014年春晚《扶不扶》与其说是一个小品，不如说是对"道德去哪儿了"的一种追问。正是一些人道德的丢失，才会有"毒胶囊事件""小悦悦事件""扶老人反被讹"等一系列问题的产生。《扶不扶》中的一句台词说得好："人倒了咱不扶，这人心不就倒了吗？人心要是倒了，咱想扶都扶不起来了。"扶起人心，才能扶起传统美德、扶起善良国人、扶起大道中国。

作为一般社会文化思潮，以上反思和追问，的确勾起了经济社会中人们的诸多自审，我们是不是唯物质是追了，是不是把人生的成功目标定得太功利太世俗了，诸如此类，都不乏价值之问。但是结合大众热捧的韩剧《爸爸我们去哪儿》和中国电影《致青春》，以及系列电视节目《爸爸去哪儿》，深一层追究，一些带有本质性的尖锐社会问题似乎就浮出了水面。它们并不是局部的或偶发性的社会文化现象，而是改革开放进入深水区后普遍性的社会问题的暴露。

被大众文化艺术表现的社会现象，多数论者归结为个体的道德伦理问题，而个体道德伦理的现状，又被自然而然追溯到了个体的可选择性上，即个体仿佛通过"有所为"完全可以避免因"有所不为"而造成的后果。与其说这是对个体的尊重因而首先向个体索解，不如说是相对主义对本质问题的有意抹杀。电影《致青春》中最接地气的情节是少女堕胎、学生人流、未婚生子等"重口味"现实元素；韩国电影《爸爸我们去哪儿》和中国系列电视节目《爸爸去哪儿》，暴露的都是家庭中父亲教育的不健全或缺席。女学生身体失守和星二代、官二代教育的不健全问题，从网上网下的热议来看，一般被归罪于家长个体或学生个体的不负责任，至多也就追究到围绕个体而展开的道德伦理及个人修为境界层面，然后，大家在一片唏嘘声中继续消费感伤的过去，并且把怀旧视为今天的一个通病，意思是人们生活中的诸多缺失，其原因在于没有好好珍惜过去，"去哪儿了"就是为着从感情上唤醒人们，以后的日子不要盲目奔跑，要慢下来，珍惜亲情、友情和爱情。这样的一个集体无意识，其实存在太多误区。影视作品或娱乐节目是否只在传送如此价值观，当见仁见智，重要的是大众的分析只停留在情感层面，这才是问题所在。

若结合现实事件，这个问题就会很清楚。2014年11月26日，银川市某中学初一年级12岁学生唐某跳楼身亡，一时间议论纷纷，直到28日该"坠亡事件"调查组公布结果，议论终因观点转向有利于学校有利于教师一方才停止。紧接着一年前《人民日报》发表的《教育改革从家长教育开始》一文，被好心的网友挖出来，这篇文章好像是提前为银川中学生坠亡事件而写，作者好像早就知道人们的议论最终必然落到家长身上，否则，都不是负责任的态度，这肯定不是一个简单巧合。千回百转的调查，曲折的逻辑结构，结论竟然如此简单——家长终于成了整个教育问题的制造者。微信上压倒性的声音当然也多是关于教师的议论，如教师"不是保姆""不是演员""不是医生""不是保安""不是一切责任的机器"等。即便如此，教师无力负全责并不等于学生的真实处境就必然自外于教师、自外于教育机制，或者自外于大的社会环境。2016年1月5日造成18死32伤的震惊全国的"301公交特大纵火案"也发生在银川，长达多半年的审判最终也以一般的刑事罪结案，它牵扯到的普遍性劳资、基层政府腐败等尖锐社会问题，都不了了之。更可怕的是，案发后，一些诗人纷纷写诗审判嫌犯的人性之恶，却闭口不提新型城镇化建设过程中出现的社会矛盾。近年来全国其他地方发生的恶性事件，大都产生于某种社会必然性，差不多都因个体而定位、而收尾。

举这些实例，想说明的是无论是大众意识形态，还是具体现实事件的处理结果，悲剧的承受者都不大可能是话语的发布者和意识形态的制造者，也不可能是具有话语权和价值认定资质的机构或部门。吊诡的是，他们却往往以代言执行阶层为能事，以"同情者"姿态发布最终裁定。经过层层转移和假借，公共道德伦理的破坏者摇身一变竟成了本该同情的对象，悲剧的真正承受者也就只能以闹剧者的身份被迫收场。《致青春》中演员伤感青春的承受者本不该承受的悲伤，被导演巧妙编织的台词"你不要怪他，因为他的善良才伤害了我们俩，这是我的第一次"轻轻转移到情感的受害者身上来了；电影《爸爸我们去哪儿》和电视节目《爸爸去哪儿》，在缺席父亲教育的前提下，一切问题逻辑地推向了封闭的小家庭。这进一步表明，家庭伦理、亲情、感情，再加上传统文化中源自宗法文化模式的具体伦理道德方式方法，均成了可治百病的良药。

情况真是这样吗？一个12岁的孩子在纵身一跃之前，默默承受老师的侮辱后留给父母所谓"不能说出口"的遗言，教师自然不能负全责，但学校教育的等级化、功利化是不是也不能追究呢？这是不是也是导致教师做事极端的一个直接原因呢？作为生态移民工程项目最末端承包人的马永平，被恶意欠薪三四年弄得倾家荡产，出事了相关行政领导难道没有任何责任？影视剧或电视节目中的青春伤怀、官二代富二代生活中普遍的无能现状，究竟在多大程度上能代表一般家庭的无助和困境呢？

在这个意义上，"某某去哪儿了"的反思或追问，才能转换成一个有效的命题。否则，类似的句式，比如信任去哪儿了、公平正义去哪儿了、原则去哪儿了、底线去哪儿了……即便像藤蔓上的葡萄一样多，其结果也很可能变成"葡萄胎"，免不了流产的命运。谁的责任由谁来负，这本该是法治社会常理，但在我们的日常生活乃至大众文艺作品中，该负责任的人被远远地支开了，甚至有人主张回到言人人殊的宗法文化模式里去，或回到传统文化中的"安逸""诗意"等封闭的自我陶醉中去，这的确应该引起人们的深思。

现在，我们可以揭开"去哪儿"的那个"那儿"的谜底了。2015年的热播电影《港囧》《夏洛特烦恼》，也许内含着无数个体、无数趣味，但笔者认为，就价值判断来说，其是承接编织者对先前，特别是对2014年大众文化未解之问题而来的，那便是那个"那儿"的谜底。

前面已经提到，如许"哪儿"，实质是大众文化的代表者、代言者，对自我判断、自我把握的不自信。正因不自信，"去哪儿"便成了地地道道的投石问路。2015年的这两部电影虽不是同一班人所为，但他们可以把其"安全消费"系数夯得更实一点，再不行也完全可以接着2014年的"余味"大捞一把。这便是这两部电影都要把个体的社会生活完全删掉，视点紧紧封锁在一个人的内心遭遇的原因。因为不这样，"那儿"便不够清晰，不清晰对于商业电影来说意味着对观众的背叛、对票房的蔑视，更可怕的还意味着对市场估计的偏离——有意给市场留下空间，无疑是对自我地盘的出让。

先简单介绍这两部电影是怎样把观众逼到自己营盘范围的策略中的。

《港囧》中两女主角围绕财富展开背地里的抢夺战，最终糟糠之妻以巨大的经济后盾打败了男主角始终放不下的初恋。初看，这故事不但落入俗套，还可能挑战观众的世俗价值选择底线。然而，一深究方明白，画家要实现他的艺术理想，没有必要的生计供给和实现愿景的未来保障能行吗？答案是肯定不行。制作者的精心和细心于是体现出来了。原来，这个"那儿"，不只是男人理想的归宿，还是对男人花心的收编。它教导欲望中的男人和思想中的男人，放下欲望和思想，实惠的、一伸手就能抓住的东西才是最踏实的。在今天，这样的东西是什么，不用说，大家都明白。有些影评人非要发掘什么电影中的微言大义，那就近乎扯淡了。同样，《夏洛特烦恼》的市场预订也丝毫不敢偏离这个基本判断。它的市场判断不是来源于前者（比前者晚5天上映），而是来源于制作期对前者内部消息的打探。所以，它变化了的地方，是《港囧》显得太直接、没有充分展开的地方，即男主人公必须通过喝醉酒倒在洗手间做一番"猪八戒娶媳妇"的美梦，然后穿越到1997年实现理想的成本可能低得多的现实中去。但是，那毕竟是"猪八戒的梦"，是一种可能性，而不是必然性。必然性是，酒醒后蹬三轮的老婆要带他回家，他也因梦醒而更加爱老婆。

很显然，夏洛如果不受刺激甚至人格侮辱，他也不会变得那么珍惜已经拥有的生活和已经拥有的老婆。而刺激或侮辱，正是两部电影唯一的区别。前者的倒插门女婿，不是受到刺激或侮辱，因为老婆答应给他买更大更洋气的画室了，他将在扬眉吐气中忘记过去；后者则不同，他只能在受到刺激或侮辱之后，看清现在。

笔者这样转述这两部电影的叙事，是希望它们应该有如此反讽意向时所说的。事实是，这两部电影只是在强调人不能有半点非分之想，如果在更大视野中来看待非分之想，则这两部电影告诉人们的便只是一条现实法则，即存在的就是合理的。

再回到上面的问题，"去哪儿"？一言以蔽之，"那儿"便是对现实服服帖帖称臣，熄灭一切欲望，窒息一切非分之想，满足你已得到和将得到份额的心平气和与安于现状。

看完《港囧》《夏洛特烦恼》等流行影视剧后，笔者在微信上写下了几句评语，现抄录如下：

> 从《小时代》开始，占绝对比例的吾国影片彻底地、情真意切地走上了傻瓜制作路子。其模式是：很多钱＋一个干扰者＋钱大获全胜，意思是钱的魅力挡都挡不住。消费的市场是：意淫者＋寂寞者＋脑残者＝幸福动物。

由此可见，我们浸淫其中的文化，准确地说，代言我们价值期许的形象符号，只剩下披荆斩棘后的两个字——"幸福"，我们好好体会它就行了，还用痛苦、烦恼、无助、无奈和迷茫吗？无论什么时候、什么生活，只要不需思考那大家就彻底安详了。

三 结语

也许笔者孤陋寡闻，对于本属于大众文艺的影视叙事研究不多，但笔者毕竟也认真看过《现代启示录》《2012》以及其他国外影视剧，直接印象是好像并没有什么文艺片、商业片之类细分法,其一个重要市场预期,一般是先考虑观众掏腰包消费,总得尽力给观众提供一般思维、普遍认知所未能意识到或者压根长久成为观众盲区的内容和思想,进而通过艺术自身逻辑,启蒙大众、提高大众思维水平,让观众感觉掏腰包消费值了。然而,这些常规性工作,在我们国家却是严重缺位的。同时,笔者也不知道我们庞大的影视研究队伍,在所谓影视学科规定性中,立志在国家民族想象,或者把眼光放到世界影视层面的宏大论述,究竟要解决什么问题。比如左一个大历史的"弥合""缝合",右一个"红色"与20世纪的"贯通"等,观众实在感受不到作为大众文化艺术的影视叙事,在文化功能上到底怎样发大众之所未发、叙大众之所未叙之事。当然,从磅礴气势和严丝合缝的逻辑结构上,好像很有民生意识,也似乎很有人文情怀,然而,对照着无数普通人群和无数并没有发言权的社会阶层,挺简单的一个大众文艺文本、故事和叙事,成批的研究真是越看越深奥,不知道他们究竟在说什么,他们那些概念和术语,究竟与基层社会现实有多大联系?这些恐怕才是我们今天真正的文化危机,也才是我们今天文化重建应该考虑的重点。

A Survey of Culture Values in Popular Film and TV Production Today

Niu Xuezhi

Abstract: The values of the film and TV production are very disordered in current China, which might has many reasons. However, the most prominent reason can be drawn from the following two aspects: on the one hand, people believe in parochial cultural traditionalism; on the other hand, people take the attitude of shunning serious social problems in current China. This article is going to analyze some popular Korean dramas, the films of " To a

Youth", "The Small Times", and "Port of Stopping Charlotte's Troubles" as well as a Chinese TV program named "Dad, Where Are We Going", from which to point out that with near - sighted cultural traditionalism some film and TV producers focus only on the consumption of the traditional moral ethics and ignore the artistic expression of the modernization of social mechanism and humanity today. That encourages the consumption - oriented tendency in mass culture and art, and fundamentally distorts cultural consciousness. Parochial cultural traditionalism is also the reason why there is a one - sided tendency of consumers for mass culture art, which fundamentally distorts cultural consciousness.

Keywords: Popular Film and TV Play, Cultural Traditionalism, Social Problems, Cultural Crisis, Cultural Reconstruction

About the Author: Niu Xuezhi (1973 -), Associate Researcher of Ningxia Academy of Social Sciences. Research interests and specialties: contemporary Chinese literature and cultural studies. Magnum opuses: *Contemporary Criticism on the Image of the Gods*, *Contemporary Criticism on the Native Discourse*, etc. E - mail: 1442945479@ qq. com.

当下影视剧创作与文化症候

张慧瑜[*]

【摘　要】　随着影视产业化改革，电影、电视剧不仅成为文化产业领域的投资热点，而且成为主流文化价值观的承担者。21世纪以来中国经济崛起，影视剧也开始发挥重要的文化功能。本文从主流电影、青春题材影视剧、新的中国故事三个角度来呈现影视创作的新变化，如新的国家认同、青年人社会阶层的再分化以及现代主体的浮现等问题。这些作品从文化的角度回应了当下中国所处的位置以及面临的各种挑战。

【关键词】　主流电影　青春题材影视剧　现代主体　中国故事

21世纪以来随着市场化改革，中国影视产业进入高速发展时期，中国电影票房从2002年不足10亿元增长为2016年的440多亿元，2012年中国成为全球第二大电影市场，而电视剧产量也在2013年位居世界第一。文化市场的繁荣，一方面带来民营资本对影视产业的投资热情，另一方面也日益形成一些与当下中国现实相呼应的影视故事。与20世纪80年代的文化历史反思、90年代的娱乐化的大众文化不同，21世纪以来以影视为代表的文艺作品开始修复历史的创伤，以回应中国经济崛起

---

[*] 张慧瑜（1980~），中国艺术研究院电影电视艺术研究所副研究员。研究方向为电影、电视与大众文化，代表作有《视觉现代性：20世纪中国的主体呈现》《历史魅影：中国电影文化研究》《文化魅影：中国电视剧文化研究》。电子邮箱：huiyuzhang@163.com。

所面临的各种挑战。本文主要以主流电影的变化、青春题材影视剧的流行以及新的中国故事为例来呈现当下影视剧创作及其所展示的文化症候。

一 主流电影：主旋律与商业片的融合

2016年10月上映的警匪片《湄公河行动》取得超过11亿元票房，电影中改编自2011年中国公民在湄公河遇难的真实案件，正面呈现了中国警察到境外抓捕国际毒贩的故事。与之前影视作品中大义凛然的警察形象不同，电影中由大陆硬汉张涵予扮演的有勇有谋的警察与台湾演员彭于晏扮演的智勇双全的卧底组成了"喋血双雄"，他们不再是赤手空拳勇斗歹徒或"小米加步枪"式的游击队，而是被先进装备"武装到牙齿"的突击队员，其行动也是分工明确、各具特色的小分队模式。更重要的是，这种一场接一场紧张刺激的商业类型与誓死捍卫公民生命安全的主流价值之间实现了无缝对接，就像同类型的好莱坞电影一样，既表现了个人主义的孤胆英雄，又传递出保护个体生命安全的主流价值。只是相比好莱坞大片中动辄保卫人类的普遍主义，《湄公河行动》还是以国家主义、爱国主义为底色。对于刚刚崛起的中国来说，这种主动出击、境外作战、为无辜受害的中国人讨还正义的行动本身已经彰显了中国的国家自信。近些年，主旋律变成商业化的主流大片也是中国电影的一种新变化，曾经在主旋律与市场之间存在的冲突逐渐被弥合。

20世纪80年代末期为了应对意识形态领域的危机，国家开始投资主旋律电影，如《开国大典》（1989年）等。在相当长的一段时间里，这些红色题材电影很难获得市场认可。90年代有两种主旋律模式，一是《焦裕禄》（1990年）、《孔繁森》（1996年）式的苦情英模故事，二是《红河谷》（1996年）、《红色恋人》（1998年）、《黄河绝恋》（1999年）等带有商业色彩的红色故事。此时，民营资本和大众明星介入主旋律创作中。直到2006年冯小刚拍摄《集结号》实现了革命与个人之间的和解，主旋律价值与商业片融合起来的主流大片才开始拥有良好口碑和较高票房。这一方面使得《建国大业》（2009年）、《建党伟业》（2011

年）等献礼片也大量使用商业明星以获得市场份额，另一方面也出现了一批如《十月围城》（2009 年）、《南京！南京！》（2009 年）、《唐山大地震》（2010 年）、《金陵十三钗》（2011 年）、《一九四二》（2012 年）等讲述中国近现代历史的大片。这些以现当代中国历史中的苦难和灾难为基调的中国故事，既展示了中国现代化历史的多灾多难，又呈现一种关于人性、家庭的拯救和救赎。

2014 年上映的《智取威虎山》（3D）和 2015 年的《战狼》使这种主流大片的模式变得更加成熟。香港导演徐克重拍的"革命样板戏"《智取威虎山》（3D）获得近 10 亿元票房，成为近些年最为成功的红色经典改编。徐克让红色历史与人性的、个人的幸福融合在一起，其改编既没有增加爱情戏，也没有让土匪人性化，只是增强了故事的传奇性。可以说，这部电影一方面把红色经典改编为好莱坞式的孤胆英雄，实现红色经典的去政治化；另一方面又把红色经典与当下生活连接起来，让红色经典发挥新的功能。这部新版《智取威虎山》一开始是 2015 年圣诞夜，航拍镜头掠过夜幕下流光溢彩的纽约曼哈顿岛，留学美国刚刚在硅谷找到工作的孙子吉米，一个实现了美国梦的当代年轻人匆匆赶回中国，镜头随之剪辑到 1946 年的中国东北，同样是航拍大全景中一望无垠的林海雪原，伴随着激昂的音乐，一支小分队要在天寒地冻的艰苦环境中完成剿匪任务，而剿匪不只是为了铲除土匪、拯救百姓，也是为了让吉米的爷爷栓子与被土匪绑架的爷爷的母亲相见，让像栓子一样的下一代过上没有战争的幸福生活。徐克用个人主义、人性的逻辑来重新阐释红色经典的当代价值。电影结尾时再次切换到现代场景，从纽约归来的孙子回到东北老家，当年的剿匪小分队和英雄杨子荣悉数"复活"，他们围坐在一起吃年夜饭。20 世纪 80 年代以来"我爷爷"一直是《红高粱》（1987 年）里的土匪余占鳌，是一个有本事、充满血性和人性的男人，而杨子荣式的英雄则是虚假的、虚构的，没有人情味的，30 年之后，战斗英雄杨子荣爷爷回家，这可以看成红色英雄的归来，这反映了一种文化心态上的变化，也是对 20 世纪 80 年代主流叙述的重大修订。如果说昔日的革命文艺用革命逻辑来收编民间传奇故事，那么现在的红色经典改编则是用商业的、人性的逻辑来解构、重构革命文艺作品。

2015年国产军事题材影片《战狼》在好莱坞大片《速度与激情7》同档上映的情况下获得5亿多元票房，显示了年轻观众对这部并非大制作的国产影片的喜爱。这部电影展现了个体、团队与国家的关系，吴京扮演的冷锋虽然是一个有个性、爱闯祸、自作主张的特种兵，却顺利被招入战狼团队，这是一个既讲个人主义，又讲合作精神的团队。当国家用战狼团队来对付外国雇佣兵时，冷锋们的行动又具有了爱国主义色彩，也就是说，这种个人英雄主义与为国打仗的军事行动之间是合二为一的。20世纪80年代初有一部电影《一个和八个》（1983年），这部电影结尾处一群日本兵想侮辱八路军女护士，抗日的土匪瘦烟鬼应不应该开枪打死女护士，引起了激烈的争论，一枪打死女护士可以满足人性、人道的需要，却要背负杀死同胞的道德负疚。这种人性与道德的冲突在《战狼》中出现了三次。第一次是电影一开始冷锋为了拯救战友，不顾人质安危贸然向毒贩开枪，这反映了执行命令与人性的冲突，冷锋选择了人性；第二次是冷锋的父亲开枪打死了受伤的战友，在愧疚和自责中生活了一辈子，这反映了军事与道德的冲突；第三次是同样面对战友受伤，冷锋用机智和勇敢，既拯救了战友又打击了敌人，从而实现了人性与军事行动的统一，消弭了主旋律与商业片的裂隙。在《战狼》中有一句经典台词"犯我中华者，虽远必诛"，这成为特种兵追杀海外雇佣兵的信念。这种强烈的国家主义（爱国主义）的表述，通过对敌人、对国家主权的捍卫，来确认对国家的认同。

二 青春题材影视剧：没有青春的青春叙述

青春片、青春剧由于其良好的市场，成为近些年影视投资的热门题材。相比那些高调的、充满理想主义的青春叙述，当下的青春影视作品很少涉及宏大主题，爱情、友情、升学、工作成为青春影视剧关注的焦点。这种青春叙事缺乏梦想和理想主义色彩，当爱情、理想被现实逻辑一次次击碎时,成长的代价就是放弃爱情、梦想等一切美好的事物,在这个意义上,这批青春题材影视剧与其说在怀念已然消逝的青春,不如说恰好讲述了一个没有青春的青春故事。

在这些青春片中最重要的人生场景就是校园和社会,就像《致青春》(2013年)、《小时代》系列(2013年、2014年、2015年)、《匆匆那年》(2014年)一样,高中校园生活如同过家家一样纯洁无瑕,充满了无私的友谊和甜蜜的爱情,让人无限怀念,而一旦升入大学或进入社会,就会遭遇爱情的背叛和友谊的终结,自由竞争的成人世界是尔虞我诈、自私自利的现实江湖。这样两种截然相反的空间对比,反映出当下年轻人的两种文化心理。一方面,他们拒绝长大,渴望一直生活在无忧无虑的校园中。尽管在学生时代有恶作剧、有爱情的嫉妒,但与20世纪90年代第六代早期电影中的叛逆青年、社会青年不同,如今的青春片中"我们都是好孩子",就像《匆匆那年》里男孩陈寻为初恋女孩方茴做出的最大牺牲就是高考时主动放弃13分的大题,以便能上同一所大学。另一方面,他们一旦离开校园、走进职场,一夜之间就变成了心思缜密、冷酷无情的成年人。曾经的理想、爱情、梦想都理所当然地烟消云散,正如微电影《老男孩》(2010年)及电影《老男孩之猛龙过江》(2014年)中所讲述的,这是一群还没有成长、历练就变老的"男孩"。电影中筷子兄弟一出场就是落魄的中年大叔,他们走出校园后,再也无法像《中国合伙人》(2013年)中讲述的那样实现美国梦,即使"猛龙过江"到纽约,"奇迹"也没发生。影片结尾非常伤感,筷子兄弟又回到中学的演出舞台,他们假装还没有毕业,渴望像20世纪90年代人近中年遭遇下岗的大叔大妈们一样"从头再来"。

与"老男孩"同时出现的是"小时代"。《小时代》这部电影非常准确地表达了对当下时代的感受,"小时代"显然是参照"大时代"来说的。生活在"大时代"的人拥有把握时代脉搏的主体感,比如"把我们的血肉,筑成我们新的长城""为有牺牲多壮志,敢教日月换新天"都是一种大时代的表述,可是自20世纪90年代以来,"我们"进入了郭敬明所描述的"小时代"。在"小时代"中,不需要拯救民族于危难之中,也不需要面对你死我活的对抗，人们只关心自己的小悲欢和小伤痛。对于80后、90后来说，最大的问题就是个人如何在市场经济时代经历成长的酸楚和职场的压力，就像郭敬明所说，"我们躺在自己小小的被窝里，我们微茫得几乎什么都不是"。从《小时代》系列电影中，可以看出"小时代"坐落在中国经济崛起的核心地带上海浦东陆家嘴。如果说20世纪90年代的上海故事怀念的是30年代的老上海，是半殖民地时代外滩边的万国建筑群，那么郭敬明的小时代则是新的上海，一个东方明珠塔、金茂大厦、上海环球金融中心等90年代出现的摩天大楼群。为何在大上海、在中国崛起的"大时代"，郭敬明的感受却是"小时代"呢？因为在这个"庞大的时代"，"我们活在浩瀚的宇宙里，漫天飘浮的宇宙尘埃和星河的光尘，我们是比这些还要渺小的存在"。80年代"大写的人"、个人主义是社会文化表述的核心，30年后的《小时代》，个人却变成了"无边黑暗里的小小星辰"，也就是近些年时常在社会和流行文化领域出现的"蚁族""屌丝""炮灰""废柴"等说法。

这种没有青春的青春故事与屌丝无法完成逆袭有着密切关系。21世纪以来，青春偶像剧主要体现为受到网络文学影响的白领职场剧，如《杜拉拉升职记》（2010年）以外企职场为背景，讲述杜拉拉如何从刚入职的菜鸟摸爬滚打成为外企高管的励志故事。2006年的励志剧《奋斗》以都市青年或北漂为主角。康洪雷执导的《士兵突击》（2007年）和《我的团长我的团》（2009年）则以农村娃许三多和被正规部队抛弃的"炮灰团"为中心讲述这些更加底层、边缘的人群如何在现实与历史中寻找成功和认同的故事。这种杜拉拉式的升职"迷梦"并没持续多久，就遭遇《蜗居》（2009年）、《裸婚时代》（2011年）的现实窘迫。2012年出现了三部与《奋斗》、《士兵突击》等"升职记"不同的青春剧，分别是《北京爱情故事》、《浮沉》和《北京青年》，这些剧开始把在外企或市场经济大潮中自由竞争的故事讲述为职场腹黑术。这种从奋斗到逆袭、从励志到腹黑的文化想象，与2011年前后宫斗剧的热播有密切关系，尤其是改编自网络小说的电视剧《后宫·甄嬛传》，使得"宫斗"成为当下年轻人想象历史和言说现实处境的重要方式。一种个人奋斗的职场理念变成了必须放弃真爱、放弃友情的腹黑女，《后宫·甄嬛传》让自由竞争、实现自我价值的职场彻底腹黑化。

2016年根据网络小说改编的电视剧《欢乐颂》热映，这部剧讲述了职场白领再阶级化的处境。借用剧中角色关雎尔的话，"虽然人跟人是平等的，可这社会就是有阶级之分。你无视阶级只会碰壁"。也就是说，阶级壁垒是客观存在的，这成为《欢乐颂》讲述故事的前提。如果考虑到富二代曲筱绡直接创业开公司，可以说剧中的五姐妹都工作在一种现代公司制的环境中，而这部剧的特殊之处在于揭示了公司制内部管理的专制化和不平等。这种建立在雇佣劳动和私人资本基础上的公司制，企业利润最大化即资本实现增值是唯一的目的，从高薪聘任的企业高管到底层员工都在为了这个最终目的工作。从剧中可以看出，为了实现管理的高效率，企业内部采取的是一种高度等级化的管理结构，员工要绝对服从部门主管的指令，部门主管要服从企业高管的指令，而企业高管对集团董事会负责，这是一种现代科层制。

《欢乐颂》中最为重要的空间就是这个名为"欢乐颂"的社区，片名来自代表乐观、希望的西方古典音乐，"欢乐颂"小区也发挥着这种神奇的功能。对于五姐妹来说，走出"欢乐颂"小区就会遭遇到各种人间悲苦，而走进"欢乐颂"，则能够其乐融融，同心协力将困窘化为乌有。这个无所不能的"欢乐颂"使在生产领域中安迪、曲筱绡与关雎尔、邱莹莹之间支配与被支配、管理与被管理、压迫与被压迫的对立关系转化为生活领域里温馨感人的姐妹情谊，安迪成了关雎尔的偶像、曲筱绡变成邱莹莹的创业导师。这种跨阶级的、非利益的邻里关系发挥着大众文化"化敌为友"的神奇功效，成功化解了她们在公司领域所遭受的压迫感，郭敬明的《小时代》也使用了这种女性同窗友情来转移无处不在的阶级落差。面对这种不平等的社会结构，2202合租房里的三姐妹除了说出她们的困苦之外，只能用她们对上层生活的"向往"以及跨越阶级鸿沟的姐妹情谊来奏响"欢乐颂"，仿佛除了自虐式地接受阶级位置，没有其他出路。

三 新的中国故事与现代主体的浮现

2015年以来出现的另外几部国产大片则呈现了一种新的中国主体。20世纪80年代在现代化的视野下,曾经在50年代到70年代作为叙述主体的革命者及被革命者唤醒的人民重新变成一种落后的、愚昧的前现代主体,一群类似于鲁迅早期笔下的"庸众"和被砍头者再度浮现,如《黄土地》(1984年)、《红高粱》(1987年)、《老少爷们上法场》(1989年)等。90年代对中国历史尤其是革命历史的叙述往往放置在西方人的视角之下,如《红河谷》(1996年)、《黄河绝恋》(1999年)、《红色恋人》(1998年)等。21世纪以来在"大国崛起""复兴之路"等新一轮关于中国历史的重述中,中国开始被放在作为民族国家的"现代主体"的位置,一个拥有悠久历史和传统并在近代转向现代化的历史中逐渐实现了现代化的新主体。

中国与法国联合制作的电影大片《狼图腾》改编自2004年出版的同名畅销小说,电影从筹备到完成耗时七年,由擅长拍摄动物题材的法国导演让·雅克·阿诺执导。《狼图腾》让很多网友想起1989年好莱坞经典西部片《与狼共舞》,一个白人中尉来到印第安部落,发现原始部落不是愚昧、残暴的吃人族,而是充满了团结友爱、高尚品德的大家庭。通过把他者、异族建构为神秘的、野性的、传统的文明形态,来反思具有扩张、剥削色彩的现代城市文明。20世纪六七十年代,西方发达国家完成从工业社会向后工业社会的转型,更推崇一种去工业化的生态主义美学。在这种观念支撑下,前现代的时间(如农耕文明、中世纪)和空间(如农村、西部荒原等)都被书写为自然和谐的伊甸园。与西方原发现代性国家不同,中国近代以来一直是被征服和被殖民的对象,也就是说中国就是殖民故事中的他者。因此,中国故事经常以弱者、前现代主体的角度来讲述,中国无法像西方那样自然占据现代主体的位置。而《狼图腾》的出现则意味着中国终于从前现代主体变成了现代的、后工业的主体,这与近些年中国经济崛起的大背景是相符的。从这个角度来说，电影版比小说版更加有效地完成了这种主体身份的转换，中国电影也能像好莱坞电影那样讲述与西方没有本质差异的故事，这也有利于推动中国电影被西方观众接受和认同。

2015年的贺岁片《天将雄师》是由中国投资、邀请国外一线演员参演的古装动作片。这部影片表面上看起来像成龙电影所惯用的国产西部片的套路，但在新的历史语境下这部影片具有重要的文化意义。十八大以来，"一带一路"（"丝绸之路经济带"和"21世纪海上丝绸之路"）成为中国对外贸易的新思路，也是中国经济崛起之后提出的新的倡议，这一倡议有可能改变近代以来以海洋文明为中心的现代历史。《天将雄狮》恰好呈现了古老丝绸之路上发生的故事，成为有中国特色的"国际题材"电影。20世纪80年代成龙塑造的最为成功的银幕形象就是《A计划》系列和《警察故事》系列里的香港警察，他们都是正义的化身和惩恶扬善的大英雄。90年代，成龙在电影中走出香港的地域限制，开始扮演与机智勇敢的007相似的介入国际事务的香港刑警，如《我是谁》（1998年）、《特务迷城》（2001年）等。21世纪以来，与周润发、吴宇森等出走好莱坞的香港电影人回归大陆相似，"审时度势"的成龙也把拍摄电影的重心转到内地，2004年以《新警察故事》试水内地市场，此后每年几乎都会推出新片。成龙是香港少有的能经常以中华文化代言人的身份出席国家庆典活动的演员。在《天将雄师》中，成龙这个香港警察变身为西域大都护，充当着政治和商贸调停人的角色。与近代以来中国作为愚弱的民族以及20世纪80年代中国作为"落后就要挨打"的悲情民族不同，成龙扮演的匈奴人霍安可以平等地与罗马大将军进行对话，并且用中国的和平理念来说服你死我活的战争逻辑。在罗马大将军与霍安共同修筑雁门关的过程中，西方制造机械和使用理性工具的能力也可以被中国人所借用，共同打造出一座中西合璧的新城。于是，中西不是对抗，而是协作关系。这种以传统文化为基础的中华文明对西方文明的包容态度，反映了经济崛起时代的中国的自信。在这个意义上，成龙再次找到了适合自己的位置，继续扮演中西文明交汇的角色，只是与那种接受西方现代法治理念的香港警察不同，西域大都护带有更多中国传统文明形态的印迹。

最近一两年还出现了一批新的魔幻、奇幻大片，如《九层妖塔》（2015年）、《寻龙诀》（2015年）、《盗墓笔记》（2016年）等根据网络文学改编的盗墓电影。这些电影虽然受到原小说拥趸的批评，他们认为电影从特技到情节都无法表现原小说的精髓，但是有趣之处在于把毛泽东时代与魔幻故事结合起来，改变了20世纪80年代以来把当代历史讲述为伤痕和历史反思的策略，借助寻宝、盗宝模式把当代历史奇幻化，这本身便是一种很有意义的本土商业化的尝试。比如《九层妖塔》的前半部分，一方面是"文革"后期科考队员在昆仑山腹地进行艰苦的探险，就像电影《狼图腾》中把毛泽东时代表现为高速现代化的时代，这部电影中的科技工作者也像好莱坞电影里的科学家、考古学家或殖民者一样；另一方面在高度写实的社会背景下神秘的幽灵世界开始浮现。这种当代历史图景与魔幻世界最后交汇于一座废弃的石油小镇，出现了好莱坞电影中常见的不明生物与现代人的战斗。2016年岁末张艺谋导演的、中美合拍的魔幻大片《长城》上映，守卫长城的中国军队与两位西洋武士联合对抗怪兽饕餮，长城不再只是中原帝国抵抗草原部落的屏障，还是人类阻挡恶魔的城墙。中西文化虽然有差异，但又能达成共识、并肩作战，这对中国电影来说是一种新的文化经验，即开始以人类的名义讲述故事。

当下中国处于特殊的发展阶段，存在两种不同的中国故事。一是经济崛起带来新的国家认同以及有中国主体的故事，如2016年文艺片《长江图》上映，这部带有第六代个人（男人）成长主题色彩的电影，以男性河工的视角展现了长江两岸的风土人情、历史传说。这种从上海逆江而上寻找长江源头的寻根故事不是对中国文化的批判，而是一种新的文化认同。影片结尾处，主角站在长江发源地回眸一望，出现了航拍镜头下的万里长江，如此大的视野显示了一种新的中国主体和文化自信。二是转型时期给青年人带来巨大的压力，出现"暮气青春"的现象。如2014年国庆档上映的喜剧片《心花路放》获得11亿元票房，这部电影讲述了不太成功的流浪歌手不得不接受自己是一个失败者的故事。和好朋友的疗伤之旅，不仅没让他振作起来，反而阴差阳错遭遇到更多挫折，让他深刻地体会到原来自己就是一个阴影、一个"失败者"。这样两种中国故事同时存在，也反映了当下中国的复杂与矛盾。

Cultural Symptoms and the Creation of Today's Films and TV Dramas

Zhang Huiyu

Abstract：With the film and television industry reform, films and TV dramas are not only the focus of the investment in cultural industry, but also become the agents of mainstream cultural values. Since the new century, China's economy has been rising, films and TV dramas also have begun to play an important cultural function. This paper presents the new changes of films and TV dramas creation from the following three aspects：mainstream films, youth films and TV dramas, and new Chinese stories, which might include the problems of the new national identity, the re – differentiation of the young social strata and the emergence of the modern subject. From cultural perspectives, these works provided their answers to the questions regarding challenges China is currently facing.

Keywords：Mainstream Film, Youth Films and TV Dramas, Modern Subject, Chinese Stories

About the Author：Zhang Huiyu (1980 –), Associate Researcher of Institute of Chinese films and Cultural Studies, Chinese National Academy of Arts. Research interests and specialties：film, television and popular culture. Magnum opuses：*The Visual Modernity*：*The Representation of Subjectivity in the 20 th Century China*, *Historical Phantom*：*the Cultural Studies of Chinese films*, *Culture Phantom*：*the Cultural Studies of Chinese dramas*. E – mail：huiyuzhang@ 163. com.

"黄金时代"的影视生产[*]

——当下中国影视文化的症候式分析

汪 荣[**]

【摘　要】　在当下的影视文化中，资本产生的影响越来越大，已经涉及了从制作到作品的全产业链，这尤其体现在2016年的影视生产中。无论是视觉特效的创作、IP购买、小鲜肉演员的盛行，还是都市消费逻辑的设定都是资本介入艺术之后的显在表征。对上述现象进行解读，可以反映出当下中国影视文化与精神结构中的某些症候。

【关键词】　黄金时代　影视生产　影视文化

毫无疑问，我们正处在影视生产的黄金时代。站在2016年的尾巴上，我们能更清晰地看到中国影视发展的成绩：截至12月20日，中国内地银幕数达到40917块，已经超过美国，成为全球银幕数最多的国家[1]；而电视剧虽然播出总量变少，但全年有11部剧的网络播放量破百亿次，是2015年的5.5倍[2]。网络平台的强势崛起更是改变了影视剧的文化生态。与之相呼应的是各大资本集团如万达、阿里巴巴等吹响了进

---

[*] 本文为广东省哲学社会科学"十二五"规划2015年度学科共建项目"1980年代以来广东影视中的广州形象嬗变"（GD15XZ05）。

[**] 汪荣（1987~），海南大学人文传播学院讲师。研究方向为华语影视文化研究、当代文艺批评、多民族比较诗学，代表作有《跨民族连带：作为比较文学的少数民族文学》。电子邮箱：leyan2014@qq.com。

军影视业的号角,扩大了对影视产业的投入,打破了影视界的固有格局。就此而言,中国影视生产似乎已经摆脱旧有体制的束缚,通过拥抱市场的方式实现了自身的跨越式发展。

然而,恰如狄更斯在《双城记》的开头所言,"这是最好的时代,这是最坏的时代",中国影视生产既面临机遇,也面临危机。在泛娱乐化的社会结构和众声喧哗的媒介环境中,影视创作遭到市场和资本的巨大挑战。这是另一重意义上的"黄金时代",是真实而非象征的"黄金"——金钱为王、资本雄霸天下的时代。那么,当艺术与资本狭路相逢,艺术如何从困境中突围?是沿着切线逃逸,还是与资本共舞?是被资本绑架,还是驾驭资本?中国的影视生产面临两难选择。

这一两难的选择恰恰是当下中国社会现实、情感结构和文化状况的具体呈现。影视作品是最具号召力的大众文艺形式,也是一个时代的公共文本,具有与时代同构的特性。作为一种精神产品,影视作品不仅再现时代,还是社会关系再生产的重要媒介,指涉了当代中国的自我塑造和自我认识。从影视作品上溯影视生产,在当下中国的文化工业中,艺术与资本的博弈呈现出某种精神分裂式的症候,如同当下中国的一个若隐若现的镜像或者欲语还羞的隐喻。透过影视作品和影视生产的棱镜,我们可以检视当代中国的精神现状和文化危机,为未来影视文化发展和社会价值重建写下备忘录。

一 影视大片的畸形生产:视觉特效与创新困境

在 2016 年 12 月 16 日上映的张艺谋的《长城》中,怪兽饕餮越过了长城,朝北宋都城汴梁涌去,汴梁在镜头中闪闪发光,尤其是最终打败饕餮时美国英雄和中国女将军所在的琉璃塔更是五彩斑斓,让人惊叹。这金光闪闪的浮华世界让我们不禁想起了同样是张艺谋导演的《满城尽带黄金甲》(2006 年),电影中,张艺谋用超绚烂的布景安排了深宫内院中的一个阴谋故事,其黄金的色彩美学被当时的观众所诟病。10 年之后,张艺谋在新作《长城》中重新挪用了当时的美术风格。10 年了,从

《满城尽带黄金甲》到《长城》，中国电影改变了很多，但黄金的颜色依旧光鲜，这似乎是一个轮回。

在当代中国电影史上，张艺谋绝对是值得大书特书的"篇章"，他总是引领一个时代的风潮。这不仅体现在早期的《红高粱》上，还体现在21世纪以来中国电影的市场化、产业化改革中。张艺谋用《英雄》（2002年）开启了国产电影的商业大片时代，随后产生了一系列大片，包括陈凯歌的《无极》（2005年）和冯小刚的《夜宴》（2006年）。这些大片虽然以大投资和全明星阵容著名，取得了很高的票房，但在艺术上乏善可陈，内容十分空洞。庞大而空洞——投资巨大且视觉华丽，但艺术水准和口碑极差，构成了有趣的反差，这是21世纪影坛的一个特殊现象，也成了一个潜在的脉络，尤其体现在华而不实的《富春山居图》（2013年）和《封神传奇》（2016年）中。从《英雄》到《长城》的10多年间，大陆电影市场起起伏伏，资本对电影产业的介入越来越深，这个潜在的脉络不断向前延伸，在《长城》这里形成了一个新的转捩点。

《长城》无疑是一个"巨无霸"，它不仅以1.5亿美元成为中国电影史上成本最高的电影，还是中美联合出品的首部超大制作。在这部电影中不仅有马特·达蒙这样的好莱坞一线明星，还有鹿晗、彭于晏、林更新之类的小鲜肉，阵容不可谓不强大。耗费如此巨大的电影却是一部强特效、弱情节的"爆米花电影"。《长城》的剧情可以用"打怪兽"三个字来概括，整部电影叙事简单，所有情节都围绕几次"打怪兽"的大场面展开，"文戏"部分只是大战间隙的填充物，唯一有人物性格发展的就是鹿晗饰演的小兵。这种画面的壮丽和故事的空洞无物构成了鲜明的对比。庞大的投资被演员工酬和繁复的3D特效所吞噬，而作品本身则沦为纯粹的视觉奇观。就此而言，《长城》无疑可以放置在前述潜在的脉络中，与此同时，《长城》的突出点还在于用庞大的体量将中国电影推送到全球资本运作与世界电影市场之中。

如果说《长城》在视觉特效和观影体验上还算交出了一份满意的答卷的话，那么郭敬明的《爵迹》则完全是失败之作。虽然比不上《长城》，但据称《爵迹》的成本也近 2 亿元人民币，而其仅破 3.5 亿元的票房则不甚理想。过高的投资使电影票房至少需要 6 亿元才能收回所有成本，这对于出品方乐视而言负担沉重。因此，无论是从口碑还是票房的角度而言，这都是一部失败的电影。《爵迹》坐享大 IP 和新生代明星阵容却落得如此下场，无疑是全真人 CG 惹的祸。《爵迹》作为使用大资本投入拍摄在国内并不成熟的首部 CG 电影，在技术运用上固然创新，但在具体实践中面临"崩盘"。《爵迹》原著中的人物众多、世界观设定复杂，其影视改编本身就面临极大的难度。当导演郭敬明使用繁复的技术操作时，他的故事就更加难以叙述了。我们可以看到《爵迹》的内容庞大且空洞，叙事在技术压迫下支离破碎，演员形象扁平。《爵迹》的"奇幻"被技术和特效所吞噬。这如同玩火自焚，资本带来的技术和特效不仅没有成为《爵迹》的优势，反而成为叙事完败的"始作俑者"，实在令人唏嘘。

　　巨额资本的投入，固然可以加强影视生产的特效制作，但也会促使艺术走向一个扭曲的形态：放弃讲故事和情感的投入，一味追求视觉奇观和视觉快感，这是一个巨大的负面效应。与此同时，巨额资本还可能导致影视生产创新性的匮乏和艺术活力的消失，这一困境在电视剧创作中表现得尤为突出。

　　以后宫题材电视剧为例。电视剧《如懿传》还未播出就上了央视新闻，原因是该剧主演霍建华与周迅共拿走了 1.5 亿元的天价片酬。如果一部电视剧仅仅在演员片酬部分就已经投入如此巨大的数额，其拍摄成本可想而知。后宫题材作为电视剧类型，往往以众星云集、豪奢的宫廷布景和超长的集数为特征，《如懿传》亦是如此，处在《金枝欲孽》（2004 年）、《甄嬛传》（2011 年）的延长线上。近年来，后宫题材电视剧十分盛行，仅就 2016 年而言，数得出名号的就有《芈月传》《女医明妃传》《锦绣未央》。后宫题材电视剧虽然数量庞大，但就艺术创新而言乏善可陈——无外乎以"大女主"的成长经历为情节主线，以"宫斗加言情"为主要内容。问题还在于，"大女主"的人物设定虽然不乏"正能量""女性励志"之类的表面说辞，但在具体情节中还是表现出在权力争夺中黑化对手、"与人斗其乐无穷"的错误价值导向。就此而言，后宫题材电视剧已经陷入了自我重复的窠臼中无法解脱。在某种程度上，巨额资本对此类型电视剧的投入，只是诉诸庞大的收视人群所带来的稳定收益，延续着投资与产出的资本游戏，在路径依赖和艺术惰性中并没有生产出创新意义的作品。

二 被资本绑架的艺术：IP、小鲜肉与粉丝经济

影视生产的创新困境还在于对优势资源的过分依赖和自身原创能力的降低。这促使资本的幽灵乘虚而入——强势资本占据了优势资源，按照自身的逻辑进行分配和交换，用资本逻辑主宰艺术逻辑，使艺术被资本所绑架。换言之，当下的影视生产已经成为资本游戏的一个内在组成部分。

这种艺术被资本绑架的情境首先体现在"IP"和文学的影视改编中。IP是近年来在影视生产领域蹿红的关键词，指的是"intellectual property"（知识产权），是权利人对其所创造的智力劳动成果享有的专属权利。对于影视创作而言，IP主要是著作权的概念。IP处于影视生产的上游地带，就是版权的提供者，可以开发出完整的产业链，在小说、电影、电视剧、手机游戏等诸多艺术形式中使用。影视生产最常见的方式就是将网络小说进行艺术改编。

IP热激发的是影视生产中大资本的投入和开发。华策影视集团在IP购买上就不遗余力，曾提出"Super IP"（SIP）的概念，用"互联网+"的思维模式打通全产业链。在其2015年公布的2016年"SIP"计划中，华策IP版权的采购金额就达到7000万元。[3]而在2016年，我们确实看到了产生巨大效应的《何以笙箫默》《微微一笑很倾城》《翻译官》《锦绣未央》等剧。毫无疑问，IP的成功变现和产业化运营是华策影视企业发展战略成功的巨大原因。

但大资本投入后抢夺到优势IP资源并不等于一劳永逸，还需要有效地孵化和运营，否则就会导致优势资源贬值。在2016年西湖IP大会上，

曾担任诸多畅销书出版人的现任云莱坞 CEO 吴又就举出《藏地密码》的案例。他认为，《藏地密码》原本是一个超级 IP，在过去 10 年中只有《鬼吹灯》和《盗墓笔记》的知名度可以和它媲美。但是，当这部书被阿里影业购买制作成网剧后，其产生的影响力小得多，这正是由于国内对 IP 的使用有偏差，归根结底是转化层面的失败。[4] IP 只是一个影视生产的内容基础，而更多的工作则需要职业编剧来做。强势资本的进入固然可以抢夺 IP 资源，但并不意味着必然成功，从 IP 到影视作品的完成还有很长的路要走。

就此而言，看似简单的 IP 转化其实有很多不确定的因素，其中良好的产业运作和职业编剧具有重要的作用。在影视生产的全产业链条中，资本的介入应当尊重原著，尊重艺术的规律，而不能仅仅依靠强势购买和囤积 IP 资源，应该将重点放在转化层面。与其按照发展主义的逻辑盲目地增加 IP 数量，不如用心经营既有的资源，以内容为基础，使 IP 增值而不是增量。例如，同样使用《微微一笑很倾城》的 IP，电视剧版就比电影版赢得了更好的口碑和更多的观众，这无疑和各个影视生产公司的营运策略有关。

与 IP 相同，艺术被资本绑架的情形还出现在"小鲜肉"上。在近年来的影视生产中，小鲜肉几乎成了标配，这种以小鲜肉为尊的影视生产模式或许首先在郭敬明的《小时代》（2013 年）中尝到了甜头，于是群起效仿，已经到了一部影视剧不存在几个小鲜肉就无法上映的地步。姑且不论《长城》中的小鲜肉天团，以成龙的电影《铁道飞虎》为例，这一改编自革命历史题材的抗日故事亦添加了王大陆、黄子韬等一众小鲜肉演员，而由王大陆扮演的八路军竟然是一口台湾腔。

"小鲜肉"青春阳光，作为"流量小生"，自然可以带来迷妹，为影视剧带来较高的人气和关注度。影视文化的消费主体是 80 后或 90 后，高颜值的偶像自然会更加吸引他们的注意，产生明星效应。作为影视生产而言，通过使用演员进行优化组合来增加产品的号召力是无可厚非的。但是，从整体而言，对于偶像的使用要适度和保持平衡，即以不损害作品的艺术表达为前提，否则将导致整个作品的崩坏。例如，在2016年谍战题材电视剧中出现了明显的年轻化的趋势：从早先《暗算》（2005年）和《潜伏》（2009年）中成熟稳重的特工或地下工作人员变成了颜值逆天的小鲜肉演员。其中《解密》的改编幅度较大，陈学冬饰演的容金珍居然从天才解密员变成了痴傻状的少年。李易峰主演的《麻雀》则没有谍战氛围，用大量爱情戏份冲淡了悬疑感和紧张度。这无疑是一次谍战电视剧失败的尝试。

有趣的是，近期很多新闻暴露了影视生产背后的真实情况，也暴露了资本运作的秘密。当下的影视剧生产必须用偶像来产生观影号召力，因此产生了诸如演员因为工作紧凑，台词用数字代替，等到后期再配音的新闻；产生了演戏时用替身和面具倒模的传闻；还有一些小鲜肉天价片酬的新闻。这些围绕着小鲜肉的新闻无疑都是影视生产的怪现状。一方面，资本力量热衷使用小鲜肉来增加收视率或上座率；另一方面，流量小生急于将自己的身价变现。由此，资本与小鲜肉之间构成了共谋结构，而其最终损伤的则是影视作品本身。

无论是IP改编，还是小鲜肉的使用，我们都可以看到资本从背后逐利的影子。资本势力与其说看中IP的内容或是小鲜肉的演技和颜值，不如说看中的是IP和小鲜肉本身携带的粉丝以及这些粉丝强大的消费能力。这些粉丝具有黏性，可以尾随IP或小鲜肉流转。对于资本运作而言，"流量"或曰关注度本身就是可以换算成收益预期和投资回报的。资本的幽灵在徘徊，它寻找机会，热门IP和小鲜肉都是稀缺资源，导致了资本的蜂拥而至，也导致了影视产业的浮躁风气。然而，资本与IP或小鲜肉的结合并不必然带来影视作品的成功，如号称投资2.8亿元的《青云志》和投资3亿元的《幻城》，其标准的大IP加小鲜肉的配备并没有收获好口碑。影视产业（尤其是网络视频平台）总是以"烧钱"作为做大做强的基本，但大额投资并不必然带来高额收益。检视当下的影视生产，影视产品的成功归根结底还是要以内容为王，靠作品本身的艺术品质说话。

三 金钱与消费的凯旋：都市欲望的再现机制

金钱的力量是无孔不入的，它不仅主宰了影视生产的上游创作阶段，也会赤裸裸地出现在下游最终的影视文本中，而在都市生活题材影视剧中表现得最为明显。这种金钱的逻辑一方面体现在内容层面的"金钱观"和"爱情观"上，另一方面则体现在植入性广告上。在此类型中，金钱的逻辑极为强势，在一定程度上改造了影视作品的价值观设定，这也是被观众广泛批判的一点。

都市生活题材是一种常见的影视作品类型，常常使用情节剧的设定，将爱情、家庭与社会伦理融为一体。它在内容上与当代社会生活息息相关，是最容易使观众产生认同、投射自我的影视剧。都市生活题材的影视生产容易落入套路，因此难以大热。2016 年的此类题材却取得了优异的成绩，尤其体现在《欢乐颂》、《小别离》和《中国式关系》中。这些影视剧在不同程度上触及当下中产阶级社会备受关注的职场、教育与婚恋关系等热门话题，它们反映了社会问题、揭露了社会矛盾，在上映期间引发了广泛的讨论。

其中以"良心剧"《欢乐颂》最为典型，该剧于 2016 年 4 月 18 日播出，其后成为一个现象级电视剧。该剧以女人群戏作为叙事结构，讲述五个不同身份、不同阶层的女性角色的爱情与事业故事。她们守望相助的友谊获得了广泛的共鸣。该剧以上海作为故事的主场，体现了当代中国最风潮的都市景观和都市生活场景。《欢乐颂》是标准的都市生活题材电视剧，其特色首先在于都市感觉和时尚性，因此被称为中国版的《欲望都市》和成人版的《小时代》。当然，《欢乐颂》与前述两者互文文本的抽离感不同的是，该剧以某种触摸现实通点的方式处理了都市女性的欲望和选择问题。

那么，在中国最发达的充满欲望和诱惑的上海，"五美"如何实现自我的成长与超越？该剧塑造了企业高管安迪、公司老板富二代曲筱绡、中层管理者樊胜美、底层员工关雎尔和邱莹莹等角色。她们因各种机缘都居住在欢乐颂小区的同一楼层，在日常的交往中形成了都市中的女性乌托邦。该剧通过阶层和解、姐妹情谊的方式化解了各自身份的区隔，但依然不可避免地出现阶层冲突的场景。这一叙事的缝隙尤其体现在樊胜美"捞女"这个角色设定上，毋庸讳言，樊胜美这个角色是最接地气的，她集中体现了当下中国的"中产焦虑"。她出身小家小户，一心想超越自己的阶层在上海闯出一片天，却又不断地被拉回自己的阶层之中。她热爱物质，似乎只有物质才能给她足够多的安全感。她的大部分台词都是都市女性和金钱的关系，以非常现实的方式回应了"黄金时代"的主题。而剧中暴露出的问题正好亦与金钱观和价值观有关。

该剧播出后，"《欢乐颂》就是金钱颂"的判断构成普遍舆论。在作家毛尖看来，《欢乐颂》是对有钱人和精英阶层的膜拜，将弱肉强食、赢家通吃的原理刻写在文本的内在肌理中。"剧中，五个姑娘之间每一次问题的解决，都靠两位精英女的人脉和金钱达成，同时直接造成剧中最有活力的樊胜美一直深陷金钱的泥坑，最后依然需要被金钱祝福被金钱拯救。"[5] 由此，该剧陷入吊诡的叙事逻辑之中，金钱成为神器，精英女性的特权和财力成为解决矛盾的利器。从此叙事逻辑看，该剧的金钱逻辑确实深入"骨髓"。

此外，《欢乐颂》还为观众展示了当下中国最前沿的"高尚生活"场景，而这些场景无一不是由金钱带来。例如，该剧有一幕是安迪的富豪男朋友魏渭带领一众女生去他朋友的庄园游玩。在开往庄园的小车上，高情商的魏渭向安迪做了关于樊胜美的心理分析，充分暴露了他们的傲慢和自得。当然，他们确实有这种"目光的资本"，因为他们的财力远远超越了樊胜美之类的中产阶层。在《欢乐颂》中，安迪和曲筱绡带领2202的姐妹进入各种高档场所，让三人充满了艳羡，这在某种程度上暴露了"五美"阶层和解的不可能。

《欢乐颂》强调金钱和财富，也强调品位和学历，都市场景的视觉呈现本身即构成了对生活方式和生活美学的倡导。因此，它也成为当下的都市生活教科书。电视剧作为公共文本，不仅可以再现现实的欲望，还可以通过展示另一种"在别处"的生活来产生广告效应。既然《欢乐颂》是如此贴近现实的电视剧，那么植入性广告在该剧大量出现就不足为奇了。在《欢乐颂》中，广告以强大的存在感留在观众的脑海里，被网友吐槽"分分钟出戏"。有论者统计，该剧单集的广告就在 10 个以上，最短 2 分钟，最长 15 分钟就会出现广告，类似唯品会、香飘飘、保时捷、三只松鼠、搜狗等品牌高密度出现[6]。而《欢乐颂》中的植入性广告形式繁多，包括道具植入、台词植入、背景植入，堪称广告植入教科书。如此多的广告打乱了电视剧本身的叙事节奏，以致喧宾夺主，这无疑是消费品牌的资本力量对电视剧的严重干扰。

无独有偶，在张艺谋女儿张末执导的《28 岁未成年》中，植入性广告也十分抢眼。电影的开头，首先描述的是倪妮扮演的 28 岁的女主人公凉夏高大上的私人生活，镜头反复切换，进入观众眼帘的是化妆品 SK-II，并且以拜物教式的镜头被仰视。《28 岁未成年》的情节主干是 28 岁的凉夏和 17 岁的凉夏相互穿越，通过重返青春时代，重新寻回女性自我意识和自我身份。就此情节而言，SK-II 与电影本身叙事是没有违和感的，但影片一开头就出现的 SK-II 商标无疑是过于直白的广告营销，严重影响了观众的观影效果，是商业资本介入电影、破坏电影完整性的体现。

四 反思与展望：彼此羁绊的资本与艺术

在当下中国，影视作品、影视生产与影视文化既备受瞩目，又饱受争议：一个导演电影的公映也会触发全民热议，搅乱舆论江湖，成为文化现象。2016 年 12 月 16 日，张艺谋的《长城》正式公映的第一天，影评人"亵渎电影"就在微博上写到"张艺谋已死"，并放上三根蜡烛的图标。而电影出品方乐视影业的 CEO 张昭则愤怒地回击："躲在阴沟里诅咒中国电影的你已经腐烂！电影劳作者永生！"双方由此拉开骂战的序幕，随后在网络上围绕电影《长城》展开了旷日持久的拉锯战。

此次网络事件只是当下影视文化的冰山一角，如果将其放置在当代中国整体文化场域中看则颇具象征意味。在去政治化和泛娱乐化的社会精神结构中，影视作品承担了自己本不该承担的过于沉重的意识形态功能和价值引导功能，成为某种社会情绪的发泄口。这使影视作品在政治与市场、教化和娱乐之间摇摆不定。一方面，按照法兰克福式的精英主义标准，类似《长城》的视觉消费作品无疑是文化工业的产品，是精神鸦片，上不了艺术的台面。另一方面，恰如张艺谋在多次采访中所说，他只是尝试按照好莱坞电影工业标准的流水线方式创作一个"爆米花电影"，探索与全球化电影市场接轨的方式。由此看来，争鸣各方的立场和诉求并不对等。《长城》处在艺术标准与市场标准的裂缝中，正是巨额的资本投入使张艺谋必须将其拍成一个十分扭曲的"大片"。这些观念分歧产生的根本原因是中国影视产业正处在巨大的历史转型期，本土的电影工业要想楔入世界市场，就必须学习别人的游戏规则和资本运作，也必然会产生本土与世界之间的错位与摩擦。因为张艺谋是第一个吃螃蟹的人，所以必定会饱受争议，但是，进入全球化电影工业并不意味着要牺牲本土的文化主体性和艺术标准。

关于《长城》的争论使我们重新面临要资本还是要艺术的两难选择。影视作品具有双重属性，艺术与资本的辩证是影视生产中首先要面对的议题。我们不能简单地用一个标准否定另一个标准，而应该将一个影视作品放置在多重缠绕的文化逻辑中，用复杂化的、历史化的视点进行评判。

恰如前述，我们正处在影视生产的黄金时代。资本的力量席卷而来、锐不可当，无论是视觉特效的创造、IP购买、小鲜肉演员的盛行，还是都市消费逻辑的设定都与资本对影视生产的涌入息息相关。换言之，正是资本的庞大力量，搅乱了影视产业的一池清水。面对"黄金时代"，中国的影视生产将如何自处？随意地唱盛或者唱衰中国影视都是无济于事的，拒绝或者接受是太过简单的处理方式。在某种意义上讲，资本毋宁是一种庞大但中空的力量，能吞没艺术，也能增益艺术，关键在于使用者是谁，以及如何使用。我们需要找到一种新的跟资本相处的方式与可能性，让艺术服从于资本的力量，任凭资本配置艺术资源，这样的影视生产是懒惰的和不负责任的。成也萧何败也萧何、以彼之道还施彼身，只有在与资本辗转腾挪的游击战中，我们才能避免被资本裹挟，才能找到一种"中和"之道。

参考文献

[1] 何源:《中国内地银幕总数超美国成为全球银幕数最多国家》,http://china.cnr.cn/ygxw/20161222/t20161222_523376369.shtml,2016-12-22。

[2] 《2016 腾讯娱乐白皮书》,http://chuansong.me/n/1405852148137,2016-12-28。

[3] 傅嘉:《多款全网剧、综艺与电影护航华策影视发布 2016 年 SIP 计划》,http://www.cs.com.cn/ssgs/gsxw/201512/t20151229_4873304.html,2015-12-29。

[4] 李月红、严粒粒:《吴又:中国的编剧还处于刀耕火种状态不应只打造爆款》,http://ent.zjol.com.cn/zixun/201612/t20161222_2221303.shtml,2016-12-22。

[5] 毛尖:《〈欢乐颂〉就是一曲金钱颂》,《文汇报》2016 年 5 月 7 日。

[6] 王磊:《广而颂之!〈欢乐颂〉植入无孔不入 单集超 10 个》,http://ent.163.com/16/0429/07/BLQ98DV900031GVS.html,2016-04-29。

Film and TV Production in the "Golden Age":
A Capital Driven Popular Culture
Wang Rong

Abstract: In contemporary film and TV culture, capital plays a more and more important role, and has strong influence on the whole industrial chain of production. This is typical in the film and TV production in 2016. The creation of visual effects, IP purchase, prevalence of young actors and the logic defined for urban consumption, are the extrinsic feature of capital coming into artwork. The analysis of phenomena above explores contemporary Chinese film and TV culture – a capital driven popular culture, which might have some influence on Chinese spiritual structure.

Keywords: The Golden Age, Film and TV Production, Film and TV Culture

About the Author: Wang Rong (1987 –), Lecturer of School of Arts, Hainan University. Research interests and specialties: Chinese film and TV production, contemporary literary criticism, multiethnic comparative poetics. Magnum opus: "A Cross – national Bond: Literature of National Minorities from the Perspective of Comparative Literature". E – mail: leyan2014@ qq. com.

七纵八横

棋道、棋趣与棋争

——围棋的文化逻辑及其历史嬗变

高乐田　黄天乐[*]

【摘　要】 中国围棋历经数千年，在其流变过程中，产生过两次大的文化转向，形成了三种不同的文化逻辑类型。一是上古直至魏晋时期的围棋，它遵从天人合一的哲学逻辑，强调天地人神同在共娱的永恒境界。这个时期的围棋，主要是体道、悟道的一种手段。二是唐宋以后近代之前的围棋，它遵从情趣至上的美学逻辑，重视通过"手谈"的游戏方式，实现自我的精神愉悦以及与人交流中的情感共鸣。三是近现代的围棋，受日本及西方文化影响，遵从的是功利主义的技术逻辑，突出和强化围棋的竞技性。当下人与机器的胜负之争，不过是现时代围棋文化逻辑转化趋势的一个折射，有其自身发展的内在合理性。

【关键词】 围棋　文化逻辑　历史嬗变

韩国围棋天才李世石与谷歌"阿尔法狗"的人机大战终以人的完败而落幕，这给全世界围观的人群以极大震撼。对此，人们的心情是极其

---

[*] 高乐田（1964～），博士，湖北大学教授。研究方向为伦理学、西方哲学。在《哲学研究》等杂志发表论文50余篇，有《神话之光与神话之镜》等多部著作。电子邮箱：2693217206@qq.com。黄天乐（1994～），湖北大学哲学学院哲学专业研究生。

矛盾的,既有对人工智能发展水平的叹服,也有对未来技术全面宰制人类命运的深深担忧。这使对人机大战话题的讨论越出了竞技层面,而带有深刻的文化、哲学意涵。

围棋文化源远流长,历史竞进,棋道日新,逐渐演化出一道复杂而又清晰的围棋文化脉络。纵观整个围棋文化发展过程,粗略地看,产生过两次大的文化转向,形成了三种不同的文化逻辑类型。一是上古直至魏晋时期的围棋,它遵从天人合一的哲学逻辑,强调天地人神同在共娱的永恒境界。这个时期的围棋,开始主要是人们祭天求雨、占卦世道国运的道具,后来受易文化影响,变成一种极富太极阴阳哲理的逻辑游戏,进而为道家文化借用,成为体道、悟道的手段。二是唐宋以后近代以前的围棋,它遵从情趣至上的美学逻辑,重视通过"手谈"的游戏方式,实现自我的精神愉悦以及与人交流中的情感共鸣。正是凭借这种文化品格,四库全书将其归入子部艺术类,与琴、书、画同列,并称为"四艺"。三是近现代的围棋,受日本及西方文化影响,遵从的是功利主义的技术逻辑,突出和强化围棋的竞技性。当今社会,生活节奏加快,人们重视竞争和成功,进一步加快了围棋文化逻辑的变革进程,使围棋从一种高雅的艺术文化,迅速演变成一种你争我夺的职业化竞技项目。当下人与机器的胜负之争,不过是现时代围棋文化逻辑转化趋势的一个折射,有其自身发展的内在合理性。为此,理性思考是必要的,过度的文化焦虑则是多余的。

一 围棋之道

主张"道摄万物""天人合一"是中国哲学的基本特性,对于一切传统文化形式的理解都不能离开这个大的"道统"。正是这个统摄万物的"道",在围棋创始之初,就赋予了它神妙玄远的哲学旨趣。

金庸先生不仅武侠小说写得传神,围棋功夫也是一流,他对中国围棋这种"棋以载道""技进于道"的哲学品性多有体会。他曾说,中国人喜欢把什么都上升到哲学境界,棋亦如此。围棋主要通过对弈来体会棋道的玄妙，进而实现人生与世界的调和。从围棋的起源及其演变轨迹看，这话着实点到了围棋文化的精髓。

关于围棋的起始年代，人们说法不一。有人说围棋起源于战国时代，也有人说其实早在原始社会末期围棋就已具雏形了，在出土的原始社会末期的文物彩陶上就曾发现了类似围棋棋盘的圆形图案。围棋有确切资料记载的历史，最早可追溯到战国文献《世本》，其中有"尧造围棋，丹朱善之"的片段。后来，晋人张华在《博物志》中也有"尧造围棋以教子丹朱"的说法，进一步强化了围棋的教化功能。围棋为什么有教化作用？显然不是因为它仅仅体现了尧帝的个人智慧和意志，而是因为它承载了天道与天意，棋道如天道般无垠而深邃。

这一点，班固在《弈旨》中作了阐释与发挥，他说："局必方正，象地则也。道必正直，神明德也。棋有黑白，阴阳分也。骈罗列布，效天父也。四象既陈，行之在人，盖王政也。成败臧否，为仁由己，危之正也。"可见，围棋虽然看似简单，棋子只有黑白两种，却象征阴阳两极，能够推演出无穷多的变化；棋盘只有纵横十九道，却取法于天地运行的格局，故而显得大气、规整又有序。只有沉浸于其中，才能体会它的高深与玄妙。对此，吴清源先生后来说得更加明确："围棋在上古尧帝时代，并不是用来争输赢的玩意儿，而是用来占卦天文、易经的道具。帝王用棋盘占卦气象，预测何时适宜播种、何时下雨等事情，并以此教示不懂历法的人们，起着'导国之手'的作用。"显然，围棋一开始就与天道相关，既有玄远高妙的形上性，又有现实的可操作性和实际效能。在棋中，"棋道"与"天道""王道""世道""人道"一样，也由一个"道"字贯通起来。道摄万物，通过下棋人的运筹，抽象的道被具体化，其文化力量，在棋盘之上凝聚，又向生活中发散。正如南齐文人沈约所总结的："弈之时义大矣哉，体希微之趣，含奇正之情，静则合道，动则适变。"一个"大"字，已言尽棋中"道"性的奥妙。这个时期的围棋与后来才子佳人的风雅之情、职业棋士的残酷竞争与搏杀，似乎还没有多大关系。

汉代以后，尤其是魏晋时期，道家文化兴盛起来。围棋与道家文化的结合既是道家文化自身发展的需要，也客观上为围棋本身的发展及向民间推广提供了条件，而两者之所以能够结合正是因为人们看到了"棋道"与道家之"道"的一致。据说元代晏天章所著《玄玄棋经》之所以以"玄玄"命名"棋经"，就是看中了围棋之道与道家之"道"的契合，"玄玄"二字，就是由《老子》"玄之又玄，众妙之门"这句话变化而来。因此，在晏天章看来"盖以动静方圆之妙，纵横错综之微，直与河图、洛书之数同一机也，非通玄之士不足与论乎此"。因为"夫万物之数，从一而起。局之路，三百六十有一。一者，生数之主，据其极而运四方也。三百六十，以象周天之数。分而为四隅，以象四时。隅各九十路，以象其日。外周七十二路，以象其候。枯棋三百六十，黑白各半，以法阴阳"。这个能够作为"生数之主"的"一"，象征万物的本源，后来被弈者尊为"天元"，按《魏书》解释，"夫入神者，当步天元，推阴阳，探虚实，入幽微"，即是说居于"天元"者，必是一出神入化之万物主宰。所以，因天元居于棋盘之中，故棋界有"高者在腹"的说法。

另外，围棋还体现了道家文化虚实互化、有无相生的特点。施定庵在《凡遇要处总诀》中说："静能制动劳输逸，实木功虚柔克刚。"徐星友在《兼山堂弈谱·序》中亦说："制于有形，不若制于无形；臻于有用之用，未若臻于无用之用。斯言何其隽永而可味也。此所谓神之至，变无尽也。"黄宪在《机论》中说得更加辩证："弈之机，虚实是已。实而张之以虚，故能完其势；虚则击之以实，故能制是形。"这些观点无疑都受到道家思想的影响。也正是因为这一点，众多道家人士纷纷对弈棋产生浓厚兴趣。他们或弈棋以"体道"，或观棋以"悟道"，或借棋以"坐隐""忘忧"，以求得精神上的解脱。

这样，以道之故，对于弈棋之人来说就有了水平的高下之分。《棋经》中以悟道的深入程度为据，将弈者分为九品。这跟现代竞技围棋的"分段"制、"等级分"制是截然不同的。其中，"入神""坐照""具体""通幽"这些上乘棋品，都只与得道功夫有关，根本无关胜负。具有上乘棋品的人往往以"流水不争先""虚静""平常心"为追求境界，而把"斗力""用蛮"看作棋中下品。

我们发现，魏晋时期的棋界传奇人物，既不是身怀绝技、功夫超群的"侠士"，也不是自由飘逸、风流洒脱的"雅士"，而是吸风饮露、物我两忘的"道士"。据古籍记载，作为全真七子之一的王处一是个棋痴，为弈棋悟道达到完全入神忘我的境界。时值深冬，天气极寒，王处一弈棋时虽"单衣露肘，弊鞋出指"，却"神容悦泽，煦煦然如春"，令其对手也禁不住赞叹："实为无心无念，忘形忘体者也。"故后来范仲淹在《赠棋者》中，为类似弈者纵横捭阖、出神入化的境界所打动，留下了"精思入于神，变化胡能拟"的诗句，其实就是对中国围棋中所特有的哲学文化的赞叹。

确实，在中国哲学观照下，一局棋就是一次悟道的过程。"道可道，非常道"，它虽然不可捉摸，却又无处不在。只需埋头方寸棋枰，即可体会大千世界的阴阳化生，了解世事人情的万种变化轮回，从而得道升仙，忘却生活的现实烦恼。

二　围棋之趣

至唐代，尤其是盛唐以后，大一统的政治格局推动了经济的发展，也把文化推向新的高峰。诗文书画受到文人雅士推崇，围棋文化也不断发展和流行起来，并在其文化精神品格及深层结构上产生了第一次大的形态改变。围棋由体道明德的通玄之"器具"，变成了遣情怡性、娱乐身心的"游艺"，其深层的文化逻辑也相应地由追求形上境界之"悟道"，变成更具情感温度和游戏互动趣味的形下之"手谈"。

如果说魏晋时期的人所向往和追求的精神境界与围棋之"道"相契合的话，那么唐代以后的士大夫们所追求的东西则带有强烈的美学意味，对于飘逸洒脱、自由快乐生活的追求已然超越了对于道本身的兴趣。正如唐代诗人所咏："青山不厌千杯酒，白日唯消一局棋。"

唐宋以后，下棋不仅是文人雅士必备的社会交往功夫，而且还引领了一种生活时尚，弈棋与写诗、画画一样，被看作风雅之事。于是，对弈之风日盛，并在全国普通劳动人群甚至妇女阶层普及开来。新疆吐鲁番曾出土一幅绢画《仕女弈棋图》，该画生动地描绘了当时贵族妇女弈棋时的和乐情形。

现在我们常说诗与画不分家，诗中有画意，画中有诗情。其实在唐宋时期，诗与棋也是密切相关的，当时的文人骚客多会弈棋，并留有很多以弈棋为内容的"棋诗"，其中不乏名句。杜甫曾作《江村》一诗，诗中就有"老妻画纸为棋局，稚子敲针作钓钩"的诗句，反映了当时弈棋与垂钓一样，是一件生活中妇孺皆通、自然有趣的事情。白居易也有名为《和春深二十首》的一组诗，诗中有"何春春深好，春深博弈家。一先争破眼，六聚斗成花"的句子，可见当时的弈棋风俗之盛。显然，弈棋如写诗作画一样，已经作为一种极有趣味性的文化生活方式在文化人中间存在。文人雅士吟诗作画，并互相赠送，彼此欣赏评判，在对答唱和中实现自己的美学理想。同样，弈棋虽不着一笔一画，不费一言一舌，也在清脆的落子声中，完成了一次"手谈"，即是说实现了另一种形式上的心灵的交汇与相通，达到了又一种"琴瑟和鸣"的效果。

虽然那个时期的围棋也有求道以及竞技的成分，但都不是弈者的主要文化诉求。如苏轼有一首《观棋》诗，其中有两句："胜固欣然，败亦可喜。优哉游哉，聊复尔耳。"王安石有一首《围棋》诗："莫将戏事扰真情，且可随缘道我赢。"南宋也有一首《棋会》诗，诗云："琴弈相寻诗间作，笑谈终日有余欢。"从这些诗中可以看出围棋文化的变化：如果说魏晋及以前围棋与哲学结合紧密，重视世界的"理"与"道"，那么唐宋以后的围棋则更多的是与诗词结合，更重视人间的"情"与"趣"。

明清以降，弈棋之风日盛，作为"四艺"的"琴棋书画"更是常在各种作品中并举，已经是一个不可拆开来用的固定套词了。这几种文化形式不仅是文人雅士显示风度才情的必备技能，也是大家闺秀高贵、脱俗、有教养的身份标志。《喻世明言》中夸赞某个女人时就有"丰姿洒落，人才出众，琴棋书画，无所不通"的句子，清代张南庄在《何典》中也有"不拘描龙绣凤，件件皆精，琴棋书画，般般都会"的对大家闺秀的描写。王夫之曾作一绝："看棋如瞑烟，下子如流水。着着不争先，枫林一片紫。"学人钱益谦更是借棋抒怀："争先一角势匆匆，绿湛余尊烛剪红。复罢残棋何足算，输赢只在纸盘中。"看淡人生的成败沉浮，实现愉快和乐的美学价值，成为生活的真谛，无论是哲学之玄妙还是世俗之争斗都被淡化，一切不过是纸上游戏、过眼烟云。人生如棋，围棋与弹琴、作诗一样，既能自娱又能悦人，体会这个变化的过程就够了，得道与否无所谓，输赢不必太当真。

我们注意到，明清时期虽然也产生了一些以弈棋为职业的民间高手，对于提升围棋竞技水平起了促进作用，但是由于这些人仍然属于"戏子"类的手艺人，社会地位并不高，因此并不能主导围棋的竞技性文化走向。另外，在底层社会，虽然也开始出现下棋赌彩的现象，这在《红楼梦》《儒林外史》等作品中都有生动的描写，但是并未从总体上改变弈棋怡情的文人格调。清代名士张潮在他的《棋论》中总结道："春雨宜读书，夏雨宜弈棋，秋雨宜捡藏，冬雨宜饮酒。白昼听琴声，月下听箫声，山中听松声。"显然，他仍然将下棋的文化品性定格在以趣味为核心的美学范畴内。

在美学视域下，一局棋就是人生的一次自由抒发，就是娴雅平静的一种心境，就是与亲朋好友的一次情感交流和彼此慰藉。输也罢，赢也罢，会心一笑中懂得生活、懂得彼此。

三 围棋之争

唐代以后，中国围棋经过千年的发展演变，竞技性及竞技水平也在稳步提升，虽涌现出了像黄龙士、范西屏那样的围棋竞技高手，但总体而言，下棋仍然是文人雅士甚至大家闺秀嬉戏娱乐、修身养性、消磨时光的艺术游戏，从竞技角度看，大多属于花拳绣腿。但至清末民初以后，随着新的弈棋方式由日本回传，围棋文化又经历了一次大的转向，由美学精神主导的遣情怡性之物，逐渐变成胜负结果主导的竞技项目。

日本民族文化中有"武士道"精神传统，日本人养成了尚武、好斗、偏执、认真等民族性格。盛传自唐代以后，中日两国经济、文化交往日益频繁,围棋也是在这个时候传入日本的。它很快与日本的"武士"精神融合起来,并最终在幕府推动下于17世纪形成了以争斗竞技为主的"御城棋"制度。日本著名作家川端康成在其作品《名人》中认为,"围棋也是从中国传来的,不过真正的围棋是在日本形成的"。他所谓"真正的围棋"的形成,应该就是指这种"御城棋"制度下以竞技为主导的围棋文化的变革。确实,"御城棋"制度推行后,围棋的文化面貌发生了根本性改变,"火药味"越来越浓,竞争越来越残酷,很快成为武士精神得以发扬的又一个决斗场,"职业棋士"应运而生,这些棋士实际上就是不拿刀的武士。

据日本史料记载,当时的棋争可用惨烈来形容。棋士在对弈中为了取得武士般胜利的荣耀,不惜以命相搏,仅在对弈过程中因体力耗尽而导致吐血的,就有三次,真可谓"呕心沥血"。第一次是在元文年间,第七世本因坊秀伯与井上因硕争棋,弈至第八局结束时,秀伯口吐鲜血。第二次为天宝二年,赤星因彻挑战十二世本因坊丈和的名人头衔,棋局僵着,丈和灵光闪现,突然走出一个有名的"妙手",赤星一见,感觉败局已定,遂一口血喷到棋盘上,饮恨而亡。第三次是第十四世本因坊秀和与幻庵因硕的二十番棋搏杀,仅第一局就耗时九天,棋间因过度劳累,因硕竟两次吐血,足见争斗之激烈。

在这样一种竞争文化激励下,日本围棋竞技水平突飞猛进,并将作为围棋发源地的中国远远甩在身后。反观中国,至清末民初,官场腐败、民生凋敝,传统文化遭受批判与质疑,中日矛盾与对抗不断加剧,救亡图存成为当时精神文化的主旋律。对比日本,我们不仅军事失败,经济落后,连作为国粹之一的围棋,在竞技方面也早已无法与日本相提并论。

相传清光绪年间,一位日本业余棋手来华竟屡败中国民间高手,最后清政府不得不派出中国国手应战,才勉强保住大国颜面。后来,日本派仅为职业四段的高部道平来华,竟横扫中国国手,一时间国内舆论哗然。在抗日烽火燃烧,复仇情绪浓烈的时代背景下,落后就要挨打成为中国人的民族共识,从此,围棋再也不能保持道家坐隐忘忧以及文人雅士的优雅与淡定了。这种氛围也促使围棋由"文艺范"的艺术迅速转向抗争的"战场"。

中日围棋这种竞争的态势并没有随着和平时期的到来有所改变。我们发现，第二次世界大战后，虽然战争结束了，但国家间的竞争由战场迅速转入了经济、体育、文化等领域。围棋遂由一个传统的艺术门类，正式转型成为中国的一个体育竞技项目。在围棋竞技上，人们首先要回答的就是"中国围棋与日本围棋究竟哪个更厉害？"答案直至20世纪60年代都是一边倒的，中国围棋在与日本的竞争中几乎无还手之力。

情况的改观是与一个棋手的名字联系在一起的，这个人就是中国"棋圣"聂卫平。聂卫平自幼学棋，受国手指导及陈毅元帅的当面激励，以击败日本高手为目标，棋艺进步神速。20世纪70年代赴日本交流，竟完败众多日本一流高手，引起日本棋界惊呼，称其为横扫日本的"聂旋风"。但这仅仅是中日较量的开始，随后的"中日围棋擂台赛"才是竞争的真正舞台。在这个"战场上"，聂卫平接连将"计算机"石田芳夫、"宇宙流"武宫正树、"美学"大竹、"刽子手"加藤正夫、"实力派"小林光一等日本传奇式的"超一流"棋手击败，成为中日围棋竞争的王者和英雄，为中国围棋赢回了尊严。后来聂卫平被授予"棋圣"称号。

有意思的是，聂卫平"棋圣"称号的获得跟"圣人"该有的"得道""悟道"这种"超越性"品格其实关联不大，也不是他的棋有多么潇洒有趣，主要是为了表彰他在"中日围棋竞争"中的"世俗"贡献。实际上是遵从了胜负的文化逻辑以及功利性的评价标准，因而，社会对于聂卫平"棋圣"称号的接纳，首先意味着对围棋竞技文化定位的认可。

及至20世纪末，韩国围棋异军突起，中日竞争遂演化为"三国争霸"，竞争的文化逻辑得到进一步巩固与强化，再加上商业、市场、金钱的强势介入，围棋的竞争性文化主导地位已不可撼动。传统围棋文化中的"棋道""棋趣"已是可有可无的东西。成王败寇的结果至上性，在近些年的国际棋争中表现得淋漓尽致。只要能够取胜，可以不择手段，什么"僵尸流"、"地沟流"、"填子流"以及各种"盘外功夫"都找到了存在的理由。这个文化特点，在韩国棋手身上体现得尤其明显。李昌镐、李世石这些韩国名将都是名副其实的"胜负师"。

时至今日，随着人工智能的发展和互联网的普及，围棋的竞争由线下走到线上，由"人际之争"走向了"人机大战"。看似眼花缭乱、热闹非凡，但是以竞技为主导的文化逻辑没有变。不过由"中国和日本谁更厉害""中国与韩国谁更厉害"变成了"人与机器谁更厉害"而已。对于这些问题我们也可以不急于做出回答，拨开当下围棋界人机争斗的烟云，历史地来看围棋发展演变的整个过程，此时，另一个更有意思、更加根本的问题就会浮现出来："在一个由技术主导的时代里，除了胜负成败，决定我们生活和命运的还有什么？"

追问中我们发现，其实，在改变人的生活的力量中，有些是以显而易见的方式出现的，比如权力、金钱、技术等，它们总是以近乎赤裸的姿态，对现实中的人或是诱惑或是强迫，来让人就范和膜拜。其实，生活中还有一种力量，它往往以不易被人察觉的方式运行，其影响却更加持久和深刻，这种力量就是文化。弄懂了这个问题，人们就可以在生活中保持一份淡定，同时对围棋也就抱有更加整全的信念。胜负固然重要，但永远不能取代弈棋中的情调与格局，因此，我们完全没有必要因为一项技术的暂时胜出而沾沾自喜。

Spirit, Joy and Competition of Go:
The Cultural Logic and Historical Evolution of Go

Gao Letian, Huang Tianle

Abstract: Chinese Go has developed for thousands of years, during which there have been two influential cultural turns shaping three different types of cultural logic. The first type is the philosophical logic originated from the unity of people and nature, emphasizing the eternal world of the altogether amusement between heaven and earth as well as human beings and gods, which was embodied in Go from ancient times to Wei – Jin Dynasty. Go during this period was mainly a way of experiencing the spirit. The second type is the aesthetic logic originated from the emphasis of temperament and interest, focusing on the mental happiness of self – fulfillment and the emotional resonance of communication through the way of "hand talk", which was embodied in Go from Tang and Song Dynasties. The third type is the technical logic originated from utilitarianism, emphasizing the competitive character of Go influenced by Japanese and Western culture, which is embodied in Go in modern and contemporary China. The competition between human beings and robots nowadays is a reflection on the turning trend of cultural logic of contemporary Go, which has immanent rationality for its development.

Keywords: Go, Cultural Logic, Historical Evolution

About the Author: Gao Letian (1964 –), Ph. D., Professor in College of Philosophy, Hubei University. Research interests and specialties: ethics, western philosophy. Published essays: more than 50 essays have been published on *Philosophical Research*, etc. Magnum opuses: *Sight of Mythology and Mirror of Mythology*, etc. E – mail: 2693217206@ qq. com.

Huang Tianle, M. A. candidate in College of Philosophy, Hubei University.

乐学与国学[*]

杨 赛[**]

【摘　要】　中国有着十分悠久而深厚的音乐文化。乐学是国学的核心部分。本文介绍了笔者从事音乐美学专题研究与《乐记》研究的体会。音乐美学是从西方引入的一门现代学科，随着学科建设的不断推进，中国音乐美学已经完成由西学到中学的蜕变，其研究热点也由对史的研究逐步过渡到对范畴与理论体系的研究。中国音乐美学范畴体系研究的目标，是要建立一整套与中国音乐史实与事实相适应的理论体系，并不断从其他音乐学科乃至人文学科中汲取养料，开辟新的研究领域，形成新的研究方法，以应对全球化背景下音乐学发展的挑战。《乐记》整理工作包括：对文本的校、注的整理，其最终目的是确定一个新的、准确的、全面的文本；对《乐记》文本的标题和题旨、分段和段旨、分句和分意，字词的意义都有合理的解释。《乐记》研究工作包括：文本的理论渊源、文本的形成与传播史、文本中范畴理论体系的建构。

【关键词】　音乐文化　《乐记》　美学范畴

---

[*]　本文为教育部人文社会科学研究规划基金"乐记研究史"（14YJA760045）项目；霍英东教育基金会高等院校青年教师资助课题"中国音乐史料学"（111102）项目。

[**]　杨赛（1976~），博士，上海音乐学院副研究员，主要研究中国音乐、中国文学、艺术哲学，著有《任昉与南朝士风》《中国音乐美学原范畴研究》。电子邮箱：shyangsai@aliyun.com。

引　言

　　中国是一个在历史上取得了辉煌音乐成就的国度，也是一个当下音乐生活十分丰富的国度。音乐对中国社会、中国价值、中国生活、中国文化影响之广、影响之深，实在是再怎么估量也不为过。中国的史前文明，完完全全地浸泡在音乐中。班固说："六经之道同归，礼乐之用是急。"中国有着深厚的礼乐文明，礼乐文化本是中国儒家文化的核心。礼学研究长期受到学术界的重视，取得了比较丰硕的学术成果。然而，近现代的国学研究，对乐学的关注远远不够，乐学研究所取得的有效的学术成果与其本身的重要地位很不相称。由于乐学研究薄弱，我们很难对中国传统文化的核心部分做出更合理的解释，这也给乐学研究留下了巨大的学术空间。

一　中国音乐美学范畴及其理论体系研究

　　2006年12月到2009年10月，笔者在上海乐学院艺术学博士后流动站工作，合作导师是韩锺恩教授。韩老师时任中国音乐美学学会会长，是知名的音乐美学研究专家。笔者从古代文学专业转到音乐美学专业，跨度实在太大，西方音乐美学笔者不敢涉足，对中国音乐美学的史料略微熟悉一点，倒是可以试一试。

　　中国音乐美学又分中国音乐美学史和中国音乐美学范畴两个研究方向。中国音乐美学史在以蔡仲德先生为代表的学界先辈的努力下，已经取得了瞩目的成就，中国音乐美学范畴蔡先生还没来得及研究。韩老师给了笔者一份由他打印的蔡先生中国音乐美学范畴的讲课笔记。笔者在韩老师的指导下，参与了中国音乐美学界的多次学术研讨会，撰写了多篇论文，完成了博士后工作报告《中国音乐美学原范畴研究》。

　　中国音乐美学范畴发展史，可以分为五个时期。第一个为先秦时期，这是中国音乐美学范畴的发轫期，诸子百家提出了大量的元范畴，争鸣异常激烈,建立了中国音乐美学的核心架构。第二个为两汉时期,这是中国音乐美学范畴系统化、定型化的时期,诸子百家提出的大量音乐美学范畴在这个时期进行了整合,形成了一整套礼乐理论体系,并不断被付诸实践。第三个为魏晋时期,这是中国音乐美学范畴丰富和转变的时期。嵇康、陶渊明等人对礼乐理论范畴体系中的一些基本命题进行了否定。第四个为隋唐至明清时期,这是中国音乐美学的发展时期,礼乐理论得到进一步补充。第五个为20世纪以来,中国音乐学界一方面为顺应世界音乐的发展潮流,围绕振兴国乐这一课题进行探讨;另一方面萧友梅引入西方音乐美学,在青主、黄自等人的推动下,中国古代音乐美学进入现代转换与新生时期。

中国音乐美学的理论体系包括"感觉与感知(声)、序化与象征(音)、礼乐制度(乐 yuè)、价值认同(乐 lè)、和"五层结构。在数千年的时间里,无数理论家先后参与了这一体系的构建。中国音乐美学试图实现情感与身体、思想与行为、价值与制度、人道与天道的完美统一。

在中国早期音乐美学理论中,情是诗的基础,诗是礼乐的基础。在虞、夏时期的礼乐中,就有诗。《诗经》是周礼乐的基础。在礼崩乐坏过程中,诗与乐分离。乐起源于人们对天神的敬畏、崇拜与感恩。乐是人内在的自觉要求,能校正人们的情感和认识,加强族群的认同感和凝聚力。礼与乐的关系有三个层面,以礼合乐,以乐合礼,礼乐结合。礼乐之道,是最基本的社会价值体系和社会制度,是中国社会长期保持稳定的基础。

中国音乐美学的理论大厦,是一个纵横交错的斗拱式结构,道家、儒家、墨家、玄学家为这个大厦树立了四根坚实的支柱。

原儒家提出的核心音乐美学元范畴是"乐由中出"。儒家将"中"的思想,远绍到黄帝、帝喾、殷商时代,周文王将"中"确立为立国之本,周公将"中"确立为执政的基本原则。周王朝早期的统治者试图建设一个守"中"的国家,以期得到神灵的保佑。"中"是周王朝礼乐制度的基础。

周公广泛吸收前代礼乐成果,制定周的雅乐,试图将整个社会的意识形态引向清晰、节制和中庸。在周初的雅乐系统中，既有中央音乐，也有地方音乐；既有雅乐，也有俗乐；既有中原音乐，也有"夷乐"。周雅乐是一个丰富、包容、开放、集大成的音乐体系，与周的制度体系和价值体系紧密相关。西周雅乐是西周王朝合法、合理的体现。西周王朝赖此持续强盛了差不多 300 年。随着西周王朝的衰落，西周王朝对诸侯国的政治控制力和文化影响力日益减弱，诸侯国渐次崛起，形成了各自的文化传统。西周晚期，各地各级社会管理和意识形态陷入严重混乱，这就是所谓的礼崩。礼崩主要体现在：周边异族对周王朝军事、政治、文化和社会生活各方面造成冲击，严重威胁周礼乐的基础；周王朝对诸侯国失去制约，原本统一的社会管理体系出现混乱；周属各诸侯国的二级、三级政权也陷入失控状态；周王朝的社会意识形态出现了严重危机；礼的典籍大量遗失。乐坏主要体现在：一部分礼乐遗失，礼乐被渎用，制乐工作停滞，音乐资源流散，乐被僭用，地方音乐兴盛。随着诸侯国势力的扩张，地方音乐传统逐渐向中原地区反向渗透，雅乐越来越世俗化，夷乐和俗乐不断融入礼乐中。到了东周，礼崩乐坏已经不可逆转。

孔子极力主张在东周王朝推行"中"治。孔子、荀子和宋代理学家将带有原始宗教色彩的"中"赋予更多的理性内容，主张国家在各个层次、各个方面的活动都要谨守一定的度，以维系整个社会的平衡，实现社会的有效治理。在这根立柱上，儒家安排了许多大大小小的斗拱，构建出礼乐思想体系。

孔子将乐教的传统一直追溯到尧、舜、禹等先王，将原本作为外在律令的"中"转化为个体的内在诉求，约束个体的行为与习惯。荀子将"中"、人情、礼制、乐联系在一起。汉代以后的五声理论，是以"中"论为根据的。五声与身体、尊卑、伦理、五行、配器一一对应。

儒家十分重视音乐在社会治理中的首要作用，提出移风易俗，莫善于乐，总结了早期中国社会治理的经验。在漫长的史前时期，语言文字尚不发达、信息沟通尚不畅通、社会组织尚不庞大、制度规范尚不健全，音乐在社会治理中发挥着决定性的作用。与礼制、行政和法律比较起来，音乐更能贴近人的情感、思想，更能改善人的品性，引导社会各阶层产生正确的认识和行为,从而实现天下大治。

老子提出的核心音乐美学元范畴是"大音希声"论。"大音"和"希声"原是两个声音叙词:"大音"指鼓音,如鼙鼓一类的打击乐器;"希声"指在礼乐中,这类打击乐器尽管重要,但用得很少。老子借用这对术语,来表示道是对立双方矛盾的统一体。"五音使人耳聋"说明老子认为对道的体认来自个体本身,而不是外在的感官,这一范畴反映了老子对儒家礼乐的批判态度。在传播与接受的互动中,"大音希声"逐渐演变为一种音乐美学,同时也涉及礼乐体制、道论、释典、艺术鉴赏、人物评品等方面。

孔子提出"放郑声"论。在儒家看来,淫即过、淫即哀,都是表示音乐的非礼乐性质,违背"中"的用乐,是诸侯国统治阶级野心膨胀的表现,都将最终导致本国的灭亡。孔子认为,如果诸侯国都能用礼乐,就能维持整个周王朝内部的纵向关系与横向关系,从而实现天下大治。孔子试图用雅乐来化解春秋末期礼崩乐坏的社会危机。然而,礼崩是西周社会发展的必然结果,西周的音乐文化正是在礼崩的过程中悄然发生了变化。"放郑声"论反映了孔子在政治上、文化上的保守主义倾向。

墨子提出"非乐"论。墨子非乐的两个主要理由,一是"上考之不中圣王之事",二是"下度之不中万民之利"。墨子勾勒出一部原始时期的音乐发展史。最初的音乐,都是为了适应劳动与部落管理的需要而产生的。进入奴隶社会后,统治阶级利用音乐加强其神权统治,借音乐来歌颂自己的武功,又利用音乐作为荒淫享乐的工具,这到了夏代、商代变得十分严重。周代以来,音乐的阶级化和理论化更加明显,建立了完备的礼乐制度,成立了专门的音乐机构。墨子认为,诸王在因袭前代乐的基础上,又增加了新乐。从数量上看,乐是越来越多了,而政绩却并未得到提高,所谓"乐逾繁者,其治逾寡"。墨子又列出了六条理由说明"下考之不中万民之利",认为制乐、听乐与社会生产生活相矛盾,反映了春秋末年以后,古代奴隶制濒于瓦解并开始向封建制度过渡的时期里的小生产者阶层和人民群众要求保障自己的生命财产和改善自己的社会地位的愿望,墨子表面上是借圣王立言,实质上是替下层百姓说话。

他对当时的统治阶级假礼乐之名行腐化之实的生活进行了揭露和批判。墨子的"非乐"论,一是来自儒家非乐一派,二是来自夷族非乐一派,三是来自鲜明的阶级立场。

为应对墨子的"非乐"论,荀子专门作了一篇《乐论》,开篇即旗帜鲜明地亮出儒家的观点:"夫乐者,乐也。"荀子认为,完全可以通过乐来调节人的情绪与行为,使人的品性向善的方面转化,实现天下大治,《乐论》整篇都是紧紧围绕这一观点展开。儒家试图利用音乐与性情的密切关系,将礼乐制度变成个体自动、自发的情感选择与行为规范,由社会上层阶级到社会下层阶级、由外在的行为到内在的思想、由情感熏陶到品性养成,最后形成集体意志,从而实现天下大治。

庄子提出"天乐"论,把回归本性、本真作为音乐理论的基础,建构了道家音乐美学的基本体系。庄子站在"守拙保真"的立场,提出宾礼乐,认为儒家所倡导的礼乐理论违背了事物和人的本性、违背了社会自然分工的原则;墨子的非乐、节用违背天下人的意愿,不便于整个社会的治理。庄子提出"坐忘"与"心斋",其本质是无为,其方法是物化,它是一种与天地大道齐一的人生境界。正是因为消除了物我之间的分隔,主体与客体之间的物感关系与感物关系都不存在了,人的情感活动复归于平和。

作为儒家音乐美学思想转型的代表,孟子提出了"与民同乐"论。孟子并没有纠缠于先前的古乐与新乐之争,而是敏锐地观察到小农体制已经成为各国政治改革的主流,民作为一股重要的政治力量登上历史舞台,这才是他最大的识时务。孟子的音乐美学思想与其政治主张密切相关,同时,也是对有严重复古倾向的儒家音乐美学思想的重要补充。

嵇康提出的"声无哀乐"论,是一个十分重要的音乐美学范畴,它是魏晋玄学家的思想与人格在音乐上的反映。这个命题表明了玄学家越名教而任自然,不与世俗社会相调和的政治选择,又说明玄学家醉心琴啸,借音乐以平和心境的高情远趣,充分运用辩证的思维方法,将音乐与情感区分开来,直问音乐的本质,对儒家礼乐理论的论据、论证方法都提出了批判。

青主提出了"音乐是上界的语言"的论断,以回答"什么是神圣的音乐""音乐在各种艺术当中处在什么地位""音乐的元素是什么"诸问题。青主的音乐美学思想,既有表现主义的渊源,又深受马丁·路德等人的神学思想影响。青主试图用音乐来改良国民性,这是五四运动思想在音乐美学思想上的延伸与体现。青主将音乐视作最高等的艺术,表达了他对传统音乐的不满和绝望,体现了他浓厚的启蒙主义情结。青主赞同"上界""灵界""内界"的艺术,反对外界的艺术;赞同表现的艺术,反对模仿的艺术。他认为艺术本身是虚伪的,并与自然相区别;艺术表演一定是虚伪的,而艺术创作必然是真实的。"音乐是上界的语言"范畴的提出,是中国音乐美学由古代向现代转型的重要标志。

二 《乐记》的整理与研究

蔡元培先生说:"吾国言乐理者,以《乐记》为最古。"[1]《乐记》不仅是中国古代乐论的集大成之作,还对整个艺术理论都产生了重要而深远的影响。

羊列荣说,《乐记》在中国艺术理论中的地位要远远超过《文心雕龙》。笔者赞同这个看法,《文心雕龙》已经"成为一门有校勘、考证、注释、今译、理论研究,并密切联系着经学、史学、子学、佛学、玄学、文学和美学等复杂系统的科学"[2]。比较有影响力的注本有王利器的《文心雕龙校正》、杨明照的《文心雕龙校注拾遗》、周振甫的《文心雕龙注释》、詹锳的《文心雕龙义证》等[3]。其中,杨明照的《文心雕龙校注拾遗》"资料丰富,引述完备,校勘精审,论断有据,是研究《文心雕龙》的版本,校勘及其理论渊源和刘勰生平与著述的最为重要的一部著作,具有极高的学术价值,对刘勰和《文心雕龙》的深入研究,产生了重大影响"[3]。王运熙先生曾对曹旭老师说,要像杨明照先生做《文心雕龙》研究那样去研究《诗品》。

曹老师做《诗品》的整理与研究工作,一做就是20多年。他常跟笔者讲，做论文、做学问，是要用时间来慢慢磨的，有时还要放一放，就像好酒一样，越存放越香醇。做论文，就跟种地一样，你要花力气长时间在一块地上精耕细作，种了棉花种小麦，种了油菜种萝卜，先把一个品种种出特色来，然后争取样样都能种出彩。你尽量不要把力气花到别人的田地里，随随便便就跨界。上海古籍出版社1994年出版了曹老师的《诗品集注》，2011年出版了曹老师的《诗品研究》增订本，间隔17年，他写了一篇很有体会的再版后记，没做过集注工作的人，是写不出来的，也体会不到他的本意。笔者计划按照《文心雕龙》《诗品》集大成式的方式来研究《乐记》。

《乐记》研究在中国音乐美学研究的现代化进程中有着重要的地位。郭沫若先生曾经发起了《乐记》论辩，后被编入《乐记争辩》一书。[4]近年来，海内外学者写的《乐记》论文有数百篇，甚至出现了《乐记研究》的专著[5][6][7][8]。然而，由于学界对《乐记》的文本整理还很薄弱，连一个规范的、单独的注释本都没有，因此《乐记》研究成果的可靠性也很有限，或多或少存在过分阐释或误读的现象。把《乐记集校集注》做好，有利于推动中国音乐艺术的发展，也有利于促进音乐研究与国学研究的融合，中西音乐理论的对话，为中国音乐古籍文献整理丛书如"声无哀乐论集注"等提供了范本，为编写大型音乐理论丛书"中国历代乐论"积累了经验。

《乐记》是《礼记》的一部分，属于经学，是研究中国学术的基石。阮元在《重刊宋板注疏序》中说："窃谓士人读书，当从经学始，经学当从注疏始。空疏之士，高明之徒，读注疏不终卷而卧者，是不能潜心研索，终身不知有圣贤诸儒经传之学矣。"《乐记》整理的第一步是把经文校正准确；第二步是把注疏一一蒐集起来，排定注释的次序，删除重复的注释；第三步是研究注释之间的异同，由此窥探一个时代的学术风貌。

第一，《乐记》正文校订。首先得确定底本，陌忍堂刊刻唐开成石经《礼记》中就收有《乐记》，这是一个很好的善本。该本1页12行，1行10字，共有22页，计正文5234字，其中208字残缺，已经从宋本双钩补全。全本不分章，不分节，不断句，无章节标题。文章的顺序与宋本有很多不同。宋以来各本分章、分节、分句各不同，章标题各异，章次序杂糅，还有错简，文本较为混乱，以唐开成石经本作底本，可以较妥当地处理这些问题。笔者曾向南京大学文献学家徐有富先生请教，他认为这样选底本的思路应该是可行的。前人校勘《乐记》有两种思路，一是横向比对。司马贞、颜师古、俞樾、卢文弨、王先谦、阮元、向宗鲁等人校订《乐记》，取《荀子·乐记》《史记·乐书》《汉书·乐志》《说苑·修文》《孔子家语》等书进行对斠，取得了较大的成就。二是纵向比对。惠栋等人以宋本、毛本、监本、仿宋本等为底本进行校勘，也取得了不少成果。以唐开成石经本为底本，可以较好地利用这些整理、校勘成果，纵横对比，有所创新。

第二，《乐记》注疏整理。最早为《乐记》作注的是马融、卢植和许慎，但其注成果已经不存，只能从这些人的其他著作中清理出来。

郑玄吸收了刘向、许慎、马融、卢植的成果，成为汉代《乐记》校注的集大成者。郑玄的校勘不轻易改字，重新确定了《乐记》的编次。郑玄的注释包括释音义、释字词义、释句义、释节旨和释乐事五个方面。郑玄引用《诗》《书》《周礼》《易》《春秋传》《论语》《礼记》注释《乐记》，注文与其他经注不重复。王肃、王念孙、王引之、熊十力等人对郑玄《乐记》校注的极少部分内容提出了质疑。郑玄的校注是我们理解《乐记》的基础。

其后王肃、孔颖达、皇侃、贺循、贺玚、熊安生、庾蔚、崔灵恩、陆德明、裴骃、张守节、颜师古、朱熹、张载、真德秀、李格非、王安石、陈旸、刘彝、刘敞、叶梦得、方悫、黄裳、应镛、邵渊、李觏、周敦颐、卫湜、吴澄、陈澔、李光坡、方苞、孙希旦、王聘珍、王引之、俞樾诸家都为之作注。清以来的研究与整理成果有杭世骏的《读礼记集说》、朱彬的《礼记训纂》、孙希旦的《礼记集解》。

第三，《乐记》整理的繁难。笔者在整理《乐记》注疏的时候，觉得仿佛在主持召开一个跨时代的专题研讨会。笔者把两千年来对《乐记》有过研究的人都召集起来，请他们按照一定的顺序发表各自的观点，交流自己的心得体会。作为会议主持人，笔者得把他们的见解有序地记录下来。这个工作看起来容易，做起来却很麻烦。首先，一些注释者的生平无从考证，其注释的权威性和位次很难判断。其次，一些注释者发言中有明显的错误，如照实录下，错误就要算在笔者的头上，因此笔者不得不加一个按语，说明本来是怎么回事。再次，一些注释者的观点来路不明，相互混杂，很难梳理清楚。最后，集注就像捡麦穗，好像这块田地捡过了，回头再一看，又捡到一大把，材料层出不穷，很难做到"颗粒归仓"。笔者把一些相关材料都摸过一遍，进行了初步的整理，写成《乐记集校集注》的文本交给复旦大学中文系博士后流动站的专家组审查，他们给笔者提了不少改进意见。

文本要将前人的注释按某种规则进行排列，对每一位前辈学者的评论，尽量做到平和、周道、公正。围绕《乐记》文本的传播与接受，有一些问题需要考察：一是《乐记》与汉代学术，二是《乐记》与魏晋玄学，三是《乐记》与宋明理学，四是《乐记》与清代朴学，五是《乐记》与现代学术。《北史·儒林传·刘兰传》中说"推经、传之由，本注者之意，参以纬候及先儒旧事"，这是一个比较系统的研究方法。我们要在注解中窥见其学理，归纳其学派，洞察其思想，考察一个时代的整体学术风貌。有很多问题，在《乐记》文本系统内解释不通，就借助文本的形成史、流传史和接受史在文本之外进行解读，而这些信息大多藏在文本的著录、序跋、异文、评诠、引用当中。文本内的研究与文本外的研究相互促进、相互发明，从文本整理走向既有深度又有广度的有凭有据的文化阐释。

《乐记》中的重要范围与其他经典著作有着千丝万缕的联系，这从汉以来的注释与引用中也可以看出来。在《乐记》文本研究的周边有：《乐记》与《乐志》，《乐记》与音乐理论，《乐记》与儒家传统民间音乐，《乐记》与亚洲传统音乐文化。我们在《乐记》文本研究中取得的成果，往往可以推动其他文本的研究，有从重点突破实现全面突破的可能。

做过这些初步的工作，笔者回过头来再看以前做过的音乐美学范畴研究，就觉得有很多需要改进的地方。《乐记》中就出现了很多重要范畴，我们还没有注意到，有些尽管注意到了，但还可以做更深入的研究，比如"乐由中出"，这样重要的范畴就被大家忽略了。

研究《乐记》需要投入大量精力，也需要很长时间，曹旭老师跟笔者说，有些论文，是需要时间来磨的，笔者对这句话慢慢有了些体会。茅原先生的著作名为《未完成音乐美学》，这是很有见地的说法，像我们这样的青年学者做研究，离完成还有很远的距离。丁芷诺教授说，要允许青年老师在教学中犯错，不断犯错，不断矫正，不断提高。笔者感觉做研究也是这样，要不断围绕一个课题写文章，不断向同行请教，不断修订，不断提高。好在中国音乐学界向来有着很宽松的学术氛围，不时有人给笔者提出建议。

结　语

1927年11月，蔡元培先生和萧友梅博士创办国立音乐院，在建院章程中提出"输入世界音乐，整理我国国乐"[9]的宗旨。将近一个世纪过去了，中国乐学做了不少工作，但还远远不够。陈寅恪先生说做学问需要同情之理解，否则，我们的研究便不容易深入。

湘阴乡贤郭嵩涛写了《礼记质疑》，其中就有《乐记》。陈成国老师在其序中说："两千年来，吾湘人治礼而有著述流布者，无虑数十家，有清以来为数陡增，而可观者数十家而已。郭筠仙不但以礼律己，施礼于异邦，不辱国民，而且勤于著述，不迷信前贤，他对于礼学算是有贡献的。"笔者半路出家做乐学研究，也算是无意中步武乡贤了，要完成自己的学术夙愿，肯定还有很长一段路要走。

参考文献

[1] 蔡元培：《音乐杂志发刊词》，载高平叔编《蔡元培全集》第3卷，中华书局，1984，第397页。

[2] 牟世金：《"龙学"七十年概观》，载《文心雕龙研究论文集》，人民文学出版社，1990，第2页。

［3］张少康、汪春泓、陈允锋等：《文心雕龙研究史》，北京大学出版社，2001，第324页。

［4］人民音乐出版社编辑部：《乐记论辩》，人民音乐出版社，1983。

［5］王祎：《〈礼记·乐记〉研究论稿》，上海人民出版社，2011。

［6］薛永武：《中国古代文论经典流变——〈乐记〉的形成史与接受史研究》，社会科学文献出版社，2011。

［7］薛永武、牛月明：《〈乐记〉与中国文论精神》，社会科学文献出版社，2011。

［8］薛永武：《〈礼记·乐记〉研究》，光明日报出版社，2010。

［9］常受宗主编《上海音乐学院大事记名人录》，上海音乐学院院志编委会打印本，1997，第6页。

Musicology and Studies of Chinese Ancient Civilization

Yang Sai

Abstract：China has a very long history of musical culture. Musicology is the core of the studies of Chinese ancient civilization. This paper covers the topic of studying musical aesthetics and the book *Yue Ji* (*Record of Music*). Musical aesthetics is a modern discipline introduced from the western world. With great effort, Chinese researchers have transformed this Western discipline into a field of study with increased native Chinese characteristics. Its research focus has also gradually made the transition from the research on the musical history to the research on theoretical systems. The research objective of studying the theoretical categories of Chinese musical aesthetics is to build a kind of theoretical system for both historical and contemporary Chinese music. Besides, it should learn from other musical subjects even humanities so as to create new research fields and form new research methods. Therefore, it can grasp the opportunities and overcome the challenges during the development of musical aesthetics under the circumstances of globalization. The collation work on *Yue Ji*

(*Record of Music*) includes the proofreading and noting of the texts, and giving the appropriate interpretation on the titles and their themes, the paragraphs and their main idea, the sentences and their meaning, and the phrases and words' meaning in *Yue Ji* (*Record of Music*). The research work on *Yue Ji* (*Record of Music*) includes the construction of the theoretical origins of the texts, the formation and transmission of the texts, and the categorical study on the theoretical system within the texts.

Keywords: Chinese Music, *Yue Ji* (*Record of Music*), Research on Musical Aesthetics

About the Author: Yang Sai (1976 –), Ph. D., Associate Researcher in Shanghai Conservatory of Music. Research interests and specialties: Chinese music, Chinese literature and Artistic philosophy. Magnum opuses: *Ren Fang and the Scholars of the Southern Dynasties* and *The Original Categorical Study on Chinese Musical Aesthetics*. E – mail: shyangsai@ aliyun. com.

中华优秀传统文化

——剪纸艺术引入对外汉语教学的尝试

何红一[*]

【摘　要】　本文标题为《中华优秀传统文化——剪纸艺术引入对外汉语教学的尝试》。从民艺学与跨文化交流的交叉角度引入创新教育与教学理念，通过发掘剪纸与汉字之间的共通性，引进"剪字"传统；植入与民间剪纸密切相关的民俗生活环境，营造良好的教学氛围；优化教学双方的沟通方式，促进深层次交流；配合我国非物质文化遗产保护国策，培养对外汉语教学专业的实用型人才等教学改革措施，探寻剪纸艺术在教学及育人上的优势，为其更好地服务当下，传播海外提供参考范例与实践指导。

【关键词】　中华优秀传统文化　剪纸艺术　对外汉语教学

　　对外汉语教学是对外文化教学的一个重要组成部分。对外汉语教学主要指对母语非汉语的教学对象所进行的汉语以及相关汉语文化的教学活动。对外汉语教学是中南民族大学文学与新闻传播学院国际汉语教育专业的一门重要必修课。将剪纸艺术引入对外汉语教学体系，是笔者多

---

[*] 何红一（1954～），中南民族大学教授。研究方向为民间文学与民俗艺术；代表性成果有专著《中国南方民族民间剪纸研究》《中华长江文化大系——长江流域的民间工艺美术》，论文《南方民间剪纸在中国剪纸史上的特殊贡献》。电子邮箱：he_ hongyi@ 163. com。

年来从事剪纸教学的一个有趣的尝试。

一 发掘剪纸与汉字之间的共通性，引进"剪字"传统

汉字是世界上最古老也是造型最美丽的文字之一。汉字起源于象形字符，其形象有先天的美学因素。自古以来，就有"字画同源"之说。鲁迅说："汉字具'三美'。意美以感心，一也；音美以感耳，二也；形美以感目，三也。"[1]鲁迅所指的"三美"，概括了汉字在形、声、意方面的审美功能，指出了中国汉字区别于其他文字的独特性所在。汉字具有的与生俱来的审美因素，是我们将其与中国传统剪纸艺术结合，开展汉字艺术教学的基础。

剪纸是中国古老的民间艺术之一，它历史悠久、参与者众、流传面广。在当代，它又是属于现代人的具有生命活力和发展前景的"活态"文化和"活态"艺术。在全球工业化进程中，人们越来越感受到民间手工艺术的人性化因素和蕴藏其间的艺术魅力，认识到它的历史价值和现代价值。中国民间剪纸已于2009年被联合国教科文组织认定为世界级非物质文化遗产，成为世界人民共同的精神财富。

中国民间剪纸的构图与造型讲究平衡与对称，它的很多基本造型是对折展开的。即使不对称，也讲究形象的生动性和概括性，这一点与以象形为主的汉字结构有极大的相似性。剪字，是剪纸的一个重要类别。尽管广大劳动人民是物质文化与精神文化的创造者，但是在旧时代，他们被统治阶级剥夺了享受文化和文化教育的权利，关在正规学堂以外。然而对文字、文化的渴望与崇拜，使他们依靠自学、瞟学等方式掌握了简单的文字，并将文字入图，创造了图文并茂的吉祥汉字符号。自古以来，这些吉祥符号都被当成民间贺礼。南宋时期"剪镞花样"的街头艺人就能"袖中剪字及花朵"，作品"备极工巧"。近现代剪纸艺人继承了剪纸与文字结合的传统，创造了许多图中藏字、字中有图、图文并茂的剪纸佳作……剪字传统已逐渐渗透中华民族的民俗生活，化作婚俗中的"双喜"字、祝寿礼仪中的祝寿字、节庆民俗中礼尚往来的点题礼花、

男女婚恋时表情达意的定情篇章，成为民间表达美好情感的方式之一。

这些传统是我们今天用剪纸来展示汉字艺术之美，用汉字剪纸来建构汉字艺术教学体系的文化环境与文化基础。

将剪纸引入汉字教学，首先利用的是剪纸中的"剪字"传统。

在教学中，我们先以剪"春"字为实验，用折叠的方法很快剪出一个立体对称的"春"字来（见图1）。看到在这么短的时间内，一个美丽的"春"字就呈现在自己面前，学生都很兴奋，产生要求学剪的迫切愿望。这时我们就告诉学生，春字象征着生命和希望，是一个从造型到内涵都十分美丽的中国文字。要学会剪"春"字，首先要学会认读和书写"春"字。为了充分利用"汉字的独特造型与它象征的东方古老文明对西方人来说颇具新奇感和吸引力"[2]，我们还使用了汉字拆字法，将"春"字按笔画与部件拆解为"一，二，三，人，大，天，夫，口，日"，并告诉学生，学剪一个"春"字可以同时认识包括"春"字在内的十个汉字的道理。看到仅一个"春"字就这么奇妙，学生们都跃跃欲试，学习积极性倍增。接着我们进一步讲解与"春"字相关的中国民俗，介绍贴春联、吃春卷、饮春酒、打春牛等中国春节活动，引导学生在中国年节文化背景中掌握更多与"春"相关的知识。

图1

亲手参与制作一个汉字和被动认识一个汉字的效果是截然不同的，尤其是我们设计的是立体汉字剪纸，它的夺人之处就在于它的立体性，可以通过折剪后展开站立起来（见图2）。站立起来的汉字更加活泼生动：它伸展的笔画就像张开的臂膀，同你拥抱，从不同的角度召唤你、打动你，让你有一种心灵的触动。立体"春"字的制作，强化了学生对"春"字字形的具体感受，所获得的印象也是立体的。当这些不同肤色的"老外"们手中挥舞着亲手剪出的立体"春"字，高声发出中文"春"的呼喊时，作为教学人员，我们自己也由衷地为中国剪纸文化的魅力所感动。歌德说过：理论是灰色的，生命之树常绿。我们的汉语教学，由于注入了民间剪纸这一生命之"绿"，变得鲜活而生动；我们的课堂，也因自始至终充溢着浓浓的生命之气，变得生机盎然。

图 2

二 植入生动的民俗场景，营造良好的教学氛围

汉字为对外汉语教学中的一个重点，同时也是对外汉语教学中的一个难点。初涉汉语，许多留学生感到很困难，对汉字既爱又怕。其实，这都是因为文化不同带来的文化障碍。汉语难，难就难在人们仅仅把它

看成一种抽象的表意符号,如果通过艺术的方式将其置于原有的生活场景之中,还原它的表形达意功能,就能化难为易。语言是不能脱离文化而存在的,将汉字还原于语言环境,汉字教学之难也就得以缓解。"对外汉语专业,不应是一个单纯传授语言文字的学科,而是一个多层面综合而成的交叉性复合学科"[3],教汉字不能脱离汉字的文化生态环境孤立地教,将剪纸连同它的民俗文化生态环境一同植入对外汉语教学,以文化带动汉字习读,充分发掘汉字民俗的潜在魅力,也是我们所做的尝试之一。

中国民间剪纸与民俗息息相关,生老病死、婚丧嫁娶、生产生活、节庆节日,每一个民俗都有剪纸相伴。民间还有"图必有意,意必吉祥"的说法,习惯用汉字谐音表意,寄托吉祥寓意。选择民间艺术中这些既有丰富文化底蕴又有视觉冲击力的典型字样辅助教学,较之单纯的汉语讲授,更能引人入胜,激发学生的学习兴趣。而且,学习剪纸的过程,也是深入学习和体验中国传统民俗文化的过程,可以一举多得。

例如,我们在教学生剪"春"字时,就导入了中国最大的节日——春节的系列习俗,让学生在"春"字的习读过程中了解中国的春节习俗。许多同学剪了一个"春"字后,还想进一步学习,这时我们又进一步引导,告诉学生:中国还有很多汉字都可以用同样的方法剪出来。就这样举一反三,由简到难,我们又创造性地剪出不少有趣的汉字造型,像"美"、"中"、"华"(繁体)、"森"、"林"、"黄"、"金"等。一位美国男生将"春"字设计成一棵圣诞树,表达了西方人对"春"的理解。一位韩国留学生告诉我们,韩文"春"字也属对称结构。我们便启发她写出韩文的"春"字,然后用剪汉字"春"的方法,剪出韩文的"春"字。她和同学们看到奇妙的中国剪纸还能剪出韩文"春"字,非常兴奋,告诉我们这是她来中国最大的收获。一位美国女生,在学会了剪"春"字后,居然又剪出立体的"舍"字,当时她只知道这是"宿舍"的"舍",我们告诉她"舍"字还有"舍得"的意思,并向她解释"舍得,舍得,有舍才有得"的道理,使她学到了"舍"字背后中国人对待人生得失的大智慧。

剪纸本身的趣味性和形象性以及剪纸背后的中国文化，就像吸铁石一样，吸引异国学子在课堂上施展剪字魔法，解读中国文化，进而进入中国汉字艺术和剪纸艺术共有的至善至美的艺术境地。

中国剪纸中的许多符号深入人心，成为中国文化的形象视觉符号，表达着中国文化的厚重与深刻。在学习"喜"字时，我们引入了中国婚俗符号双喜纹"囍"来介绍中国喜庆文化（见图3）。大家还一起观摩中国婚礼录像片、排演《老鼠嫁女》童话剧，体验中国婚俗文化之乐。学生不仅很快从双喜纹符号"囍"中熟悉了"双喜"字的构字结构与含义、掌握了"双喜"的剪法，还在角色的扮演和台词的演练中，对中国喜庆文化有了更深刻的了解。

在讲解"华"的本字"花"字的时候，我们不仅现场示范并解读字形字义，还导入了学剪团花的快乐教学法。团花是中国剪纸中产生最早，也是最有生命力的剪纸形式。它呈大体圆形的结构，有着较强的统一感。它由多次折叠后剪刻出来，为多单元均衡图形，每个单元间都具有同一性。它的特征是里小外大，围绕一个圆心，呈辐射状向外发散，有很强的视觉张力。它可复可简，有无数种折叠法，上千种剪法，变幻多端。只要掌握得法，便可创造奇迹。这种简便易学，信手而成的惊喜最有助于学生建立学习的自信。

图3

学剪团花时我们特别告诉学生：只有保持喜悦的心情，才能剪好心中的花。中国有句话叫"心花怒放"，指心里头高兴得像盛开的花儿一样。在老师的指导下，同学们边剪边唱，一朵朵美丽的花就伴随着愉快的歌声在每个人手中绽放。剪的过程的确是一个快乐的综合体验过程，学生们感同身受，学习的劲头更足了。一张张由内而外写满喜悦的笑脸，对教师来说也是一种莫大的奖赏。一名美国老师事后写信告诉我们，剪纸课后一连几天内，学生们都沉浸在对中国剪纸艺术之夜的美好回忆之中，带着自己刚学会的剪纸成果：大红的花、绿色的"春"字……四处"炫耀"。这位老师最后说："我很欣赏你们通过美丽的剪纸来介绍中国文化的方式，在这难忘的夜晚，我的心真的像花一样开了！"

三 优化教与学之间的沟通方式，促进人心更深层次的交流

教育学是人学，讲究对人的文化和精神的观照。对外教学属于跨文化交流与传播，需要教育者更多地施展交流技巧，把握分寸，来突破文化的隔膜与障碍，切忌急功近利，"沟通"的艺术在跨文化教学环境中尤为重要。好的东西不仅需要好的创意来推介，还需要采用非汉语文化环境的学生所能够理解的方式。

在沟通心灵的交流中，没有什么比民间艺术的手段来得更加直接、更加有效。民间剪纸具有民间文化所特有的亲和力，在跨文化传播中更容易得到大众的认同，使其接受，达到有效地传播中国文化的目的。人们可以拒绝政治、拒绝宗教，但不可以拒绝美、拒绝感动，追求真善美是人类共同的理想。语言有国界，文化无国界。形式活泼的民间剪纸，在跨文化交流中优势显著。

汉字十二生肖剪纸表面展示的是十二个动物的象形汉字，背后深藏着的则是中国的生肖文化，是饱含着中华民族对动物的情感认知与智慧表达的艺术结晶。中国人热爱动物的情结由来已久，用十二生肖庆贺新年和祝贺生日，是中国的传统习俗，这就是每年春节人们都要

以赞美一个动物为话题、每一个中国人都知道自己属相的原因。这一习俗凝聚着上千年的祝福和期望,蕴含着中国人善待动物、热爱自然的古老情结。这种情结因数千年的生肖文化的传承而不断地得到充实与完善,这些都是当代社会中人与动物和谐相处、人与动物关系良性发展的基础。

笔者将汉字十二生肖剪纸用于课堂教学,所展示的十二生肖象形剪纸字个个生动,颇具亲和力(见图4)。即使之前从未谋面,也能一见如故,猜出字义。通过我们事前设计的"你认识这些汉字吗"的提问检测,学生回答的正确率为100%,这样一来大大增强了学生学习汉字的自信。在此基础上笔者进一步讲解中国人与十二个动物的关系,通过对中国历史上遗留的生肖动物造型的展示,解释中国生肖文化的来龙去脉,告诉学生每一个中国人都拥有一个动物属相,并深爱着这些动物,因为它凝结着中国人上千年来对生命的珍爱与期望。

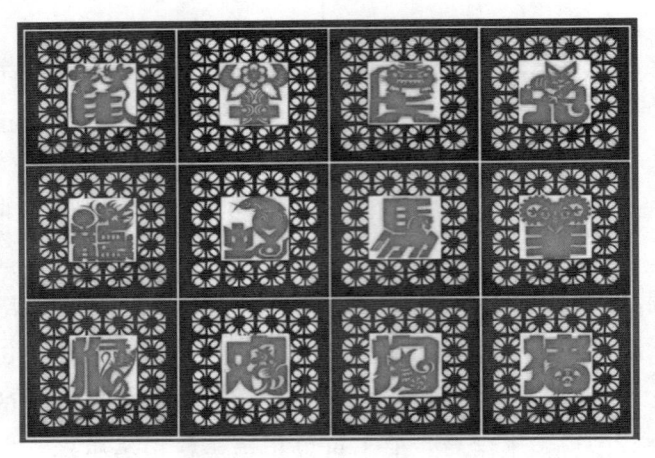

图 4

多年来,由于某些误传与文化隔膜导致的文化偏见,海外一些关于中国人虐待动物的传言盛行。以狗为例,在西方某些人眼中,中国人好像是狗之冤家,是嗜狗如命的野蛮人,这是因为他们对中国文化不甚了解,受某些表面现象误导。要知道中国人对狗肉的食用是有分寸的,并不是食用宠物犬,而是食用饲养犬,这种现象在食品匮乏时代尤甚。虽然人们食用狗肉,但狗肉禁忌普遍存在于中国辽阔的疆域之中。湖北西部宋姓土家族、云南仡佬族中花仡佬支系都有义犬救祖先的传说。在哈尼族白姓中则传说一只义犬用它的奶汁救活并喂养了白姓的幼子,拉祜族、瑶族也有其祖先与狗密切关联的传说,以上民族都有狗肉禁忌。藏族人相信轮回,认为狗是上辈子冤死之人托生,所以既不杀狗也不食狗。

再说,食狗和宠狗都不是一个民族的专利,用是否食狗肉来判断一个民族的优劣和文明与否也是十分可笑的。正如爱狗的美国也有虐狗狂徒一样,食狗和宠狗普遍存在于世界各地,韩国、非洲南撒哈拉沙漠、希腊、罗马、瑞士、美洲印第安人部落均有食用狗肉的历史记载,我们无法笼统地评价其优劣。

经过沟通,澄清文化上的误解,达到心灵上的相通,外国学生不仅了解了中国的生肖文化,还认同了这种生肖文化,热衷学剪可爱的生肖动物,可见形象的魅力比生硬的辩解更有效。所谓文化的交流,实质上是人类心灵的交流,是情感的沟通,作为一种民间文化软实力①,在对外文化交往中,剪纸最富人情味,因而也是最美的、最有竞争力的一种力量。

奥运会开幕式上的"和"字造型,也是中国用汉字与世界沟通,向世界形象地阐释汉字文化所蕴含的"和谐自然,天下太平"理念的典型例子。真正美好的东西,表现的往往是人类的共同专注和人类的共识,总是会被人接受的。中国传统剪纸题材中的花鸟多有喜鹊登梅、鸳鸯戏水、凤穿牡丹,少有和平鸽,但和平鸽是和平的象征,也是现代生活中最受欢迎的形象。笔者到美国塔夫茨大学讲学时,就试着将该校的标志——一只衔着橄榄枝的鸽子,用剪纸的形式展现,获得了师生情感上的认同,讲座很受欢迎。立体和平鸽的剪纸也是在中国剪纸传统基础上的创新,该造型丰富了剪纸的表现力,也更完美地传达出了中国

---

① 美国人提出了一个新概念:认为在经济、军事等"硬力量"以外,还有一种"软力量"(soft power)可以影响国际力量对比,即思想和媒体的传播力量。这一提法与中国学者倡导的"形象是国家力量的一部分",有异曲同工之处。

人讲究平和处世、珍爱和平的理念。

在多年来的教学实践中,我们与学生建立了深厚的友谊,这种友谊日渐加深。韩国学生宋炫周写信给笔者说"还记得老师的剪纸课。那时候我真开心。通过老师的课,我更加了解中国文化,这一点永远不会忘记"。埃及学生成龙在中南民族大学学剪纸的故事,还上了2015年武汉电视台的《汉秀》栏目,他还获得由中央电视台与国家汉办/孔子学院总部联合主办、中央电视台中文国际频道承办的"汉语桥"武汉赛区竞赛三等奖。剪纸的学习对他的汉语表达和汉文化素养的提高,作用重大。

四 配合我国的"非遗"保护战略,培养实用型教学人才

剪纸艺术之母是民间剪纸,它是数千年来千千万万不知名的各族人民的伟大创造。作为世界级非物质文化遗产保护项目,全社会要求对其抢救和弘扬的呼声很高,作为高校国际汉语专业的师生,我们有义不容辞的责任。

剪纸艺术扎根中南民族大学20多年,中南民族大学已形成良好的剪纸育人传统。1994年中南民族大学就成立了剪纸艺术协会,2004年成立学生社团剪纸协会。1996年起,笔者就在本科生教学中开设了"民俗剪纸"课程。之后又在成人教育学院、研究生院和国际文化交流学院开设了剪纸课程,已有数千名研究生、本科生与留学生学习过中国剪纸课程。中南民族大学还成功举办了多届剪纸展览:2005年举办"'民族之花'——中南民族大学师生剪纸展"、2006年在美国举办"中国喜庆剪纸艺术展"。2010年参加挪威"湖北文化周"的"湖北剪纸艺术展"。2014年笔者的剪纸教学还走进了纽约联合国总部。笔者在美国10余所学校开过讲座并进行过剪纸交流。

我们还走出校门,与当地民间剪纸之乡、"非遗"点联合教学,使世界级非物质文化遗产传承地成为我们教学的实习基地。每到"非遗"日,我们都要请传承人进校传经送宝。2016年,中南民族大学受文

部委托，成功举办了首届剪纸传承人群培训班，2017年又成功举办了第二期非遗剪纸传承人群培训班，正式成为文化部指定的"非遗"剪纸传承人群培训基地。

剪纸活动不仅陶冶了我校师生的情操，极大地提高了师生的艺术素养，造就了一道和谐的校园美景，更重要的是培养锻炼了一批自觉献身"非遗"保护工作的实用型人才。我们的剪纸研究队伍，也在培养中。每年笔者都会在剪纸教学中，发现和选拔一些有志于剪纸研究的苗子，作为剪纸理论研究新人培养。每年都要针对本科生、硕士生毕业论文出剪纸领域选题，形成一整套教学培养机制。学生所写论文，有的总结自己参加剪纸教学实习的经验和心得，有的为当地剪纸"非遗"的抢救与保护出谋划策；有的被评为省级优秀论文，有的参加国内剪纸艺术节并获奖……针对剪纸界某些地区理论与实践脱节的状况——会剪纸的不懂得理论，懂理论的又不太会剪纸，我们的目标是将理论与实践融为一体，让学生在学习和传承剪纸技艺的过程中，领悟剪纸的奥妙，培养既能剪又能讲的实用型人才。

随着一批批毕业学生走向校外，我们的剪纸教学已走出国门，遍地开花。因为有剪纸的一技之长，不少学生在读研期间就被派往海外孔子学院工作，其剪纸作品多次参加剪纸展览并获奖，并有大量作品作为民族文化交流礼品漂洋过海，成为传播中华文化与友谊的载体。学生李元在课程感想中写道："剪纸是中国的一门传统艺术，也是传统文化的重要组成部分。我为中国尚存这样的美丽的艺术而骄傲！我们大学生都应该有责任和义务去接受和传承，将这门中国传统艺术发扬光大，相信通过我们每个人对于传统技艺和传统文化的重视和学习，中国的文化复兴之路会更加光明。"

一批批具有剪纸专业技能的国际教育专业人才从这里走向社会、走向世界，使我们感到欣慰，更加坚定了我们在教学领域引入剪纸文化，培育21世纪国际教育专业有用人才的决心。

结　语

　　汉字之美，源远流长；剪纸之美，与生俱来。我们为中华民族创造的悠久而鲜活的汉字文化而骄傲，也为祖先留下这么多富有艺术魅力的剪纸文化遗产而感到庆幸。我们有足够的自信来传承和开发汉字剪纸文化之美，以此弘扬民族文化、展示民族风采、传播和谐之声，让美丽的中华文化以更加生动、魅力四射的面貌，承载着我们民族的审美方式和价值观念走得更远。

参考文献

［1］鲁迅：《汉文学史纲要》，人民文学出版社，1958，第3页。

［2］石定果、万业馨：《关于对外汉字教学的调查报告》，《语言教学与研究》1998年第3期。

［3］陈勤建、张德鑫：《世纪之交对外汉语教学的新走向——对外汉语教学回眸与思考》，外语教学与研究出版社，2000，第78页。

Chinese Paper – Cutting and Chinese as A Foreign Language：
An Integrated Teaching Approach
He Hongyi

Abstract：This paper surveys the integration of paper – cutting, an outstanding Chinese traditional art, into teaching Chinese as a foreign language. This paper takes an intercultural approach to introduce the concept of innovative education into folk art so as to explore the similarity between paper – cutting and Chinese characters through traditional "character – cutting", to adapt folk life environment to create positive teaching atmosphere, to optimize teacher – student communication to promote in – depth cultural exchange, to align with the national intangible cultural heritage protection policy to train professional Chinese language teaching talents, to explore paper – cutting's functions and advantages for education and training, and to provide references and practical guidance to better serve the current needs and broadcast overseas.

Keywords: Outstanding Chinese Culture, Paper – cutting Art, Teaching Chinese as a Foreign Language

About the Author: He Hongyi (1954 –), Professor in South – Central University for Nationalities. Research interests and specialties: folk literature and folk art. Magnum opuses: *A Survey of Folk Paper Cutting in Southern China*, *Chinese Yangtze River Culture Series*: *Folk Craftwork in the Yangtze River Basin*. Academic Essays: "Special Contributions of Folk Paper Cutting in Southern China to the History of Chinese Paper Cutting". E – mail: he_ hongyi@ 163. com.

自媒体时代动漫的文化认同功能[*]

牛 旻[**]

【摘　要】　在传统媒体时代,动漫是美国、日本等文化输出国在世界范围内获得广泛文化认同的主要路径之一。但是,随着自媒体时代的到来,大众文化的格局被重构,动漫的传播与创作方式发生根本性变化,传统的文化认同功能渐趋消亡,美日的动漫文化高地优势丧失,一种主要经由自媒体平台传播,由青少年作为文化创作与传播主体,以碎片化阅读、戏仿与解构等为特征的全新动漫形式走上时代舞台,不仅形成了全新的动漫产业形态,也彻底改变了动漫文化认同功能的实现路径。在全新的文化语境之中,若能根据自媒体特性,有效调整产业形态和创作思路,中国动漫产业有望摆脱传统的低端代工地位,成为有效传播中国文化的一块新的文化高地。

【关键词】　自媒体时代　动漫　文化认同

实现文化认同,是动漫(包含动画和漫画)的重要功能。比之文学和影视等艺术,动漫能更直观地向青少年人群图解文化、阐释价值观,

---

[*] 本文为教育部人文社科项目(中国特色社会主义理论体系研究专项)"基于'自媒体漫画'的青少年核心价值观培育路径研究"(15JD710068)。

[**] 牛旻(1982~),湖北工业大学艺术设计学院讲师,湖北文化创意产业化设计研究中心研究员。主要研究方向为动漫文化与产业,著有《梦想物语——日本动漫价值体系建构研究》。电子邮箱:75880805@qq.com。

因此受到美国和日本等文化输出强国的重视。在全新的文化语境之中，如何借鉴国外动漫发展的经验，并根据自媒体特性，有效调整产业形态和创作思路，摆脱传统的低端代工地位，是中国动漫产业亟须解决的问题。

一　动漫与文化认同危机

"十二五"末期，中国动漫进入"减量提质"的新阶段。经过"十一五"和"十二五"期间的摸索，政府补贴变得更为精准（以扶持小型动漫企业为主，以奖代补），重视 IP（即知识产权，或曰文化品牌）成为业界共识；而自媒体时代的到来，则使中国动漫产业在创作和传播环节迎来了新机遇。

但通过动漫产业表现出来的文化认同危机，在自媒体时代变得更为显著和尖锐了，主要体现在以下三方面。

（1）本土文化被失度解构。以微博、微信、个人门户网站、视频直播间等为平台的自媒体网络空间，使文化传播的能效与自由度远远超过传统媒体时代，但对自媒体的管理也成为世界性难题。相关法规的缺失，有效疏导的缺失，导致自媒体质量不一，大面积沦为灰色文化渊薮。在资本的逐利炒作推动下，各种不经审核即广泛流传的漫画、动画，往往以颠覆性恶搞历史人物、矮化式图解本国文化等方式，对青少年价值观造成误导，对本国文化造成丑化，且传播便捷，极易引发灰色文化狂欢风潮。

（2）本土动漫话语权缺失。文化产业的全球化，使中国动漫产业受到了美、日等国的强烈冲击，中国动漫在视觉形象设计上缺乏先导性、自主性的流行文化支撑，难以创造兼具时代精神与本土文化特征的角色形象。由于处在大规模城镇化、传统价值观裂变重组的历史阶段，中国动漫的价值阐释功能十分薄弱，动漫受众的审美期待视野本身比较模糊，对创作者的艺术生产难以形成明确要求，而创作者也难以建构具有时代精神和当代意识的角色形象与故事内核（这一点在自媒体时代已成为全球动漫共同的困局）。

因此，在文化产业的竞争与发展中，中国动漫一直难以实现较为广泛或深切的文化认同，在自媒体时代，这一盲区依然存在。

（3）本土动漫文化畸形繁荣。"十一五"期间，中国政府开始加大对动漫产业的扶持力度，在推动动漫产业规模急速扩大的同时，不可避免地产生了副作用。例如，大量动漫企业为了谋取高额的政府补贴，粗制滥造，无节制增加动画集数，轻视原创，一味抄袭，导致"山寨"丑闻频发等（见图1）。这样的畸形繁荣，只会使受众对中国动漫所阐释和传播的文化更加不认同。

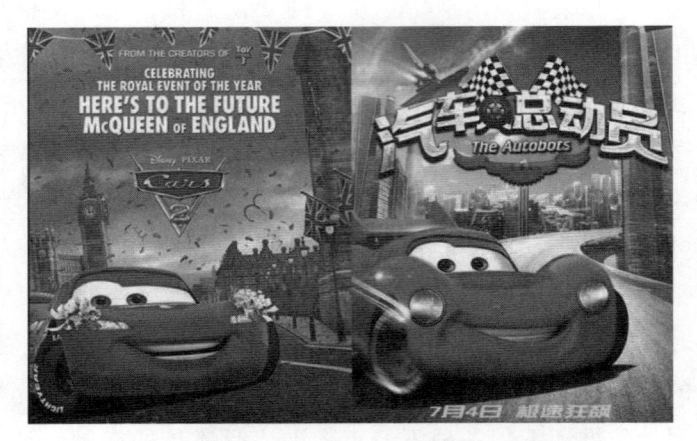

图1 国产动画《汽车人总动员》严重抄袭迪士尼动画《赛车总动员》，引起国内外同声谴责

二 自媒体时代的动漫——文化认同功能剧变

21世纪，自媒体出现，自此大众文化语境全面重构，青少年文化形态发生剧变，呈现出解构性、浅阅读、碎片化、互动性等新特征，青少年受众对传统文化符号的祛魅与意义重构达到了空前规模，传统动漫中的角色形象和价值观念往往成为戏谑对象，这也造成了全球动漫产业的文化认同危机。

随着自媒体对大众文化格局的颠覆与重构，加之过度商业化造成的影响，美日动漫均开始了产业转型——不再重视动漫的价值阐释功能，不再试图创制具有深刻文化影响力的动漫角色，而是转为对现有文化元素（或曰IP）进行复合式商业开发，如围绕某一传统动漫形象进行手机游戏制作、衍生产品推广等。

21世纪以来，美日优秀动漫作品数量急剧减少，翻拍改编增多，原创减少，尤以日本动漫为甚，在其流行文化产业链中，动漫甚至变成手机游戏、网络文化（如轻小说）的衍生品。如今，已经鲜有《猫和老鼠》《聪明的一休》《东京爱情故事》《排球女将》等生动阐释价值观、成功形成文化认同的动漫佳作。

传统动漫强国产业形态异化，文化认同功能退场的成因主要有三点。

（1）传播、出版、盈利模式发生变化，瓦解了传统动漫业态。在传统日本动漫的生产链条中，最重要的环节是前端，即漫画的制作。基于高度系统化的漫画期刊和出版社体系，日本动漫得以对受众的审美需求进行精准细分，并组织相关作者，整合编辑的力量，以半公司半作坊的模式，大量产出优质漫画。在大浪淘沙般残酷的期刊连载竞争中，一旦出现获得受众认可的优质漫画，出版社和电视台就会迅速联动，围绕优质漫画文本进行图书出版、动画改编等相关商业开发。优质漫画往往会得到长期扶持，其文化品牌不断增值，所以动辄出现连载超过10年的"大长篇"漫画，享誉全球的《名侦探柯南》等长篇动漫，连载往往在20年以上，这能使每一代民众潜移默化地形成文化认同感。

这样严酷且周期漫长的生产传播模式，难免在自媒体时代受到颠覆性冲击，于是，动漫产业开始转为虚拟偶像产业、个人终端游戏产业以及流行音乐等产业的综合体。日本动漫由以传统媒体时代的漫画为先导，变成了以网络游戏公司和娱乐演艺公司为主导、以动画公司为辅助的短期盈利模式。从最初的动漫改编为电子游戏，吸引了大批漫画家、动画从业者投身游戏业，到当下由动漫公司、游戏公司和唱片公司协作，共同构建文化产业链条，日本甚至已形成了一个基于动漫和游戏的虚拟音

图 2 虚拟现实技术、手机游戏、动漫偶像产业的结合：日本千岁机场，通过操作手机 App，虚拟的动漫偶像便可载歌载舞，与乘客并肩漫步

乐偶像产业（见图2）。

以 *Love Live* 为例。该动画于 2013 年首播，是日本动画公司 SUN-RISE、音乐出版商 Lantis 和游戏杂志 *G'S Magazine* 合作推出的"二次元偶像计划"，同年即推出了同名手机游戏。2015 年 9 月，该游戏全球用户突破 2000 万人。在手机等个人网络终端兴盛的自媒体时代，*Love Live* 中的 9 个动漫少女角色承载了网络虚拟空间的偶像功能，像演艺明星一样拥有庞大的粉丝群体。随后，《明日之星》、B - Project 等一系列同类题材的"二次元偶像计划"纷纷上市。

（2）全球化文化平台的形成拉平了各国的"文化海拔"，消解了美日文化高地的优势。自媒体的出现，不但使个体（每一位网民）成为传播者，甚至创作者，也极大地促进了全球一体化的网络文化空间成型。在相对平等、自由的网络空间，美日动漫的文化高地优势已经显著降低，各国文化海拔趋同，在全球同步发行、同平台交流的时代背景下，美日动漫已经失去了大部分话语权优势。

（3）自媒体成为全民自由创作、传播的平台，解构和戏仿成为常态，传统的官方话语、权力话语迅速消亡。自媒体文化活动的基本特征就是解构性。在自媒体时代,每个电脑用户、手机用户都是传播者和创造者,基于此,人们迅速开发出了各种简便的漫画、动画创作软件,即使没有美术基础的用户,也能通过自由选取表情包、填写对话和便捷排版等方式,轻易创作出颇具流行元素的漫画或动画短片,由此参与到自媒体网络的文化狂欢中。互联网"微空间"的形成,使思想文化信息传播呈现出许多新特征,如即时性、交互性、裂变性,以及微观化、形象化、娱乐化等,对国家主流意识形态的传播产生了较为强烈的冲击。加强互联网"微空间"的主流意识形态建设,牢牢掌握互联网"微空间"的话语权,成为互联网时代一项特别重要而紧迫的新任务。[1]

创作简易、个体传播、个体盈利、视域多元,这样的文化语境,很快促成了权力话语在动漫中的大面积退场。

三 中国动漫实现文化认同的新路径

与美日动漫的艰难转型形成鲜明对比的是,虽然同样面临自媒体语境中的一系列新挑战和文化认同危机,中国动漫却也迎来了新机遇。"新媒体环境下的红色文化传播,内容更易复杂多样化,方式更具开放互动性。"[2]

自媒体在彻底瓦解传统动漫产业形态的同时,也迅速构建起一种全新的文化阐释语境,诞生了适合手机阅读的"条漫",适合多人互动观看的"弹幕动画""弹幕漫画",以及无须美术基础就能进行创作的暴走漫画及表情包素材等。

基于新的动漫创作、传播形式,并未完成传统动漫产业建设的中国动漫得以轻装上阵,在自媒体时代逐渐实现了新发展,一大批由自由作者创作的动漫形象和故事,经由有效的运营推广,迅速成为拥有庞大读者群体和社会影响力的优秀动漫。长篇手机漫画《那年那兔那些事儿》在连载的第二年即达到了 3 亿次点击量,作者采用祛魅手法,创造了一系列优秀动漫形象,已固化为网络流行文化的典型符号,以可爱的动物隐喻国家（以机智的白兔代指中国，以傲慢的白头鹰代指美国等），浅白易懂，以幽默夸张的方式重新阐释了共和国的历史。作者并不避讳白兔的"穷苦的土出身"（工农），着力刻画其艰苦奋斗、笑泪交织的成长史，但并未造成丝毫矮化，反而彰显了白兔灵活机智的优点，由此塑造出"兔"（谐音"土"）丰满感人的形象，成为网上争相传诵、广受喜爱的国家形象符号，也使得以"土"大做文章的杂音明显消减。这种具有显著红色文化特征的漫画，有着多种文化价值，"其价值表现形式或实现形式，是多种多样的，如传承价值、历史价值、政治价值、经济价值、教育价值等"。[3]

在传统媒体时代，中国动漫过于偏重教化作用，容易给青少年受众造成呆板、说教、单向灌输等负面印象，极大阻碍了文化认同的实现。而在自媒体语境中，一大批由民间作者自发创作、大批读者互动修改并推广的动漫作品开始引导青少年向上向善、弘扬本土文化之美、探求现代意识之新，实现了价值引导和文化认同。

中国正处于大规模城镇化、建设现代法治社会、急速赶超发达国家的历史阶段，社会价值观念体系急剧变化重组，导致青少年在阅读文艺作品时更为关注其价值取向与文化内涵（相比美、日青少年而言），更希望从动漫角色、故事、主题中寻找、探索和印证自身价值，寻求人生路径与行为模式。因此，一种远离了高台教化、密切关注时代精神、具有明显思辨色彩的动漫作品，就与自媒体平台珠联璧合，适时满足了中国青少年群体的审美需求。

动漫具有形象建构和价值阐释的重要功能，在自媒体时代，动漫已经成为连接各种流行文化产业的轴心，串联起文学、电子游戏、流行音乐，且能实现宣传、文教、科普、公益等多种社会功能。因此，动漫在同构本土与外国文化、探索时代精神、建立文化自信等方面具有极为重要的意义，尤其对价值观念正发生剧烈变化的中国而言，动漫的文化认同功能就显得尤为重要了。

针对自媒体时代的全新语境，中国动漫要实现文化认同，需要从以下层面多加探索。

1. 制度和产业层面——规避唯市场化误区，重视动漫产业集群业态，建设动漫产业集群

（1）规避过度商业化误区，坚持文化阐释功能。由于商业片在形态上的高度固化，美国动漫的模式化已十分明显。近年来，其角色形象与内涵、故事情节、冲突模式等元素大量重复，无论是《虫虫特工队》和《疯狂外星人》，还是《花木兰》，其故事主旨和精神内核都难有明显创新，只是靠对角色的不同性格元素进行排列组合，以此制造形式上的新鲜感。

例如，排在世界影史票房第 5 位的迪士尼动画《冰雪奇缘》（2013年），传统的以票房为主的盈利模式已被颠覆，制片方和发行方转而针对庞大的网络青少年文化市场，将盈利点锁定在与电影相关的多种文化产品和行为上。

比起少有创新的情节结构与叙事模式，《冰雪奇缘》能长期赢得受众的关注，确立其在全球流行文化焦点地位的关键，其实是依靠主题曲 Let it go 的全球推广和翻唱活动、周边纪念品的全面销售等全新的营销方式。

这种产业模式的转型，印证的是网络时代文化产业的一种重要新趋势（基于年轻人喜爱的网购模式进行周边产品的有效营销，引导自媒体平台上的各种主题曲翻唱、粉丝纪念活动等）；同时也昭示了一个重要事实，即新的商业化模式使得传统动漫的价值引导功能部分让位于商业营销，进而阻碍了价值观的传播与文化认同的实现。

网络时代的到来导致了传统动漫产业的重要转型，同时，美、日也因过度的市场化而导致优质动漫作品减少、价值引导与文化输出功能减弱。我国动漫产业应注意规避这种风险。

与此同时应注意到，在我国，传统青少年价值观教育模式存在明显缺陷：载体设计和平台搭建落后，往往单纯依赖行政手段或道德说教。发掘新的教育路径，强化青少年的本土文化认同感，已是当务之急。而自媒体环境下所特有的浅阅读、互动性、极化心理和对抗性解读等特征，在青少年群体中又尤为明显，需要以科学、严谨、平易、活泼的引导方式予以正确对待。

为了扭转我国动漫市场被外国产品垄断的局面，提升国家文化软实力，应充分重视自媒体的巨大作用。自媒体平台覆盖面广、影响力强、传播快、易操作，已成为吸引青少年参与的核心文化平台，理应被建设成图解优秀文化、构建时代精神的文化高地。

（2）转变单一动漫产业模式，构建青少年文化产业集群。21世纪初，文化产业和软实力的建设已经成为中国社会发展的新推动点、新的经济增长点，也是培育青少年价值观、增强文化认同的关键点。

"中国创造"已经成为时代主旋律，受众开始对随处可见的"山寨"文化产品产生排斥，并进行调侃和批判。在我国，以代工、模仿为主，甚至存在严重抄袭的文化产业面临新的严峻挑战。

取得经济建设的成功，日本凭借的是价格优势、倾销、提高产业能效等商业战略；成为文化大国，日本凭借的则是基于国际化的价值体系建构；成为文化输出强国，日本则是通过多种形态的文化产品在社会不同层面和各个角落产生的持续影响。美、日的核心价值观在全世界获得了广泛文化认同。日本的青少年文化产业集群包含了多个产业分支。

动漫直接带动了流行音乐的发展。20世纪90年代至今，许多流传甚广的流行乐改编自动画配乐。港台流行乐产业大量翻唱，借用了日、美动画歌曲，如梁静茹的《小手拉大手》翻唱自宫崎骏的动画电影《猫的报恩》主题曲，范晓萱的《豆豆龙》翻唱自宫崎骏的动画电影《龙猫》主题曲，《稍息立正站好》翻唱自动画《樱桃小丸子》主题曲。

日本漫画家横山光辉曾将中国的《三国志》改编为漫画，画工扎实，是具有典型史诗风格的漫画佳作。该作被制成动画后，其主题配乐《英雄的黎明》雄浑苍凉，对中国古乐器和音乐元素的使用达到了较高水准，因此被TVB（香港电视广播有限公司）借用，在电视剧《神雕侠侣》中作为主题音乐反复使用，并被广大观众熟悉。

动漫与影视。20世纪80年代之前，处于上升期的美日动漫已具有广阔的文化视野，从各国优秀文化中大量取材，并与本国核心价值观紧密结合，进行创新与再创作。随着动漫成为世界流行文化中独当一面的重要力量，其鲜活、生动、夸张、类型化的流行文化特质经受住了市场锤炼，由此引起了电视剧、电影、小说等其他文化产业对动漫的改编。

20 世纪 80 年代以来，《排球女将》《绿水英雄》《城市猎人》《东京爱情故事》《流星花园》《浪漫满屋》《宫》《闪电侠》《蜘蛛侠》等中国观众耳熟能详的电视剧，都是改编自日、韩、美等国的漫画。

声优的偶像化。在大半个世纪的发展历程中，日本动漫产业经过长期积累，形成了高度完善的创作、出版、发行机制，动漫的影响力渗透到社会的各个角落，从业者的收入和社会地位较高，被作为文化偶像进行各种商业包装。普通民众将漫画家、动画制作人视为高收入的艺术家。动画声优（配音演员）和偶像艺人一样，不仅会发行个人大碟，还会录制唱片、拍摄写真集。杂志、电视台、网站等机构以灵活多样的方式与读者群体保持着良性互动关系，如涉及面广泛、分类方式严谨合理的读者意见调查，涂鸦比赛，与漫画连载同时刊出的作者、读者趣味问答等，以及高度成熟的市场化运作包装。

衍生品。动漫产业对轻工业、信息产业、第三产业的影响也是显而易见的。仅在中国市场，就随处可见带有日本动漫文化元素特征的日用品，如服饰、文具、教材、餐具、礼品、电子产品、玩具、装饰品等。

基于美、日等国难以企及的庞大网络、电脑、手机用户数量，我国在发展网络动漫、加强自媒体文化建设时既具有显著优势，又存在一定风险。对于各种价值观念混杂并存、管理尚不规范的网络自媒体平台，我国宣传管理部门和动漫从业者应加快完善管理制度。

在管理体系层面，应力争填补我国自媒体动漫创作、传播和管理的暂时性理论真空，寻找自媒体个人自由创作与政府科学管理的平衡点，探寻合理的审核制度，通过微博、微信、论坛等互动形式，建立科学、及时、准确的受众反馈体系；探索宣传管理部门、大型网站与自媒体新的协作形式，以此建构起传播社会主义核心价值观的自媒体新阵地。

在文化产业模式创新研究层面，探索电商、微博营销与个人作品推广相结合的运营模式；探索自媒体漫画与相关影视改编、电子游戏、流行音乐多元互补的自媒体文化产业形式，在共同传播和形态转化中不断产生巨大新价值，探寻多维度的青少年红色文化产业集群的构建模式。对我国动漫产业而言，突破传统动漫单一维度的产业理念，探索多维度的自媒体文化产业形式，如漫画与小说改编、影视剧改编、流行音乐衍生等是当务之急。

2. 文艺创作层面——除继承优秀传统文化外，更应重视探究时代精神，建构现代意识，对外国文化进行合理同构与创新

（1）国家文化层面——合理祛魅，建构亲民、公正的国家形象。从大众文化视野予以观照，在一般中国民众眼中，中国的国家形象已从曾经的闭塞、落后、贫穷，变为当今的开放、崛起、小康；普通民众关注的焦点，也随之转移到生活环境是否安全、国家法制是否健全、政府公信力是否足够、中国的国际形象是否良好等方面。"我国的国家形象之所以相对敏感和脆弱，不仅受到国际政治格局的影响，更是由于自身缺乏较为明确的形象定位。应对国家形象危机，需要加强顶层设计，树立文明、发展、民主、和平、包容的国家形象。"[4]

毋庸讳言，我国在社会转型期间产生或暴露的一些新问题，确实给国家形象造成了负面影响，如公职人员的作风问题、政务部门的服务水平问题等，也由此催生、异化了一系列民众印象中的贬义词，如"砖家""城管""公务猿"等。对此，我国政府采取了诸如"反四风"等一系列措施予以改正，倡导更为公正、透明的阳光政府形象。

而我国传统青少年文化教育模式存在明显缺陷，偏重单向灌输与教化，严谨有余，亲和不足，对于不关注时政的青少年而言，就容易对较为幽默、开放的西方政府形象、舆论环境产生好感，进而否定本国政府形象和本土文化。

自媒体语境有效改变了这种困境。自媒体动漫天然具有解构性和碎片化等特征，从民众视角出发，倾向于自动疏离权力话语，能较为容易地构建起亲和、幽默的公权力形象（见图3）。加之自媒体动漫的创作门槛低，传播与参与范围广，更能吸引青少年参与，并形成文化

图3　动漫的祛魅功能——"漫话"总理这一年（中国政府网漫画）

认同。

　　对政府和国家形象进行图解和定位，塑造并传播具有开放、公正等优良特质的国家形象，会对公权力形成明确良好的文化引导，产生示范作用；对民众而言，亲切的国家形象也能增强民众认可，增进双方沟通，使政府与民众的关系更为和谐，民众参政议政的积极性更高，有效提升政府的建设效能。"良好的政府形象可提高公信力，直接影响政府效能的发挥，获取公众支持与理解，以纠正与弥补失误。"[4]

　　因此，无论是由中央主导的一系列政治宣传漫画，还是由民间作者自发创作的动漫故事，都开始普遍采取祛魅的艺术手法，突出国家形象中亲和、人性化的一面，以此柔化、消解公众对公权力的刻板形象。"淡化官员的神秘色彩，拉近政府与公众的距离，能够推进社会民主化。"[5]

　　（2）社会文化层面——避免无度戏说，以严肃的创作态度阐释社会伦理。中国的快速城镇化和法制化改革催生了一系列新的社会现象、群体。例如，新兴富裕群体的涌现，使得"富二代"成为民众议论的焦点，而违规拆迁、执法失当等现象，又使公职人员饱受争议。

　　由于自媒体动漫的创作和传播缺乏足够引导、管理，这就对创作者和管理者提出了更高要求。在创作中，一方面，应勇于针砭丑恶现象，倡导正能量，明确创作与管理者的自身义务，对世界观尚未成型的青少年保持负责任的创作态度；另一方面，绝不应传播偏见，对社会问题标签化处理。

在引导、传播积极的文化与价值观方面，传统美国动漫的阐释与建构模式可供借鉴。美国的英雄主义题材动漫中，有出身寒门而正直勇敢的"美国队长"罗杰斯，同样也有富可敌国的大财阀之子布鲁斯·韦恩（蝙蝠侠）以及玩世不恭的军火商之子史塔克（钢铁侠）。对于这些"超级富二代"，美国动漫作者并未回避其轻浮的性格特征，或是普通美国民众眼中的"资本原罪"印象。

例如，对史塔克的塑造，就完整刻画了其从一个年少轻狂的纨绔子弟，到少年得志的军火商，继而沦为深受恐怖主义危害的人质，最后将自己进行机械改造（象征着美国精神在史塔克身上的升华），成为具有强烈社会责任感的现代侠士（依然保持着个性轻浮的喜剧特征）的完整人生经历。

史塔克的形象与价值取向得到了各国民众的喜爱与认同（《钢铁侠》多次被改编为真人电影、美剧），其创作者打破社会偏见樊篱、严肃客观探究人性的创作态度，堪称典范。

（3）个人文化层面——尊重青少年网络文化主体地位，引导青少年树立向上向善的价值取向。对于自媒体文化产业的管理，世界各国均处于摸索阶段。在自媒体空间，动漫乃至网络文化的主体，其实已由传统意义上的作者，变成了每一个网民——凭借操作简易的动漫制作软件，即时的全网传播通信，网民从动漫消费者变成了动漫的创造者。

而传统的文化偶像（如演员、体育明星）的文化主体地位已在自媒体话语场域中渐渐丧失，他们由偶像产业的焦点、青少年仰慕的明星，变成了动漫表情包，在网络世界被作为图形语言使用，被重构、被消费（见图4）。

文化主体的置换，开辟了新的文化认同实现路径。作为新的文化主体，青少年实现了网络文化的自治，他们将传统文化偶像作为素材，自主制造话题和网络文化焦点；通过多种解构方式（弹幕吐槽、自行创作表情包和动漫等）阐释并建构价值观与网络文化；通过选举版主、房管等职务，维护自媒体平台的秩序。

图 4　篮球运动员姚明被制作成网络流行的漫画表情包

与此同时，随着我国最早一批互联网用户（70 后）成为社会生产主体，网民言行渐趋理性；随着国家地位提升、综合实力增强，青少年的家国情怀和文化自信也逐步增强，盲目崇洋现象减少。但依然值得重视的是，自媒体空间灰色地带丛生，动漫的创作者依然要重视动漫的形象建构与价值阐释功能，不被市场绑架；管理者应继续通过文化扶持政策，培育和保护有筋骨有温度的优质动漫，弥补我国动漫价值内涵缺失的短板，以优质动漫引导（而非灌输）、激励青少年，培养其文化自信，增强其文化认同。

参考文献

［1］赵欢春：《牢牢掌握互联网"微空间"的话语权》，《光明日报》2015 年 9 月 10 日。

［2］张绍荣：《新媒体环境下红色文化传播研究》，《青年文化》2011 年第 12 期。

［3］陈俊：《中国红色动漫的价值形态研究》，《福建省社会主义学院学报》2014 年第 2 期。

［4］乔旋：《浅议当前中国国家形象危机的应对》，《中国社会科学报》2015 年 7 月 21 日。

［5］陈胜利：《政府形象塑造：动因、价值和路径》，《湖北社会科学》2011 年第 12 期。

Cultural Identification Function of Animation and Comics in the Era of "We – Media"

Niu Min

Abstract: In the era of traditional media, animation and comics is a leading way for the United States, Japan and other exporters of culture to realize cultural identification all over the world. However, with the arrival of "We – Media" era, the pattern of mass culture has been reconstructed, the way of dissemination and creation of animation and comics has fundamentally changed, the traditional cultural identification function has gradually disappeared, and the United States and Japan have lost their overwhelming superiority in terms of animation and comics culture. Instead, a new form of animation and comics has emerged on the stage of the time, which is disseminated mainly through a "We – Media" platform targeting to teenagers with the features of fragmented reading, parody and deconstruction. This new form of animation and comics has not only shaped a brand new industrial patterns of animation and comics, but also fundamentally changed the way of realizing cultural identification function of animation and comics. Within the new cultural context, if Chinese animation and comics industry can effectively adjust the industrial patterns and creative thoughts according to the features of "We – Media", it has a chance of leaving from the traditional status of being low – end contractors to occupy a position of strategic importance in cultural industry so as to effectively spread and construct both local culture and global culture.

Keywords: We – Media, Animation and Comics, Cultural Identification

About the Author: Niu Min (1982 –), Lecturer of School of Art Design in Hubei University of Technology, Researcher in Hubei Research Center of Cultural Creativity Industrial Design. Research interests and specialties: cultural strategy. Magnum opuses: *Story about Dreams*; *A Study on the Construction of Japanese Animation and Comics Value System*, etc. E – mail: 75880805@ qq. com.

图书在版编目(CIP)数据

文化发展论丛.2017年.第1卷/江畅主编.--北京：社会科学文献出版社，2017.7
ISBN 978-7-5201-0784-6

Ⅰ.①文… Ⅱ.①江… Ⅲ.①文化发展-世界-文集 Ⅳ.①G11-53

中国版本图书馆 CIP 数据核字（2017）第 096462 号

文化发展论丛　2017 年第 1 卷

主　　编 / 江　畅

出 版 人 / 谢寿光
项目统筹 / 周　琼
责任编辑 / 周　琼　刘　翠

出　　版 / 社会科学文献出版社·社会政法分社　(010)59367156
　　　　　　地址：北京市北三环中路甲 29 号院华龙大厦　邮编：100029
　　　　　　网址：www.ssap.com.cn
发　　行 / 市场营销中心　(010)59367081　59367018
印　　装 / 三河市尚艺印装有限公司

规　　格 / 开　本：787mm × 1092mm　1/16
　　　　　　印　张：19.5　字　数：279 千字
版　　次 / 2017 年 7 月第 1 版　2017 年 7 月第 1 次印刷
书　　号 / ISBN 978-7-5201-0784-6
定　　价 / 98.00 元

本书如有印装质量问题，请与读者服务中心（010-59367028）联系

▲ 版权所有 翻印必究